凝聚隧道及地下工程领域的
先进理论方法、突破性科研成果、前沿关键技术，
记录中国隧道及地下工程修建技术的创新、进步和发展。

中国隧道及地下工程修建关键技术研究书系

隧道地质识别与灾害防控关键技术及应用系列

隧道TBM卡机地质判识与防控技术

林 鹏　许振浩　王文扬　潘东东　王 军　著

GEOLOGICAL IDENTIFICATION AND CONTROL TECHNOLOGY FOR
HARD-ROCK TBM JAMMING

人民交通出版社

北京

内 容 提 要

本书基于作者团队在隧道 TBM 卡机地质判识与防控方面积累的研究和应用成果，系统归纳了 TBM 卡机类型和影响因素，提出了考虑力学协调性的 TBM 卡机触发临界条件，以此分析总结了 TBM 卡机判识及防控的发展历程和现状，构建了以掘进性能为导向的 TBM 适应性评价方法，提出了典型断层 TBM 卡机地质判识方法。同时，借助多种研究方法，提出了解释结构模型与贝叶斯网络联合的 TBM 卡机风险动态评估方法，并基于工程实践应用，系统阐述了 TBM 卡机防控技术。

本书可供土木、交通、水利水电、矿山、地质等相关工程领域的技术人员参考，也可作为高等院校相关专业师生的参考用书。

图书在版编目（CIP）数据

隧道 TBM 卡机地质判识与防控技术 / 林鹏等著.
北京：人民交通出版社股份有限公司, 2024.11.
ISBN 978-7-114-19835-9

Ⅰ．U455.43

中国国家版本馆 CIP 数据核字第 2024SG4346 号

Suidao TBM Kaji Dizhi Panshi yu Fangkong Jishu

书　　　名：	隧道 TBM 卡机地质判识与防控技术
著　作　者：	林　鹏　许振浩　王文扬　潘东东　王　军
责任编辑：	谢海龙　李学会
责任校对：	赵媛媛
责任印制：	刘高彤
出版发行：	人民交通出版社
地　　　址：	（100011）北京市朝阳区安定门外外馆斜街 3 号
网　　　址：	http://www.ccpcl.com.cn
销售电话：	（010）85285857
总　经　销：	人民交通出版社发行部
经　　　销：	各地新华书店
印　　　刷：	北京博海升彩色印刷有限公司
开　　　本：	787×1092　1/16
印　　　张：	11.75
字　　　数：	272 千
版　　　次：	2024 年 11 月　第 1 版
印　　　次：	2024 年 11 月　第 1 次印刷
书　　　号：	ISBN 978-7-114-19835-9
定　　　价：	98.00 元

（有印刷、装订质量问题的图书，由本社负责调换）

前　　言

　　隧道工程已成为"交通强国""海洋强国""国家水网建设"等国家重大战略及"一带一路"建设的重要支撑。隧道往往是全线控制性工程，是制约工期的"卡点"、技术攻关的"痛点"和工程安全的"爆点"。截至 2022 年底，在铁路与公路领域，我国投入运营的隧道达 42723 座，总长 48762km，在建和规划隧道超 3 万 km。在水利水电领域，我国已建成各类水工隧洞超 1 万 km，今后将在南水北调西线、YX 水电开发等重大工程中新建数百条引水隧洞。在"一带一路"基础设施合作领域，中老/中缅铁路共建成隧道 200 余座，中尼铁路隧道将穿越"世界屋脊"喜马拉雅山脉，中巴经济走廊在建的十余座水电站拥有数十条隧洞，隧道工程为"一带一路"建设和国际基础设施建设贡献了"中国智慧"。

　　全断面岩石隧道掘进机具有自动化程度高、掘进速度快、施工扰动小、成洞质量高、综合社会效益高等优势，被逐渐推广应用。我国的 TBM 隧道建设更是呈现出爆发式增长。TBM 是一种集机械、电气、液压、气动、信息等于一体的隧道施工成套装备，在实现连续掘进的同时完成破岩、出渣、支护等作业。TBM 主要有敞开式、双护盾、单护盾三种类型。敞开式 TBM 多适用于岩体较完整或完整，且自稳性较好的地层；双护盾 TBM 主要适用于岩体较完整，有一定自稳性的软岩或硬岩地层；单护盾 TBM 主要适用于有一定自稳性的软岩地层。敞开式和双护盾 TBM 由洞壁提供掘进反力；单护盾和双护盾 TBM（单护盾模式）则由管片提供掘进反力。与盾构机不同的是，TBM 通常不具备泥水压力、土仓压力等主动维护开挖面稳定的功能。

　　由于 TBM 施工方法灵活性较低、地质适应性较差，一旦遭遇不良地质，极易诱发 TBM 卡机，造成设备损坏、工期延误、人员伤亡等严重问题。卡机灾害已成为 TBM 隧道安全快速施工的"瓶颈"。印度 Dul Hasti 水电工程引水隧洞，主要岩性为石英岩和千枚岩，少部分片麻岩和云母片岩。TBM 穿越 K2+837 断层破碎带时遭遇卡机，长达 8 个月，造成设备毁坏；我国台湾北宜高速公路雪山隧道，地质条件复杂，包含 6 条主要断层和 98 处剪裂带，隧道开挖过程中发生 36 处涌水、63 次塌方，TBM 被卡 26 次，建设历时约 15 年；我国在建最长的铁路隧道——大瑞铁路高黎贡山隧道，几乎遭遇了所有隧道施工不良地质和重大风险，堪称隧道建设"地质博物馆"，截至 2020 年 6 月，2 台 TBM 累计卡机 19 次，造成了一定的经济损失；世界最大 TBM 集群工程——新疆某引水工程，隧洞总长 500km 以上，施工采用 18 台 TBM，穿越 8 条区域性断裂、129 条次一级断层破碎带，下穿 4 条河流，施工过程中多次遭遇塌方、围岩大变形、突水突泥等灾害，为 TBM 卡机防控带来了挑战。因此，隧道 TBM 卡机防控研究对于保障 TBM 安全快速掘进具有重要意义。

　　本书作者及团队坚持理论与实践相结合，长期从事隧道不良地质识别、TBM 卡机预测与防治研究工作，构建形成了隧道 TBM 卡机地质判识与防控技术体系。本书基于作者团队的研究成果编写而成，共分 6 章：第 1 章绪论，在详细调查了 121 个 TBM 卡机案例的基础上，总结了 TBM 卡机、致灾模式和灾变机理；第 2 章 TBM 适应性评价，建立了以掘进性能为导向的 TBM 适应性评价模型，评价结果可为 TBM 选型、施工参数优化提供指导；第 3 章 TBM 卡机地质判识，提出了典型断层 TBM 卡机地质判识方法，从地质学角度提高了 TBM 穿越断层的地质适应性认识；第 4 章 TBM 卡机风险评估，提出了基于解释结构模型与贝叶斯网络的 TBM 卡机风险评估方法，实现了突水突泥、塌方、大变形灾害诱发 TBM 卡机链式风险评估；第 5 章 TBM 卡机防控关键技术，构建了 TBM 穿越断层破碎带卡机防控数值计算模型，提出并优化了 TBM 穿越断层破碎带的前摄性卡机减灾治灾方案；第 6 章 TBM 卡机防控与处治典型案例分析，介绍了典型 TBM 卡机灾害防控与处治实例，详细阐述了 TBM 卡机的地质条件、卡机孕灾模式与卡机脱困措施。

山东大学邱道宏、余腾飞、邵瑞琦、谢辉辉、张津源、亢金涛、卜泽华、熊悦、王朝阳，新疆水利发展投资（集团）有限公司全永威、苏珊、李铭杰、章再兴、刘泽毅，新疆水发建设集团有限公司裴成元、许建述、王庆勇、倪志华、赵向波、王哲、郑祥乐、李彦宾、焦一峰、王文山、刘国虎、刘扬扬、董栋、刘军生、李晨坤，山西省水利建筑工程局有限公司李志敏、叶修锁，中铁十六局集团有限公司张立龙，中铁十八局集团隧道工程有限公司齐建锋、黄新，中铁十九局集团有限公司王家海参与了相关研究工作。

衷心感谢为本书撰写提供现场试验条件和配合的合作单位和工程技术人员，以及给予大力支持的同行专家和出版社编辑。

同时，我们亦借鉴了前人的工作，参考了地质学、地球化学、岩土工程、地质工程与隧道工程等相关专业的书籍与文献，谨致谢忱！

本书得到了国家自然科学基金委员会面上项目（52279103、52379103）、山东省自然科学基金委员会优青项目（ZR2023YQ049）等基金的资助，在此表示感谢。

由于著者水平有限，书中难免存在疏漏与不足之处。恳请读者不吝赐教，批评指正。

作　者

2024 年 6 月

目 录

第1章 绪论 ···001
    1.1 TBM卡机研究背景与意义 ···001
    1.2 TBM卡机灾害判识及防控研究的发展与现状 ···003
        1.2.1 TBM卡机致灾模式 ··003
        1.2.2 TBM适应性评价 ··003
        1.2.3 TBM卡机机理 ··004
        1.2.4 TBM卡机地质判识 ··005
        1.2.5 TBM卡机风险评估 ··005
        1.2.6 TBM卡机防控技术 ··006

第2章 TBM适应性评价 ··008
    2.1 TBM适应性评价指标体系 ··008
        2.1.1 TBM适应性评价指标 ··009
        2.1.2 TBM适应性评价指标权重 ··011
    2.2 TBM适应性评价方法 ···013
        2.2.1 评价指标隶属度函数 ··013
        2.2.2 适应性等级确定 ··017
    2.3 工程应用 ··018
        2.3.1 工程概况及工程地质问题 ··018
        2.3.2 评价指标分析 ··019
        2.3.3 TBM卡机适应性评价与验证 ··020
    2.4 本章小结 ··021

第3章 TBM卡机地质判识 ··023
    3.1 断层TBM卡机地质判识方法 ··023
    3.2 断层TBM卡机典型案例与分析 ··025
        3.2.1 碎裂-蚀变弱化-突水突泥卡机（高黎贡山隧道）····························025
        3.2.2 碎裂-滑动失稳-塌方卡机（山西中部引黄工程）····························038
        3.2.3 蠕滑-黏土膨胀-围岩大变形卡机（高黎贡山隧道）························053

3.3 本章小结 061

第4章 TBM 卡机风险评估 063

4.1 TBM 卡机风险评价指标体系 063
4.1.1 不良地质 063
4.1.2 围岩级别 065
4.1.3 地下水 065
4.1.4 地应力 066

4.2 TBM 卡机致灾模式 066
4.2.1 隧道塌方 066
4.2.2 突水突泥 067
4.2.3 围岩大变形 067

4.3 解释结构模型 067
4.3.1 变量相互关系 068
4.3.2 邻接矩阵 069
4.3.3 可达矩阵 070
4.3.4 层次化处理 070
4.3.5 解释结构模型构建 071

4.4 基于贝叶斯网络的 TBM 卡机风险评估模型 072
4.4.1 贝叶斯网络原理 072
4.4.2 贝叶斯网络模型训练 072
4.4.3 敏感性分析 073
4.4.4 贝叶斯分类器 074

4.5 工程验证 074

4.6 本章小结 078

第5章 TBM 卡机防控关键技术 079

5.1 TBM 卡机防控措施研究 079

5.2 TBM 卡机防控措施优化 080
5.2.1 TBM 卡机防控数值计算模型 080
5.2.2 TBM 卡机支护方案及优化分析 081
5.2.3 TBM 穿越断层最优支护时机 102

5.3 TBM 卡机防控与脱困技术 105
5.3.1 塌方型卡机防控与脱困技术 105
5.3.2 围岩大变形型卡机防控与脱困技术 105
5.3.3 突水突泥型卡机防控与脱困技术 106
5.3.4 规避卡机的其他措施 106

5.4 工程应用 ··· 107
　　5.4.1 工程概况 ··· 107
　　5.4.2 数值计算模型 ·· 108
　　5.4.3 TBM穿越断层最优支护时机 ·· 110
5.5 本章小结 ··· 114

第6章　TBM卡机防控与处治典型案例分析 ······························ 115
6.1 山西中部引黄TBM 2标隧洞工程卡机案例 ····························· 115
　　6.1.1 工程地质 ··· 115
　　6.1.2 卡机案例 ··· 117
　　6.1.3 TBM卡机处治措施 ·· 118
6.2 新疆某引水隧洞工程卡机案例 ··· 126
　　6.2.1 工程地质 ··· 127
　　6.2.2 卡机案例 ··· 128
　　6.2.3 TBM卡机处治措施 ·· 128
6.3 大瑞铁路高黎贡山隧道卡机案例 ·· 150
　　6.3.1 工程地质 ··· 150
　　6.3.2 卡机案例 ··· 152
　　6.3.3 TBM卡机防控措施 ·· 155
6.4 本章小结 ··· 159

附录 ··· 160

参考文献 ··· 165

第1章 绪论

1.1 TBM 卡机研究背景与意义

岩石隧道掘进机（Tunnel Boring Machine，TBM）是集机械、电气、液压、气动、信息等技术于一体的地下空间大型施工装备。该装备集隧道施工的开挖、支护、出渣等工序于一体，能实现连续作业、工厂化流水施工。我国习惯上将适用于硬岩地质条件的全断面岩石隧道掘进机称为 TBM，而将适用于软弱地层或者浅埋土质地层的全断面隧道掘进机称为盾构机。本书所述 TBM 为全断面岩石隧道掘进机，TBM 通过滚刀自转及随刀盘公转实现开挖破岩，破碎的岩石从 TBM 刀盘与掌子面的间隙掉落在隧道底部，形成松散堆积物，岩渣由皮带输送机进行输送，最后运送出洞。根据护盾形式、支护反力提供形式与支护形式的不同，TBM 一般分为敞开式 TBM、单护盾 TBM 和双护盾 TBM 三类。TBM 与盾构机最为显著的区别在于 TBM 通常不具备平衡掌子面的功能，而盾构机采用土仓压力或泥水压力平衡开挖面的水土压力。

由于 TBM 施工具有掘进速度快与综合效益高的优势，已成为我国隧道施工的重要趋势和发展方向。但是，TBM 对地质条件十分敏感，在掘进过程中若遭遇塌方、围岩大变形、突水突泥等地质灾害，极易发生 TBM 卡机（图 1-1）。卡机是由 TBM 与围岩相互作用产生的，一旦 TBM 无法克服围岩与机械结构（刀盘、护盾）直接接触所带来的摩阻力（矩），将导致 TBM 卡机。作者团队详细调查了 121 个 TBM 卡机案例（典型案例详见附录），对卡机致灾类型、卡机致灾模式和卡机影响因素进行了总结：①TBM 卡机致灾类型可分为塌方引起的刀盘被卡、塌方引起的护盾被卡、塌方引起的未知位置卡机、围岩大变形引起的刀盘被卡、围岩大变形引起的护盾被卡、突水突泥卡机、流变引起的卡机、其他卡机类型 8 类；②TBM 卡机致灾模式可分为隧道塌方、突水突泥和围岩大变形 3 类；③造成 TBM 卡机的影响因素主要有 TBM 选型、地质条件等，其中，不良地质条件为 TBM 卡机的主控因素。

TBM 卡机部位主要是刀盘和护盾。刀盘被卡多是围岩大变形及开挖面塌方所致（图 1-2），其临界条件为刀盘额定扭矩 M_h 等于 TBM 需克服的摩擦力矩 M_g（包括刀盘边缘摩擦力矩、刀盘前方摩擦力矩和滚刀旋转阻力矩）。护盾被卡是围岩变形超过岩-机预留间隙所致（图 1-2），其临界条件为 TBM 额定推力 F_i 等于 TBM 受到的摩阻力 F_r 与 TBM 正常连续掘进的推力 F_b 之和。此外，单位接触面积撑靴撑力σ_{gs}不应超过围岩的抗压强度σ_s，否则会破坏围岩，出现撑靴打滑现象。因此，考虑TBM掘进的力学协调性，其在"不卡机条件下"实现正常掘进，刀盘额定扭矩M_h、TBM额定推力F_i、单位接触面积撑靴撑力σ_{gs}须同时满足$M_g \leq M_h$、$F_r + F_b \leq F_i$及$\sigma_{gs} \leq \sigma_s$这3个条件，一旦其中一个条件无法满足，将导致TBM卡机。

a) 塌方引起TBM卡机

b) 围岩大变形引起TBM卡机

c) 突水突泥引起TBM卡机

图1-1 TBM卡机事件

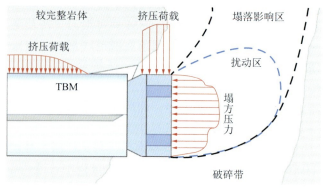

图1-2 刀盘和护盾被卡示意图

目前，TBM卡机防控仍面临被动处治的不利局面，频发的卡机事件已成为TBM安全快速施工的"瓶颈"。隧道TBM卡机灾害难以遏制的关键在于TBM地质适应性不佳，施工前期对TBM掘进适应性评价未充分考虑岩石强度、岩体完整性、岩石耐磨性、地下水发育和涌水状态、洞轴线和不良结构面的组合关系等地质因素。同时，TBM卡机致灾机制的研究多基于岩-机相互作用理论，缺乏考虑地质因素的卡机临灾判识与致灾模式的研究。

隧道TBM卡机地质判识与防控技术已成为当下TBM隧道工程建设难以回避且亟待解决的工程问题。为实现TBM卡机防控，本书开展了TBM适应性评价、TBM卡机地质判识与致灾模式、卡机风险评估和卡机灾害防控技术等方面的研究，并结合工程实际案例进行了探究和验证。本书研究成果可为TBM安全快速施工提供有益参考，对保障TBM隧道工程的安全、高效建设具有重要的指导意义。

1.2 TBM 卡机灾害判识及防控研究的发展与现状

TBM 由于掘进速度快、施工环保、自动化程度高、成洞质量高等特点，在铁路、公路、水利水电等工程建设中得到了广泛应用。然而，TBM 地质适应性不佳，在穿越断层破碎带、高地应力、软岩地层、岩溶等不良地质区域时，频发的卡机事件已成为 TBM 安全快速施工面临的主要挑战。本节将从隧道 TBM 卡机致灾模式、TBM 适应性评价、卡机机理、地质判识、风险评估与灾害防治等方面对 TBM 卡机灾害防控研究的发展与现状进行阐述。

1.2.1 TBM 卡机致灾模式

由于 TBM 往往被应用于长大隧道建设施工，故不可避免会穿越断层破碎带等不良地质。不良地质洞段频发的卡机灾害将严重影响隧道施工安全和进度，明确不良地质洞段 TBM 卡机致灾模式是实现卡机灾害防控的前提。

现有研究主要将 TBM 卡机致灾模式分成护盾卡机与刀盘卡机两类。针对两类 TBM 卡机现象，研究者主要依托具体案例，提出卡机致灾模式。在某公路隧道 TBM 护盾卡机案例中，侯少康等（2021）指出高地应力作用下围岩的收敛变形是引发 TBM 护盾卡机的主要原因。根据高黎贡山隧道 TBM 卡机时遇到的地质情况，王亚峰（2021）将其划分为岩性接触带卡机、断层破碎带卡机、全风化花岗岩粉细砂地层卡机、涌水卡机、高压富水软弱破碎蚀变构造带卡机等。在上公山隧洞中，尚彦军等（2020）发现 TBM 后护盾卡机是因为断层破碎带中局部出现拉应力，TBM 从破碎带中间穿过时，洞顶、洞底和两侧围岩向洞内产生了较大位移。黄兴等（2017）基于青海省引大济湟工程 TBM 现场调研和卡机发生时的参数计算，指出在当时的围岩条件和 TBM 运行参数下，TBM 通过类似 F5 断裂带的挤压性软弱地层时护盾极易被卡。鲁义强和李光（2022）以西北地区某隧道为例，指出高应力常规地层中围岩与护盾局部接触会导致 TBM 卡机。朱光轩（2021）针对青岛地铁 2 号线 TBM 刀盘卡机现象，指出断层破碎带是诱发 TBM 刀盘卡机的主要原因。Bilgin（2016）通过土耳其 10 个典型 TBM 施工隧道工程实例分析，认为上述工程中 TBM 卡机主要是受断层及其次级断层影响。司景钊等（2021）、洪开荣（2022）以高黎贡山隧道敞开式 TBM 施工为背景，指出刀盘卡机和掌子面塌方具有较强的关联性。

上述研究依托于具体工程，介绍了 TBM 护盾或刀盘卡机事件的工程概况与地质成因。卡机灾害受不良地质条件与 TBM 掘进施工影响，其中不良地质条件是卡机事件的控制因素。目前大量的 TBM 卡机案例统计，未充分考虑不良地质条件对案例进行系统分类；然而，卡机灾害的主控地质因素与地质赋存环境尚未明确，缺乏不良地质条件对 TBM 卡机的影响规律及 TBM 卡机致灾模式的深入研究。

1.2.2 TBM 适应性评价

TBM 地质适应性不佳是导致卡机频发的重要原因，提高 TBM 在不良地质条件下的适应性，可有效降低卡机风险。TBM 适应性评价的目标是确保 TBM 能够在特定的工程环境中以最有效、经济和安全的方式工作，指导 TBM 选型和掘进参数优化。

现有 TBM 适应性评价的研究主要基于地质因素和施工因素。一方面，学者们基于地质因素研究了 TBM 适应性，如尹俊涛（2005）依据岩石单轴抗压强度、岩石耐磨性和岩体完整性，提出了基于 TBM 掘进效率的围岩分级方法，该方法能够比较真实地反映隧洞围岩对于 TBM 掘进的适宜性。另一方面，学者们通过分析 TBM 掘进性能，提出了一些适应性评价方法，如 Barton（1999）首先建立了一种适应性评价方法 Q_{TBM}，但在指标参数过多的情况下，该方法不适合实际应用；薛亚东等（2018）建立了考虑围岩性质的 TBM 适应性综合评价方法；Xia 等（2018）提出了一种多准则决策方法来评估刀盘的地质适应性；Li 等（2021）提出了一种模糊数学方法确定 TBM 开挖性能的适应性；Sissins 和 Paraskevopoulou（2021）利用现有的经验模型提出了一种改进方法，可以作为非均质岩体 TBM 掘进性能判断的指南。

如前所述，学者们主要考虑了影响 TBM 适应性的两个因素。一是地质因素，如围岩单轴抗压强度、石英含量、地应力、地层非均质性等。二是施工因素，如掘进参数、刀盘规格等。目前，较少涉及综合考虑两类因素的适应性评价方法，因此亟须建立地质因素与施工因素共同影响下的 TBM 适应性评价方法。

1.2.3 TBM 卡机机理

刀盘卡机常见于破碎带中，掌子面由于掘进扰动而失稳，使得作用在刀盘上的摩阻力矩超过额定扭矩，进而导致刀盘被卡。护盾卡机常见于高地应力软弱地层中，洞周围岩产生持续的收敛变形，作用在护盾上的摩阻力超过额定推力，进而导致护盾卡机。

刀盘卡机力学临界状态判识的关键在于对 TBM 隧道开挖面的稳定性的评估，其研究方法主要有数值模拟法、极限平衡法和极限分析法。其中，极限分析法相较于数值模拟法和极限平衡法，更加严密且物理意义明确，在保证计算精度的同时具有较高的计算效率。Mollon 等（2021）采用点对点法和空间离散化技术建立了开挖面三维破坏模型，对圆形盾构隧道开挖面稳定性进行了分析，提出了著名的"牛角"形三维破坏模式。潘秋景和 Dias（2016）进一步发展了三维旋转破坏机制，并基于极限分析的运动学方法，将三维旋转破坏机制扩展到在各向异性和非均质土壤中掘进时隧道的工作面稳定性分析中。随后，学者们基于极限分析与空间离散化技术，针对不同条件下隧道开挖面稳定性问题，开展了一系列研究（Hou 等，2023；Liu 等，2022；Zeng 等，2016），上述研究为揭示 TBM 刀盘卡机机理提供了一定基础。

护盾卡机力学临界状态判识的关键在于 TBM 通过高地应力软弱地层时，确定护盾所受摩阻力与 TBM 推力储备间的关系，其研究方法主要有解析推导和数值模拟研究。在理论推导方面，Huang 等（2017）研究了护盾区域挤压变形的时空效应，分析了其对护盾围岩接触-挤压作用的影响。温森等（2015）基于 Hoek-Brown 准则流变变形研究成果，提出了护盾区的变形计算公式，建立了停机和连续开挖工况下的卡机状态判断模型，给出了临界预留扩挖的计算公式。随着在建隧道工程地质条件越来越复杂，理论计算已经不能满足工程要求，数值模拟作为一种研究方法得到越来越广泛的应用。侯少康等（2021）提出了考虑双护盾 TBM 掘进施工过程的数值仿真方法，通过基于内变量热力学的蠕变模型模拟了围岩的时效变形特性，实现了围岩与护盾相互作用的模拟。Liu 等（2023）基于数值模拟研究了 TBM 进入大变形地层时双盾构与围岩的接触关系以及掘进过程中需要克服的摩擦阻力变化，探讨了扩挖对降低卡机风险的作用，为大变形地层 TBM 开挖时盾构状况的判断提供了参考。

如前所述，学术界从力学角度较为全面和深入地研究了 TBM 刀盘卡机和护盾卡机的机理。较为一致地认为，前者主要由于围岩破裂和变形挤压刀盘，导致刀盘额定扭矩不足以抵抗摩擦力矩造成卡机；后者主要由于围岩大变形对护盾大面积挤压，导致 TBM 额定推力不足以抵抗摩擦阻力造成卡机。

1.2.4　TBM 卡机地质判识

当 TBM 在掘进过程中遭遇不良地质时，如果不及时采取预防和相应的处理措施，极易诱发 TBM 卡机灾害（Shang 等，2004；Gong 等，2016；Yang 等，2017；Zhang 等，2017）。TBM 卡机灾害的地质判识具有重要的工程实际意义，其关键之处在于对不良地质的准确识别，并在此基础上合理评估不良地质对 TBM 卡机的影响。

近年来，在 TBM 隧道施工过程中，以断层带为代表的不良地质导致了许多 TBM 卡机事件，如土耳其的 Tuzla 隧道（Dalgıç，2003）、伊朗中部的 Ghomroud 隧道（Farrokh 和 Rostami，2009）、土耳其的 Kadikoy-Kozyatagi 地铁隧道、伊斯坦布尔的 Melen 输水隧道（Bilgin，2016）和伊朗的 Zagros 输水隧道（Bayati 和 Hamidi，2017）。上述 TBM 卡机案例都是由于断层带内及周围的岩石稳定性差，在隧道开挖暴露出断层后，隧道顶板和掌子面大规模坍塌，掩埋了刀盘和护盾，导致 TBM 卡机。此外，断层带中碎裂的岩石中富含高岭石、蒙脱石和伊利石等黏土矿物，遇水膨胀也会造成 TBM 卡机，如土耳其东部的 Suruc 隧道、Gerede 输水隧道以及中国南昌地铁 1 号线项目，其中黏土矿物和水的存在导致 TBM 刀盘卡机（Bilgin，2016；Shaterpour-Mamaghani 等，2016；Ye 等，2017）。大量研究表明，断层破碎带是 TBM 卡机灾害中最为常见的不良地质。路强（2024）针对某深埋 TBM 隧洞穿越断层破碎带时刀盘卡机问题，分析了 TBM 卡机的主要原因是断层破碎带岩体条件、结构面特征以及地下水，提出了超前地质预报和治理方案的综合防治方法，为相近工程 TBM 通过断层破碎带提供参考；刘琪等（2021）以滇中引水工程香炉山隧洞为例，对施工过程中的断层带围岩力学响应、TBM 刀盘、护盾结构受力变化以及初期支护内力状态等开展了三维数值模拟研究。综上，断层破碎带的准确识别，对 TBM 卡机灾害的地质判识具有有益作用。

大量卡机案例表明，断层是最常见的引起 TBM 卡机的不良地质条件，但现有 TBM 卡机判识仍局限在定性判断方面，对断层的定量识别方法仍然缺乏深入的研究。现阶段科研工作主要集中于利用数值模拟和理论分析从力学角度和几何角度分析围岩与 TBM 的相互作用，进而确定卡机触发条件，而 TBM 卡机地质判识方面的研究较为少见，同时对于断层岩的地质特征与 TBM 卡机之间的关系仍缺乏较好的认识。因此，开展断层的识别研究，不仅能够识别断层的类型和性质，同时，断层的识别结果可以作为 TBM 卡机判识的依据。

1.2.5　TBM 卡机风险评估

TBM 卡机灾害是 TBM 掘进面临的重要挑战，频发的卡机灾害造成了工期延误与经济损失。如果能够在隧洞设计、工法制定与掘进阶段提前判识卡机灾害的风险，并在风险判识的基础上提前进行地层改良措施与施工参数变更，能够降低卡机灾害的影响，甚至规避 TBM 卡机灾害。

TBM 卡机灾害的风险评价与预测，主要通过解析方法和数值模拟实现。在基于解析方法的风险评估方面，温森（2014）基于刀盘被困理论结合概率论建立了节理岩体中刀盘被卡概率计算公式，将刀盘被困的后果分为 5 个等级，结合概率等级提出了刀盘被卡风险评价矩阵；Yu 等（2019）采用模糊层次分析法（Fuzzy Analytic Hierarchy Process，FAHP）构建了 TBM 性能动态评估模型，通过 TBM 性能预测结果对卡机风险进行评估；温森和徐卫亚（2011）考虑了隧道工作面和盾构后支撑的相互影响，并使用收敛约束法和风险分析理论计算了围岩作用在护盾上的压力，实现了双护盾 TBM 护盾卡机的风险评估；刘泉声等（2018）提出了一种监测护盾变形的方案以及护盾受力的计算方法，可通过监测得到的变形估算护盾的受力，进而计算出护盾受到的摩擦阻力，对 TBM 卡机风险和状态进行评估；陈发达等（2017）构建了基于多态贝叶斯网络的土压平衡盾构刀盘卡机故障诊断模型，并提出了相应的盾构刀盘失效风险因素控制措施；Hyun 等（2015）将 TBM 风险分为四类，构建了故障树集，在考虑风险发生概率的前提下，利用故障树分析（Fault Tree Analysis，FTA）和层次分析法（Analytic Hierarchy Process，AHP）识别了 TBM 在不良地质情况下的潜在风险，并开展了工程验证。

此外，学者们还基于数值模拟方法进行了风险评估，Hasanpour 等（2017）采用有限差分法，构建了不良地质与单护盾 TBM 相互作用的三维数值模型，分析了不良地质对 TBM 护盾卡机的影响，评估了 TBM 卡机风险；Sakcali1 和 Yavuz（2022）采用三维 FDM 数值模拟方法，开展了单护盾 TBM 穿越软弱围岩的数值模拟，基于数值模拟结果与回归分析方法，实现了单护盾 TBM 护盾卡机的评估与预测；Maleki1（2018）采用离散元法（Discrete Element Method，DEM）-有限差分法（Finite Differential Method，FDM）耦合的模拟方法，预测了挤压变形对 Zagros 隧道 TBM 卡机的影响。

在 TBM 卡机风险判识方面，解析方法对特定的工程具有较好的应用效果，且应用简便，但是计算公式针对某一具体工程进行了简化，在应用于其他工程时具有一定的局限性；数值模拟方法能够考虑复杂的 TBM-围岩相互作用，在围岩变形破坏和应力重分布模拟方面具有良好的效果，能够对 TBM 卡机预测和运行及脱困的参数设置给出精确的指导，但是数值模拟具有计算耗时长、时效性低的特点，现有模拟多是对已完成的工程进行模拟验证，面对有时间要求的现场工程难以给出实时的快速解答。

1.2.6　TBM 卡机防控技术

TBM 在断层、岩溶等不良地质区域施工时，隧道往往产生围岩大变形、突水突泥、塌方等地质灾害，进而导致 TBM 卡机，延误工期，耗时费力。针对 TBM 卡机问题，国内外学者和工程师纷纷提出相应的 TBM 卡机灾害安全防控方案。

王亚锋等（2021）针对大瑞铁路高黎贡山隧道敞开式 TBM 在高压富水软弱破碎带施工条件下的刀盘被卡、护盾被卡等工程难题，提出了高位小导洞探测地质、侧壁导坑超前泄水降压、原位超前管棚及注浆加固、盾体区域扩挖的护盾脱困措施，以及掌子面化学注浆加固后清理刀盘周边的刀盘脱困措施；冯欢欢等（2022）依托辽西北供水、引松供水、引洮供水等工程建设过程中出现的隧道局部塌方、TBM 卡机等案例，总结了岩爆、软弱地层等极端复杂地质条件下 TBM 卡机的防控与处治措施；崔光耀等（2021）分析了双护盾 TBM 在断层破碎带段及软岩大变形段遭遇的卡机成因，提出了环形扩挖法的脱困措施；王江（2011）依托青海引大济湟、陕西引红济石等工程双护盾 TBM 卡机事件，归纳出辅助坑道法、侧导坑法、设备后退法、超前化学灌浆法和设备技术改造法 5 种脱困措施，并提出双护盾 TBM 卡机预防措施；李术才等（2014）、Liu 等（2019）通过在 TBM 上搭载超前地质预报系统，准确探明了不良地质构造，为卡机灾害的有效预防提供了有效指导。

随着计算机技术的飞速发展，越来越多的学者通过数值模拟技术模拟围岩变形提出控制方法，为 TBM 卡机灾害防控提供理论指导。其中，张镇等（2010）通过数值模拟对锚杆-锚索联合支护的预应力协同问题进行研究，结果表明合理预应力组合的锚杆-锚索联合支护系统可以有效控制围岩变形，为预防卡机灾害提供了围岩支护指导；Gao 等（2019）对超大断面隧道中的喷射混凝土与拱架之间的耦合作用关系进行了数值模拟研究，为围岩变形控制提供了理论支持，可有效指导卡机灾害的防控；Meschke 等（2015）采用黏塑性模型对喷射混凝土衬砌结构进行了数值模拟研究，并通过短期试验及蠕变试验对数值模拟结果进行了验证，为掘进和长/短期停机下的 TBM 卡机灾害防控提供了指导。

综上所述，学者们在隧道 TBM 卡机灾害防控方面取得了有益的研究成果，但是诱发 TBM 卡机的灾害类型不同，导致卡机灾变过程不同，其处治措施也不同，目前缺乏 TBM 卡机灾害更为精细化的处治技术和施工方案。因此，亟待建立断层塌方、大变形、突水突泥等不同地质灾害类型诱发 TBM 卡机的风险评估、灾害防控与卡机脱困技术体系。

第2章 TBM 适应性评价

TBM 适应性评价对 TBM 选型和掘进参数优化具有重要指导意义，提高 TBM 在不良地质条件下的适应性，可有效降低卡机风险，为此，本章提出了以提高 TBM 掘进性能为导向的适应性评价方法。首先，通过统计和理论分析相结合的方法选取了 TBM 适应性评价指标（岩石饱和单轴抗压强度、岩石完整性系数、岩石耐磨性、地下水开发和涌水状态、隧道轴线与不良结构面组合关系、刀盘推力、刀盘扭矩、岩渣形状）；其次，基于隶属函数，提出了 TBM 适应性评价方法；最后，依托山西中部引黄工程 2 标 TBM 施工隧道验证了本章建立的 TBM 适应性评价方法的可行性、合理性。TBM 适应性评价结果可为 TBM 选型、施工参数优化提供参考，为 TBM 卡机风险评估提供基础。

2.1 TBM 适应性评价指标体系

建立合理的 TBM 适应性评价指标体系是研究适应性评价的基础。本章建立的 TBM 适应性评价指标体系，如图 2-1 所示，从顶层到底层包括目标层 A、准则层 B 和指标层 C。目标层 A 即为 TBM 适应性评价方法，准则层 B 包含地质因素和施工因素两方面的评价准则，指标层 C 包括岩石饱和单轴抗压强度、岩体完整性系数、岩体耐磨性、地下水发育和涌水状态、洞轴线和不良结构面的组合关系、刀盘推力、刀盘扭矩和岩渣形态 8 个指标。本评价体系将 TBM 适应性分为 I、II、III、IV、V 共 5 个等级，对应为 V1 = {I级} = {适应性好}、V2 = {II级} = {适应性较好}、V3 = {III级} = {适应性一般}、V4 = {IV级} = {适应性较差}、V5 = {V级} = {适应性差}。

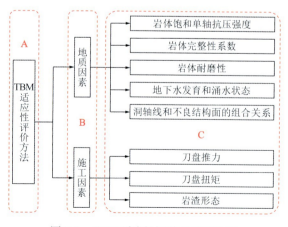

图 2-1 TBM 适应性评价的指标体系

2.1.1 TBM适应性评价指标

2.1.1.1 地质因素

（1）岩石饱和单轴抗压强度R_c

岩石饱和单轴抗压强度R_c（MPa）可用来表示 TBM 施工隧道围岩开挖的难易程度。通常，R_c值越低（0～140MPa），TBM 掘进效率越高，适应性越好；反之（R_c > 140MPa），TBM 掘进效率越低，适应性越差。但是，若R_c值过低（< 20MPa）掘进后围岩的自稳时间则极短，甚至不能自稳。

因此，为了保证 TBM 保持稳定的掘进速度，又能使隧道围岩在掘进后保持自稳，R_c值应在合适的范围内。按照岩石饱和单轴抗压强度R_c对 TBM 适应性的影响，将R_c划分为 5 个等级，见表 2-1。

岩石饱和单轴抗压强度对 TBM 适应性影响的等级划分　　表 2-1

等级	I	II	III	IV	V
岩石饱和单轴抗压强度R_c（MPa）	20～60	60～100	100～140	> 140	< 20

（2）岩体完整性系数K_v

岩体结构面的发育程度是影响 TBM 掘进效率的又一项重要的地质因素。一般来说，岩体结构面越发育，节理间距越小，完整性系数越小（0.15～0.75），TBM 掘进效率越高；但当岩体结构面特别发育，岩体完整性系数很小时（< 0.15），岩体已呈碎裂状或松散状，需对此不稳定围岩进行大量加固处理，TBM 的掘进效率将大大降低。按照岩体完整性系数K_v对 TBM 适应性的影响，将K_v划分为 5 个等级，见表 2-2。

岩体完整性系数对 TBM 适应性影响的等级划分　　表 2-2

等级	I	II	III	IV	V
岩体完整性系数K_v	0.35～0.55	0.55～0.75	0.15～0.35	> 0.75	< 0.15

（3）岩石耐磨性A_b

滚刀的磨损对掘进效率影响很大，而对刀具的磨损预测和判断，仅根据岩石抗压强度是不够的。一般情况下，岩石的耐磨性越高（A_b > 4），对刀具、刀圈和轴承的磨损程度也越严重，造成停机换刀次数增加，影响正常掘进，导致掘进效率降低。按照岩石耐磨性A_b对 TBM 适应性的影响，将A_b分为 5 个等级，见表 2-3。

岩石耐磨性对 TBM 适应性影响的等级划分　　表 2-3

等级	I	II	III	IV	V
岩石耐磨性A_b（1/10mm）	2～3	< 2	3～4	4～5	> 5

（4）地下水发育、涌水状态

地下水对隧道围岩具有破坏作用，在隧道开挖后，围岩稳定性会因此降低，若控制不当，会存在诸多安全隐患，使 TBM 的工作环境恶化，导致掘进效率降低。地下水的定性描述主要针对掌子面、隧道围岩的渗水情况，定量描述主要针对地下水渗流量和水压。渗水量通常使用单位涌水量ω表示，水压力可通过地下水位与隧道底板间的高差h表示。按照地下水对 TBM 适应性的影响，可将其划分为 5 个等级，见表 2-4。

地下水对 TBM 适应性影响的等级划分　　表 2-4

等级	I	II	III	IV	V
掌子面、隧道围岩的渗水情况	湿润	干燥	渗水/滴水	线/股状流水	管状涌水
地下水位与隧道底板间的高差h（m）	0～20	<0	20～40	40～60	>60
单位涌水量ω[L/(min·m)]	<5	5～45	45～85	85～125	>125

（5）洞轴线和不良结构面的组合关系

在隧道施工中，洞轴线和不良结构面的组合关系也是影响 TBM 掘进速度的主要因素之一，用洞轴线和主要软弱结构面的夹角α来表示。一般来说，二者夹角越小，对 TBM 掘进速度的影响越大。岩体主要结构面与隧洞轴线的组合关系对 TBM 掘进的影响表现为：当岩体主要结构面与隧洞轴线夹角为20°～40°时，有利于掘进速度的提高；当岩体主要结构面与洞轴线夹角小于10°甚至接近平行时，上部围岩容易坍塌或掉块，不利于 TBM 掘进。按照洞轴线与主要软弱结构面夹角对 TBM 适应性的影响，可将其划分为 5 个等级，见表 2-5。

洞轴线和软弱结构面夹角对 TBM 适应性影响的等级划分　　表 2-5

等级	I	II	III	IV	V
洞轴线和软弱结构面夹角α（°）	20～40	10～20	40～60	<10	>60

2.1.1.2　施工因素

（1）刀盘推力F

刀盘推力可间接反映围岩地质条件，应作为 TBM 适应性评价的指标之一。一般情况下，在完整围岩中掘进时，TBM 需要较高的推力（>10000kN），而在软弱破碎围岩中掘进时，TBM 需要的推力较小（<7000kN）。刀盘推力对 TBM 适应性影响的等级划分见表 2-6。

刀盘推力对 TBM 适应性影响的等级划分　　表 2-6

等级	I	II	III	IV	V
刀盘推力F（kN）	4000～7000	7000～10000	10000～13000	13000～16000	>16000

第2章 TBM适应性评价

（2）刀盘扭矩T

TBM掘进时刀盘扭矩受围岩性质的影响而发生变化，在硬岩中掘进时，刀盘推进阻力小，需要的扭矩较小（<3000kN·m）；反之，在软岩中掘进需要更大的刀盘扭矩（>3500kN·m）。刀盘扭矩对TBM适应性影响的等级划分见表2-7。

刀盘扭矩对TBM适应性影响的等级划分　　表2-7

等级	I	II	III	IV	V
刀盘扭矩T（kN·m）	2000～2500	2500～3000	3000～3500	3500～4000	>4000

（3）岩渣含量R

TBM正常掘进时，直接观察围岩情况的条件有限。但是，岩渣可在皮带机上直接观察，从而获取十分丰富的信息，如渣量变化情况、岩渣风化、泥化程度、岩片、各类形态岩渣含量、特殊矿物组成、颗粒大小等。各类形态岩渣（片状、块状、粉状）含量与TBM适应性关系最为密切。其中，片状岩渣含量对TBM适应性影响的等级划分见表2-8。

片状岩渣含量对TBM适应性影响的等级划分　　表2-8

水平分级	I	II	III	IV	V
片状岩渣含量R（%）	>90	70～90	40～70	10～40	<10

2.1.2 TBM适应性评价指标权重

2.1.2.1 权重分析原则

权重是以某种数量形式对比、权衡被评价事物的各影响因素相对重要程度的量值。目前权重的确定有多种方法，本章采用准确性相对较好的层次分析法计算各适应性评价指标的权重值，并对计算结果进行简要分析，为TBM适应性评价指标体系和评价方法的建立提供理论指导。采用1～9标度方法构造判断矩阵$P_{n \times n}$，通过式(2-3)～式(2-6)分别计算因素权向量ω、最大特征值λ_{max}、随机一致性比率CR、因素总排序权值的随机一致性比率CR^L，其中，n为3～14时，随机一致性指标RI取值分别为0.52、0.89、1.12、1.36、1.41、1.46、1.49、1.52、1.54、1.56、1.58、1.59。

$$\overline{\omega}_i = \left(\prod_{j=1}^{n} p_{ij}\right)^{1/n} \quad (i=1,2,\cdots,n) \tag{2-1}$$

$$\omega_i = \omega_i / \sum_{j=1}^{n} \overline{\omega}_i \quad (i=1,2,\cdots,n) \tag{2-2}$$

$$\lambda_{max} = \sum_{i=1}^{n} [(A\omega)_i / \omega_i]/n \tag{2-3}$$

$$CR = [(\lambda_{max}-1)/(n-1)]/RI \tag{2-4}$$

$$\omega_j^L = \sum_{i=1}^{n_1} \omega_i^K \psi_{ji} \quad (j=1,2,\cdots,n_2) \tag{2-5}$$

$$CR^L = \sum_{i=1}^{n_1} \omega_i^K CI_{K_i}^L \Big/ \sum_{i=1}^{n_1} \omega_i^K RI_{K_i}^L \tag{2-6}$$

上述式中：ω_i^K——上层（K层）的n_1个因素K_i的因素总排序权向量；

ψ_{ji}——下层（L层）的n_2个因素L_j对应于K_i的权值（当L_j与K_i无关时，$\psi_{ji}=0$）；

ω_j^L——下层（L层）因素总排序权向量；

$CI_{K_i}^L$、$RI_{K_i}^L$——L层与K_i对应的判断矩阵的一般一致性指标和随机一致性指标；

CR^L——L层因素总排序随机一致性比率。

2.1.2.2　指标权重值

地质因素B_1和施工因素B_2相对于目标层A的判断矩阵$\boldsymbol{P}_{A-B}$为：

$$\boldsymbol{P}_{A-B} = \begin{bmatrix} 1 & 2 \\ 1/2 & 1 \end{bmatrix}$$

计算得到B层地质因素和施工因素的权重向量为：

$$\omega_{A-B} = [0.6667 \quad 0.3333]$$

$CI=0$，满足一致性条件。地质因素所占权重更大，是适应性评价的决定性因素。

（1）地质因素B_1

基于工程案例统计与理论分析，岩石饱和单轴抗压强度（C_1）、岩体完整性系数（C_2）、岩石耐磨性（C_3）、地下水发育和涌水状态（C_4）、洞轴线和不良结构面组合关系（C_5）相对于地质因素B_1的判断矩阵$\boldsymbol{P}_{B_1-C}$为：

$$\boldsymbol{P}_{B_1-C} = \begin{bmatrix} 1 & 2 & 3 & 4 & 4 \\ 1/2 & 1 & 2 & 3 & 3 \\ 1/3 & 1/2 & 1 & 2 & 2 \\ 1/4 & 1/3 & 1/2 & 1 & 1 \\ 1/4 & 1/3 & 1/2 & 1 & 1 \end{bmatrix}$$

计算得到$C_1 \sim C_5$的权重向量为：

$$\omega_{B_1-C} = [0.4147 \quad 0.2573 \quad 0.1529 \quad 0.0876 \quad 0.0876]$$

$CI=0.0091$，$CR=0.0081<0.1$，满足一致性条件。岩石饱和单轴抗压强度和岩体完整性系数权重值之和超过0.5，相比其他指标，权重较大。

（2）施工因素B_2

基于理论分析与实例统计研究，刀盘推力（C_6）、刀盘扭矩（C_7）、岩渣形态（C_8）相对于施工因素的判断矩阵$\boldsymbol{P}_{B_2-C}$为：

$$\boldsymbol{P}_{B_2-C} = \begin{bmatrix} 1 & 1 & 3 \\ 1 & 1 & 3 \\ 1/3 & 1/3 & 1 \end{bmatrix}$$

计算得到$C_6 \sim C_8$的权重向量为：

$$\omega_{B_2-C} = [0.4286 \quad 0.4286 \quad 0.1429]$$

CI = 0，CR = 0 < 0.1，满足一致性条件。刀盘推力和扭矩权重值较大，均为 0.4286。

获得准则层B相对于目标层A的权重ω_{A-B}、指标层C相对于准则层B的权重ω_{B_1-C}、ω_{B_2-C}后，选取的所有 8 个适应性评价指标相对于目标层A的权重向量为：

$$\omega_{A-C} = [0.2756 \quad 0.1715 \quad 0.1019 \quad 0.0584 \quad 0.0584 \quad 0.1429 \quad 0.1429 \quad 0.0476]$$

结果表明，地质因素中的岩石饱和单轴抗压强度、岩体完整性系数和施工因素中的刀盘推力、刀盘扭矩权重值较大；其次为岩石耐磨性、地下水发育、涌水状态；洞轴线和不良结构面的组合关系、岩渣形态最小。

2.2 TBM 适应性评价方法

2.2.1 评价指标隶属度函数

以 Zadeh 教授的隶属度函数理论为基础，根据不同指标对 TBM 适应性影响的水平等级边界，选取隶属函数，本章采用式(2-7)所示的岭型隶属函数，建立代表性评价指标隶属度的函数$u(x)$：

$$u(x) = \begin{cases} 1 & (x < a_1) \\ \frac{1}{2} + \frac{1}{2}\sin\frac{\pi}{a_2 - a_1}\left(x - \frac{a_1 + a_2}{2}\right) & (a_1 \leqslant x < a_2) \\ \frac{1}{2} - \frac{1}{2}\sin\frac{\pi}{a_3 - a_2}\left(x - \frac{a_2 + a_3}{2}\right) & (a_2 \leqslant x < a_3) \\ 0 & (x \geqslant a_3) \end{cases} \quad (2-7)$$

式中：a_1、a_2、a_3——各子集的区间边界。

确定适应性评价指标的隶属函数见表 2-9。

各指标隶属函数

表 2-9

等级	I	II	III	IV	V
R_c	$u_1(x)=\begin{cases}0 & (0\le x<20)\\ \frac{1}{2}+\frac{1}{2}\sin\frac{\pi}{40}(x-40) & (20\le x<60)\\ 1 & (60\le x<100)\\ \frac{1}{2}-\frac{1}{2}\sin\frac{\pi}{40}(x-120) & (100\le x<140)\\ 0 & (x\ge 140)\end{cases}$	$u_2(x)=\begin{cases}0 & (0\le x<20)\\ \frac{1}{2}+\frac{1}{2}\sin\frac{\pi}{40}(x-40) & (20\le x<60)\\ 1 & (60\le x<140)\\ \frac{1}{2}-\frac{1}{2}\sin\frac{\pi}{40}(x-120) & (140\le x<180)\\ 0 & (x\ge 180)\end{cases}$	$u_3(x)=\begin{cases}\frac{1}{2}+\frac{1}{2}\sin\frac{\pi}{20}(x-10) & (0\le x<20)\\ 1 & (20\le x<60)\\ \frac{1}{2}-\frac{1}{2}\sin\frac{\pi}{40}(x-80) & (60\le x<100)\\ \frac{1}{2}-\frac{1}{2}\sin\frac{\pi}{40}(x-120) & (100\le x<140)\\ \frac{1}{2}-\frac{1}{2}\sin\frac{\pi}{40}(x-160) & (140\le x<180)\\ 0 & (x\ge 180)\end{cases}$	$u_4(x)=\begin{cases}\frac{1}{2}+\frac{1}{2}\sin\frac{\pi}{20}(x-10) & (0\le x<20)\\ \frac{1}{2}-\frac{1}{2}\sin\frac{\pi}{40}(x-40) & (20\le x<60)\\ 0 & (60\le x<100)\\ \frac{1}{2}+\frac{1}{2}\sin\frac{\pi}{40}(x-120) & (100\le x<140)\\ 1 & (x\ge 140)\end{cases}$	$u_5(x)=\begin{cases}1 & (0\le x<20)\\ \frac{1}{2}-\frac{1}{2}\sin\frac{\pi}{40}(x-40) & (20\le x<60)\\ 0 & (60\le x<100)\\ \frac{1}{2}+\frac{1}{2}\sin\frac{\pi}{40}(x-120) & (100\le x<140)\\ 1 & (x\ge 140)\end{cases}$
K_V	$u_1(x)=\begin{cases}0 & (0\le x<0.15)\\ \frac{1}{2}+\frac{1}{2}\sin\frac{\pi}{0.2}(x-0.25) & (0.15\le x<0.35)\\ 1 & (0.35\le x<0.55)\\ \frac{1}{2}-\frac{1}{2}\sin\frac{\pi}{0.2}(x-0.65) & (0.55\le x<0.75)\\ 0 & (x\ge 0.75)\end{cases}$	$u_2(x)=\begin{cases}0 & (0\le x<0.15)\\ \frac{1}{2}+\frac{1}{2}\sin\frac{\pi}{0.2}(x-0.25) & (0.15\le x<0.35)\\ 1 & (0.35\le x<0.55)\\ \frac{1}{2}-\frac{1}{2}\sin\frac{\pi}{0.2}(x-0.65) & (0.55\le x<0.75)\\ 0 & (x\ge 0.75)\end{cases}$	$u_3(x)=\begin{cases}\frac{1}{2}+\frac{1}{2}\sin\frac{\pi}{0.15}(x-0.075) & (0\le x<0.15)\\ \frac{1}{2}-\frac{1}{2}\sin\frac{\pi}{0.2}(x-0.35) & (0.15\le x<0.35)\\ \frac{1}{2}+\frac{1}{2}\sin\frac{\pi}{0.2}(x-0.65) & (0.35\le x<0.55)\\ \frac{1}{2}-\frac{1}{2}\sin\frac{\pi}{0.2}(x-0.75) & (0.55\le x<0.75)\\ \frac{1}{2}-\frac{1}{2}\sin\frac{\pi}{0.2}(x-0.85) & (0.75\le x<0.95)\\ 0 & (x\ge 0.95)\end{cases}$	$u_4(x)=\begin{cases}\frac{1}{2}+\frac{1}{2}\sin\frac{\pi}{0.15}(x-0.075) & (0\le x<0.15)\\ \frac{1}{2}-\frac{1}{2}\sin\frac{\pi}{0.2}(x-0.25) & (0.15\le x<0.35)\\ 0 & (0.35\le x<0.55)\\ \frac{1}{2}+\frac{1}{2}\sin\frac{\pi}{0.2}(x-0.65) & (0.55\le x<0.75)\\ 1 & (x\ge 0.75)\end{cases}$	$u_5(x)=\begin{cases}1 & (0\le x<0.15)\\ \frac{1}{2}-\frac{1}{2}\sin\frac{\pi}{0.2}(x-0.25) & (0.15\le x<0.35)\\ 0 & (0.35\le x<0.55)\\ \frac{1}{2}+\frac{1}{2}\sin\frac{\pi}{0.2}(x-0.65) & (0.55\le x<0.75)\\ 1 & (x\ge 0.75)\end{cases}$
A_b	$u_1(x)=\begin{cases}\frac{1}{2}+\frac{1}{2}\sin\frac{\pi}{2}(x-1) & (0\le x<2)\\ 1 & (2\le x<3)\\ \frac{1}{2}-\frac{1}{2}\sin\frac{\pi}{2}(x-3.5) & (3\le x<4)\\ 0 & (x\ge 4)\end{cases}$	$u_2(x)=\begin{cases}0 & (0\le x<2)\\ \frac{1}{2}-\frac{1}{2}\sin\pi(x-2.5) & (2\le x<3)\\ 0 & (x\ge 3)\end{cases}$	$u_3(x)=\begin{cases}0 & (0\le x<1)\\ \frac{1}{2}+\frac{1}{2}\sin\pi(x-0.5) & (1\le x<3)\\ \frac{1}{2}-\frac{1}{2}\sin\pi(x-3.5) & (3\le x<4)\\ \frac{1}{2}-\frac{1}{2}\sin\pi(x-4.5) & (4\le x<5)\\ 0 & (x\ge 5)\end{cases}$	$u_4(x)=\begin{cases}0 & (0\le x<3)\\ \frac{1}{2}+\frac{1}{2}\sin\pi(x-3.5) & (3\le x<4)\\ 1 & (4\le x<5)\\ \frac{1}{2}-\frac{1}{2}\sin\pi(x-5.5) & (5\le x<6)\\ 0 & (x\ge 6)\end{cases}$	$u_5(x)=\begin{cases}0 & (0\le x<4)\\ \frac{1}{2}+\frac{1}{2}\sin\pi(x-4.5) & (4\le x<5)\\ 1 & (x\ge 5)\end{cases}$

续上表

等级	I	II	III	IV	V
ω	$u_1(x) = \begin{cases} \frac{1}{2}+\frac{1}{2}\sin\frac{\pi}{5}(x-2.5) & (0\leqslant x<5) \\ 1 & (5\leqslant x<45) \\ \frac{1}{2}-\frac{1}{2}\sin\frac{\pi}{40}(x-65) & (45\leqslant x<85) \\ 0 & (x\geqslant 85) \end{cases}$	$u_2(x) = \begin{cases} 0 & (0\leqslant x<5) \\ \frac{1}{2}+\frac{1}{2}\sin\frac{\pi}{40}(x-25) & (5\leqslant x<45) \\ 1 & (45\leqslant x<85) \\ \frac{1}{2}-\frac{1}{2}\sin\frac{\pi}{40}(x-105) & (85\leqslant x<125) \\ 0 & (x\geqslant 125) \end{cases}$	$u_3(x) = \begin{cases} 1 & (0\leqslant x<5) \\ \frac{1}{2}-\frac{1}{2}\sin\frac{\pi}{40}(x-25) & (5\leqslant x<45) \\ 0 & (45\leqslant x<65) \\ \frac{1}{2}+\frac{1}{2}\sin\frac{\pi}{40}(x-85) & (65\leqslant x<105) \\ 1 & (105\leqslant x<145) \\ \frac{1}{2}-\frac{1}{2}\sin\frac{\pi}{40}(x-125) & \\ 0 & (x\geqslant 145) \end{cases}$	$u_4(x) = \begin{cases} 0 & (0\leqslant x<45) \\ \frac{1}{2}+\frac{1}{2}\sin\frac{\pi}{40}(x-65) & (45\leqslant x<85) \\ 1 & (85\leqslant x<125) \\ \frac{1}{2}-\frac{1}{2}\sin\frac{\pi}{40}(x-145) & (125\leqslant x<165) \\ 0 & (x\geqslant 165) \end{cases}$	$u_5(x) = \begin{cases} 0 & (0\leqslant x<85) \\ \frac{1}{2}+\frac{1}{2}\sin\frac{\pi}{40}(x-105) & (85\leqslant x<125) \\ 1 & (x\geqslant 125) \end{cases}$
α	$u_1(x) = \begin{cases} 0 & (0\leqslant x<10) \\ \frac{1}{2}-\frac{1}{2}\sin\frac{\pi}{10}(x-15) & (10\leqslant x<20) \\ 1 & (20\leqslant x<40) \\ \frac{1}{2}-\frac{1}{2}\sin\frac{\pi}{10}(x-45) & (40\leqslant x<50) \\ 0 & (x\geqslant 50) \end{cases}$	$u_2(x) = \begin{cases} \frac{1}{2}+\frac{1}{2}\sin\frac{\pi}{10}(x-5) & (0\leqslant x<10) \\ 1 & (10\leqslant x<20) \\ \frac{1}{2}-\frac{1}{2}\sin\frac{\pi}{20}(x-30) & (20\leqslant x<40) \\ 0 & (x\geqslant 40) \end{cases}$	$u_3(x) = \begin{cases} \frac{1}{2}+\frac{1}{2}\sin\frac{\pi}{10}(x-5) & (0\leqslant x<10) \\ 1 & (10\leqslant x<20) \\ \frac{1}{2}-\frac{1}{2}\sin\frac{\pi}{20}(x-30) & (20\leqslant x<40) \\ 1 & (40\leqslant x<60) \\ \frac{1}{2}-\frac{1}{2}\sin\frac{\pi}{10}(x-65) & (60\leqslant x<70) \\ 0 & (x\geqslant 70) \end{cases}$	$u_4(x) = \begin{cases} 1 & (0\leqslant x<10) \\ \frac{1}{2}-\frac{1}{2}\sin\frac{\pi}{10}(x-15) & (10\leqslant x<20) \\ 0 & (20\leqslant x<40) \\ \frac{1}{2}-\frac{1}{2}\sin\frac{\pi}{20}(x-50) & (40\leqslant x<60) \\ 1 & \\ \frac{1}{2}-\frac{1}{2}\sin\frac{\pi}{10}(x-65) & (60\leqslant x<70) \\ 0 & (x\geqslant 70) \end{cases}$	$u_5(x) = \begin{cases} 0 & (0\leqslant x<1) \\ \frac{1}{2}-\frac{1}{2}\sin\frac{\pi}{10}(x-5) & (0\leqslant x<10) \\ \frac{1}{2}+\frac{1}{2}\sin\frac{\pi}{20}(x-50) & (40\leqslant x<60) \\ 1 & (x\geqslant 60) \end{cases}$
F	$u_1(x) = \begin{cases} 1 & (0.4\leqslant x<0.7) \\ \frac{1}{2}-\frac{1}{2}\sin\frac{\pi}{0.3}(x-0.85) & (0.7\leqslant x<1) \\ 0 & (x\geqslant 1) \end{cases}$	$u_2(x) = \begin{cases} \frac{1}{2}+\frac{1}{2}\sin\frac{\pi}{0.3}(x-0.55) & (0.4\leqslant x<0.7) \\ 1 & (0.7\leqslant x<1) \\ \frac{1}{2}-\frac{1}{2}\sin\frac{\pi}{0.3}(x-1.15) & (1\leqslant x<1.3) \\ 0 & (x\geqslant 1.3) \end{cases}$	$u_3(x) = \begin{cases} 0 & (0.4\leqslant x<0.7) \\ \frac{1}{2}+\frac{1}{2}\sin\frac{\pi}{0.3}(x-0.85) & (0.7\leqslant x<1) \\ 1 & (1\leqslant x<1.3) \\ \frac{1}{2}-\frac{1}{2}\sin\frac{\pi}{0.3}(x-1.45) & (1.3\leqslant x<1.6) \\ 0 & (x\geqslant 1.6) \end{cases}$	$u_4(x) = \begin{cases} 0 & (0.4\leqslant x<1) \\ \frac{1}{2}+\frac{1}{2}\sin\frac{\pi}{0.3}(x-1.15) & (1\leqslant x<1.3) \\ 1 & (1.3\leqslant x<1.6) \\ \frac{1}{2}-\frac{1}{2}\sin\frac{\pi}{0.3}(x-1.75) & (1.6\leqslant x<1.9) \\ 0 & (x\geqslant 1.9) \end{cases}$	$u_5(x) = \begin{cases} 0 & (0\leqslant x<1) \\ \frac{1}{2}+\frac{1}{2}\sin\frac{\pi}{0.6}(x-1.3) & (1\leqslant x<1.6) \\ 1 & (x\geqslant 1.6) \end{cases}$

续上表

等级	I	II	III	IV	V
T	$u_1(x) = \begin{cases} 1 & (20 \leqslant x < 25) \\ \dfrac{1}{2} - \dfrac{1}{2}\sin\dfrac{\pi}{5}(x-27.5) & (25 \leqslant x < 30) \\ 0 & (x \geqslant 30) \end{cases}$	$u_2(x) = \begin{cases} \dfrac{1}{2} + \dfrac{1}{2}\sin\dfrac{\pi}{5}(x-22.5) & (20 \leqslant x < 25) \\ 1 & (25 \leqslant x < 30) \\ \dfrac{1}{2} - \dfrac{1}{2}\sin\dfrac{\pi}{5}(x-32.5) & (30 \leqslant x < 35) \\ 0 & (x \geqslant 35) \end{cases}$	$u_3(x) = \begin{cases} 0 & (20 \leqslant x < 25) \\ \dfrac{1}{2} + \dfrac{1}{2}\sin\dfrac{\pi}{5}(x-27.5) & (25 \leqslant x < 30) \\ 1 & (30 \leqslant x < 35) \\ \dfrac{1}{2} - \dfrac{1}{2}\sin\dfrac{\pi}{5}(x-37.5) & (35 \leqslant x < 40) \\ 0 & (x \geqslant 40) \end{cases}$	$u_4(x) = \begin{cases} 0 & (20 \leqslant x < 30) \\ \dfrac{1}{2} + \dfrac{1}{2}\sin\dfrac{\pi}{5}(x-32.5) & (30 \leqslant x < 35) \\ 1 & (35 \leqslant x < 40) \\ \dfrac{1}{2} - \dfrac{1}{2}\sin\dfrac{\pi}{5}(x-42.5) & (40 \leqslant x < 45) \\ 0 & (x \geqslant 45) \end{cases}$	$u_5(x) = \begin{cases} 0 & (20 \leqslant x < 30) \\ \dfrac{1}{2} + \dfrac{1}{2}\sin\dfrac{\pi}{10}(x-35) & (30 \leqslant x < 40) \\ 1 & (x \geqslant 40) \end{cases}$
R	$u_1(x) = \begin{cases} 0 & (0 \leqslant x < 0.7) \\ \dfrac{1}{2} + \dfrac{1}{2}\sin\dfrac{\pi}{0.2}(x-0.8) & (0.7 \leqslant x < 0.9) \\ 1 & (x \geqslant 0.9) \end{cases}$	$u_2(x) = \begin{cases} 0 & (0 \leqslant x < 0.4) \\ \dfrac{1}{2} + \dfrac{1}{2}\sin\dfrac{\pi}{0.3}(x-0.55) & (0.4 \leqslant x < 0.7) \\ 1 & (0.7 \leqslant x < 0.9) \\ \dfrac{1}{2} - \dfrac{1}{2}\sin\dfrac{\pi}{0.1}(x-0.95) & (x \geqslant 0.9) \end{cases}$	$u_3(x) = \begin{cases} 0 & (0 \leqslant x < 0.1) \\ \dfrac{1}{2} + \dfrac{1}{2}\sin\dfrac{\pi}{0.3}(x-0.25) & (0.1 \leqslant x < 0.4) \\ 1 & (0.4 \leqslant x < 0.7) \\ \dfrac{1}{2} - \dfrac{1}{2}\sin\dfrac{\pi}{0.2}(x-0.8) & (0.7 \leqslant x < 0.9) \\ 0 & (x \geqslant 0.9) \end{cases}$	$u_4(x) = \begin{cases} \dfrac{1}{2} + \dfrac{1}{2}\sin\dfrac{\pi}{0.1}(x-0.05) & (0 \leqslant x < 0.1) \\ 1 & (0.1 \leqslant x < 0.4) \\ \dfrac{1}{2} - \dfrac{1}{2}\sin\dfrac{\pi}{0.3}(x-0.55) & (0.4 \leqslant x < 0.7) \\ 0 & (x \geqslant 0.7) \end{cases}$	$u_5(x) = \begin{cases} 1 & (0 \leqslant x < 0.1) \\ \dfrac{1}{2} - \dfrac{1}{2}\sin\dfrac{\pi}{0.3}(x-0.25) & (0.1 \leqslant x < 0.4) \\ 0 & (x \geqslant 0.4) \end{cases}$

各指标的隶属函数图像如图 2-2 所示。

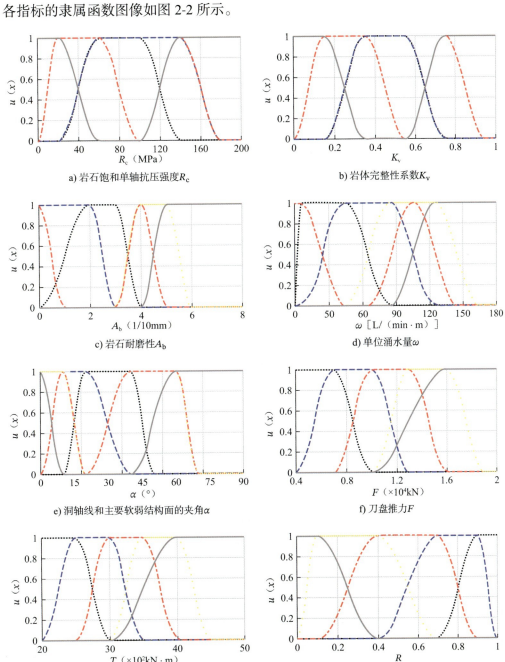

图 2-2　各影响因素的隶属函数图像

2.2.2　适应性等级确定

根据隶属度函数计算模糊矩阵 R，R 是从 U 到 V 的因素评价矩阵，见式(2-8)。

$$R = \begin{pmatrix} r_{11} & \cdots & r_{1m} \\ \vdots & \ddots & \vdots \\ r_{n1} & \cdots & r_{nm} \end{pmatrix} \quad (2\text{-}8)$$

式中：r_{ij}——因素u_i的隶属度函数$u_j(x)$的函数值。

结合模糊矩阵R与各指标权重向量A，由式(2-9)求得适应性评价结果向量B。

$$B = A \times R \quad (2\text{-}9)$$

根据最大隶属度原则，行向量$B(1 \times 5)$中隶属度最大值所对应列的次序即为适应性等级（Ⅰ～Ⅴ），由此建立了以掘进性能为导向的TBM适应性评价方法。

2.3 工程应用

2.3.1 工程概况及工程地质问题

山西中部引黄工程 TBM 施工隧洞 2 标起讫里程 118＋398～98＋070.2，主洞全长 20.328km，最大埋深 580m，坡度 1/3000～1/2500。进洞位于木瓜坪乡杨家崖村，进洞支洞长 3.64km，其中 3.0km 采用 TBM 掘进。采用双护盾 TBM 施工过程中曾发生突水突泥、塌方等诱发的卡机事件。

2017 年 5 月 22 日 21 时 44 分，TBM 掘进至主洞桩号 108＋572 时，掌子面突涌水，涌水量预估为 600～700m³/h，护盾内水位迅速上升，淹没 3 号、4 号电机及液压缸等，如图 2-3 所示。

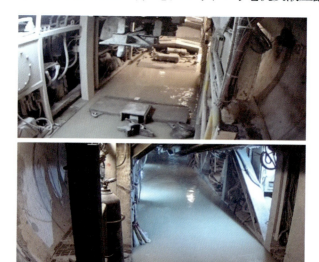

图 2-3 涌水后隧道被淹照片

2017 年 10 月 26 日，TBM 掘进至主洞桩号 106＋402.8 时，洞壁左上方塌落的围岩压住前护盾并将其卡住。11 月 3 日成功脱困，又掘进 11m 后，2017 年 11 月 4 日，掘进至主洞桩号 106＋391.8 时，因不良地质洞段围岩坍塌、收敛变形裹抱机头、护盾、刀盘造成 TBM 卡机,如图 2-4 所示。

图 2-4 坍塌卡机照片

2018 年 7 月 23 日凌晨,TBM 掘进至主洞桩号 101＋829.7 时,掌子面发生突涌水(图 2-5),并在上午 10 时左右达到最大涌水量 1700m³/h,TBM 及其后配套设备、通信设备、供电设备等水淹沙埋,进洞支洞和 25 号支洞排水设备被淹没烧损,洞内胶轮车、小火车被水淹损坏。

图 2-5 涌水照片

2.3.2 评价指标分析

2.3.2.1 岩石饱和单轴抗压强度

主隧洞围岩中 12.292km 为坚硬岩,抗压强度平均达到 73.9～159.7MPa,最高达到

172MPa。118+398～118+171.2段隧洞穿过太古界界河口群奥家湾组（Ar2a），岩性为黑云钾长片麻岩和黑云变粒岩，岩块单轴强度值为42～46MPa。

2.3.2.2 岩体完整性系数

除了少数区段节理较为发育外，工程区整体岩体较为完整。118+398～118+171.2段两岩层混杂产出互为消长，层理（片麻理）陡立，节理裂隙较发育，岩体完整性系数值K_V为0.2～0.3。

2.3.2.3 岩石耐磨性

工程区超过60%为坚硬岩，岩性以石英砂岩为主，变质石英砂岩和砂岩的石英含量为83.56%～91.23%，斜长片麻岩和斜长角闪岩的石英含量为25%～96.46%，岩石耐磨性普遍较高，刀具磨损严重。118+398～118+171.2段岩层内具有花岗岩脉穿插，岩脉正长石、黑云母晶体硕大，石英呈团块状产出，耐磨性A_b值为3～4。

2.3.2.4 地下水发育、涌水状态

工程区段整体地下水状态与TBM的掘进较为适宜，隧道围岩多为湿润状态。118+398～118+171.2段无明显出水现象，掌子面、隧道围岩呈渗水/滴水状态。

2.3.2.5 洞轴线和不良结构面的组合关系

118+398～118+171.2段的洞轴线和不良结构面的夹角为55°～60°。

2.3.2.6 刀盘推力

主隧洞围岩中12.292km为坚硬岩，占比超过60%，TBM掘进总推力普遍超过10000kN，贯入度仅有0～20mm/min。通过对施工阶段TBM掘进数据统计分析，118+398～118+171.2段的TBM刀盘推力为12800kN。

2.3.2.7 刀盘扭矩

通过对施工阶段TBM掘进数据统计分析，118+398～118+171.2段TBM刀盘扭矩为3480kN·m。

2.3.2.8 岩渣形态

通过固定时间间隔多次进洞观测传送带上的岩渣，片状岩渣占总岩渣的比值在50%～60%之间。

2.3.3 TBM卡机适应性评价与验证

依据已建立的适应性评价因素隶属度函数，以118+398～118+171.2段为例，计算得到适应性评价模糊矩阵$\boldsymbol{R}_1$为：

$$R_1 = \begin{bmatrix} 0.6841 & 0.6841 & 1 & 0.3159 & 0.3159 \\ 0.2730 & 0.2730 & 1 & 0.7270 & 0.7270 \\ 0.0955 & 0 & 0.9045 & 0.9045 & 0 \\ 0.0039 & 0 & 1 & 0 & 0 \\ 0 & 0 & 1 & 0.9755 & 0.9755 \\ 0 & 0.0109 & 1 & 0.9891 & 0.4477 \\ 0 & 0.0039 & 1 & 0.9961 & 0.4686 \\ 0 & 0.5000 & 1 & 0.5000 & 0 \end{bmatrix}$$

结合因素权重向量 A，得到 118+398～118+171.2 标段的评价结果向量 B_1 为：

$$B_1 = A \times R_1 = [0.2459 \quad 0.2619 \quad 0.9904 \quad 0.6686 \quad 0.3999]$$

根据最大隶属度原则，118+398～118+171.2 段 TBM 适应性等级为Ⅲ级。相应计算得到其他部分标段 TBM 适应性等级，并对比实际掘进速度，如图 2-6 所示。

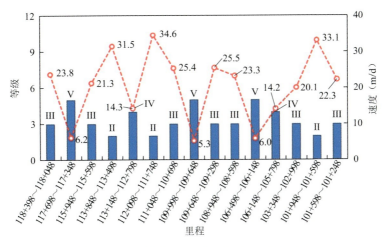

图 2-6　适应性等级与实际开挖掘进速度对比

从图 2-6 中可以看出，使用本章提出的以掘进性能为导向的 TBM 适应性评价方法得到的 TBM 适应性等级与实际开挖掘进速度有明显的对应关系：TBM 适应性等级高，TBM 施工掘进速度快；反之，掘进速度降低。验证了本章提出的以掘进性能为导向的 TBM 适应性评价方法的合理性和可行性。适应性为Ⅴ级标段，掘进速度缓慢，仅为 6m/d 左右。如果整个隧洞Ⅴ级标段占比较大，从经济效益角度考虑，则不适用 TBM 施工。

2.4　本　章　小　结

本章采用统计与理论分析相结合的方法，选取了 TBM 适应性评价指标，分析了各指标权重，并基于层次分析法构建了 TBM 适应性评价指标体系，采用隶属度函数法提出了以掘进性能为导向的 TBM 适应性评价方法。最后利用该方法对山西中部引黄工程 TBM 施工隧洞 2 标进口主洞进行了适应性评价，验证了本方法的可行性和合理性。TBM 适应性评价结果可为 TBM 选型、施工参数优化提供参考，为 TBM 卡机风险评估提供基础。本章结论如下：

（1）综合考虑地质因素和施工因素，并基于层次分析法建立了 TBM 适应性评价指标体系。TBM 适应性的评价指标为权重值较大的岩石饱和单轴抗压强度、岩体完整性系数、刀盘推力、刀盘扭矩，权重值次之的岩石耐磨性、地下水发育、涌水状态，权重值最小的洞轴线和不良结构面的组合关系、岩渣形态。

（2）基于模糊数学理论建立了 TBM 适应性评价因素隶属函数，结合适应性评价指标体系提出了以掘进性能为导向的 TBM 适应性评价方法，可有效、准确得到 TBM 施工隧道适应性等级，为 TBM 适应性评价、方案设计与施工组织设计提供理论依据。

（3）利用提出的以掘进性能为导向的 TBM 适应性评价方法对山西中部引黄工程 TBM 施工隧洞 2 标进口主洞进行了适应性评价，评价结果与实际工程施工情况相吻合，验证了本章提出的 TBM 适应性评价理论与方法的合理性和可行性，对类似工程具有一定的借鉴意义。

第3章 TBM卡机地质判识

断层破碎带是易诱发 TBM 卡机的不良地质之一，然而，对断层破碎带的地质识别和相应的卡机地质判识，目前仍缺乏系统的认识。对此，本章提出了一种综合围岩微观结构、地球化学和矿物学特征的 TBM 穿越断层卡机的地质判识方法，以山西中部引黄工程 TBM2 标和大瑞铁路高黎贡山隧道为典型案例，提出了碎裂-蚀变弱化-突水突泥卡机、碎裂-滑动失稳-塌方卡机和蠕滑-黏土膨胀-围岩大变形卡机 3 种不同卡机地质模式，详细剖析了不同模式的主控地质因素、识别特征、卡机演化过程和致灾原因，从地质学角度提高 TBM 穿越断层的地质适应性认识，为在建和待建类似工程中 TBM 卡机地质判识提供参考和借鉴。

3.1 断层 TBM 卡机地质判识方法

TBM 卡机地质判识方法综合考虑原岩和断层破碎带岩石微观结构、地球化学和矿物学特征，采用上述特征相应的识别指标和分析方法（表 3-1），实现断层破碎带地质判识的综合分析。

断层破碎带岩石地质特征识别指标及分析方法　　　　表 3-1

地质特征	识别指标	分析方法
微观结构特征	矿物形态和晶粒大小以及组构特征	薄片分析、扫描电镜
地球化学特征	主量元素的含量（SiO_2、TiO_2、Al_2O_3、Fe_2O_3、FeO、MnO、MgO、CaO、K_2O、Na_2O、P_2O_5 等）	化学分析、X 射线荧光、热重分析
矿物学特征	造岩矿物和次生黏土或蚀变矿物的种类和含量	X 射线衍射、拉曼、红外光谱

断层破碎带岩石具有独特的微观结构、地球化学和矿物学特征，可作为断层判识的依据，详细特征如下：

（1）微观结构特征。断层岩具有独特的组构特征，如脆性变形引起的断层角砾岩、碎裂岩、颗粒状、斑碎屑组构和韧性变形引起的糜棱岩组构。

（2）地球化学特征。断层带具有特殊的元素运移富集模式，如动力分异影响下，Na、K、Ca 通常从断层带流失，而挥发性成分（H_2O、CO_2）则易在断层带内富集。

（3）矿物学特征。断层带具有特殊的矿物转化模式，如组成岩石的长石、云母和角闪石在断层带中受流体淋滤和（或）热液蚀变作用容易分解和转化；而自生黏土矿物如伊利石、蒙脱石、高岭石和（或）蚀变矿物如绿泥石容易富集在断层带。

岩石的微观结构、地球化学和矿物学特征之间密不可分，如图 3-1 所示。

（1）岩石的微观结构特征可反映矿物的类型、形态和粒度，与矿物学定量特征互为补充。

（2）断层带构造地球化学作用下，元素发生运移和富集，岩石的矿物学特征常因此而改变；断层带中的次生矿物是构造地球化学作用的物质表现，两者可相互印证。

（3）岩石的微裂缝可提高流体-岩比，加快构造地球化学反应，但随着次生矿物的充填，构造地球化学反应速率可能逐渐降低；而且，构造地球化学反应可能改变岩石的微观结构特征和成分。

上述特征分析可同时进行，也可分步进行，且没有顺序上的要求。

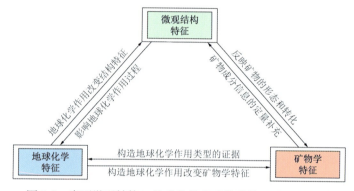

图 3-1 岩石微观结构、地球化学和矿物学特征之间的关系

综合原岩和断层破碎带岩石微观结构、地球化学和矿物学特征的 TBM 卡机地质判识流程如图 3-2 所示。

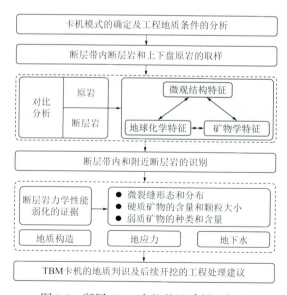

图 3-2 断层 TBM 卡机的地质判识方法

(1)确定卡机致灾模式,即塌方、大变形导致的刀盘、护盾被卡,或突水突泥导致的 TBM 卡机,并结合勘察设计资料与实际开挖情况,详细分析工程地质条件,主要包括地层、岩性、区域地质、地质构造、水文地质特征等。

(2)对断层带内的断层岩和上下盘的原岩样品开展微观结构、化学成分和矿物成分观测。

(3)依据上述观测结果,分析原岩和断层岩的微观结构、地球化学和矿物学特征,明晰上述特征间的关系。

(4)依据岩石的上述特征以及特征间的关系,综合识别断层岩和上下盘原岩。

(5)判断断层岩力学性质的减弱,主要从微裂缝的形态和分布、硬质矿物的含量和颗粒大小和软质矿物的种类和含量三个方面入手。结合断层岩的力学性质和地质构造、地应力、地下水等与塌方、围岩大变形、突水涌泥等 TBM 卡机致灾模式相关的特征,对 TBM 卡机进行地质判识。

(6)依据 TBM 卡机地质判识结果,对后续开挖提出相应的工程处理措施和建议。

3.2 断层 TBM 卡机典型案例与分析

本节以山西中部引黄工程 TBM2 标、大瑞铁路高黎贡山隧道为典型案例,在对正常围岩和断层岩微观结构、地球化学和矿物学特征综合分析的基础上,分别提出了碎裂-蚀变弱化-突水突泥卡机、碎裂-滑动失稳-塌方卡机、蠕滑-黏土膨胀-围岩大变形卡机 3 种卡机地质模式,分析了主控地质因素、识别特征、卡机演化过程以及致灾原因,最后提出了相应的工程处理措施和后续开挖建议。

3.2.1 碎裂-蚀变弱化-突水突泥卡机(高黎贡山隧道)

本节提出了一种由碎裂变形和围岩蚀变控制的突涌水卡机地质模式,进而阐述了该模式中的主控地质因素和主要识别特征,并在高黎贡山隧道广林坡断层诱发的 TBM 卡机事件中得到了验证。

3.2.1.1 地质模式主控因素及识别特征

由碎裂变形和蚀变作用控制的断层活动面临较大的突涌水风险,断层活动的主要特点为导水通道发育和围岩破碎。碎裂变形是断层活动的主控因素,蚀变作用则进一步激活和加速碎裂变形。碎裂变形和围岩蚀变驱动断层处发生突涌水卡机的地质模式如图 3-3 所示,可将其划分为 2 个主要阶段(T1 和 T2):碎裂变形破坏岩体,形成大量裂隙,为地下水渗流提供了优势通道(T1 阶段);地下水在渗流过程中发生蚀变作用形成黏土矿物等蚀变矿物,弱化围岩强度并进一步破坏岩体的完整性,黏土矿物吸水膨胀降低岩体摩擦性能(T2-0 阶段);岩体在地下水蚀变作用下进一步破碎,形成了更大、连通性更强的导水通道,为地下水的渗流、富集创造了良好条件(T2-1 阶段)。在开挖扰动、应力再分布、地下水渗流等作用下,掌子面发生突涌水,从而导致 TBM 卡机(Tb 阶段)。

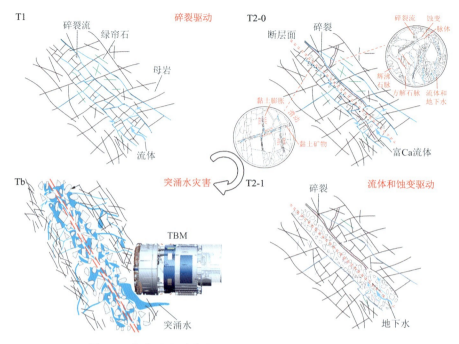

图 3-3　高黎贡山隧道广林坡断层突涌水灾害地质模式

（1）碎裂变形

碎裂变形是控制断层形成导水通道的主要因素，主要发生在浅层地壳的脆性断层中，以张性断层中最为常见。受其影响的断层破碎带区域发育大量裂隙和破碎岩体，而断层核部则形成碎裂角砾岩。碎裂流动、棱角明显的矿物碎片、显微裂隙都是识别碎裂变形的重要微观结构特征。断层是否具有良好的渗透性并能否形成导水通道，与控制断层形成的应力和变形机制密切相关。受碎裂变形控制的断层活动已被证明可提高围岩渗透率，为地下水提供通道，而且地下水在裂隙中的渗流会进一步加速裂隙的发展。岩石的微观结构特征可作为断层变形破坏的直接证据。

（2）蚀变作用

蚀变作用主要受断层流体活动影响，可破坏矿物内部的晶体结构以及矿物之间的胶结性，从而弱化围岩强度。此外，蚀变作用还会改变岩石的矿物学特征，主要表现为大量发育的蚀变矿物。母岩中的硬质矿物如长石、石英、辉石、角闪石等消失，蚀变形成高岭石、伊利石、蒙脱石、滑石、绢云母和黏土矿物等层状硅酸盐矿物，而上述矿物晶体之间的结合力较石英、长石等链状硅酸盐矿物晶体之间的结合力弱，且矿物结构中含有很强水分子吸附能力的多种阳离子，水分子的偶极子和带电的黏土矿物表面之间的吸引力可显著降低岩石的黏聚力。

3.2.1.2　断层 TBM 卡机地质判识

（1）工程背景

大理至瑞丽铁路位于中国云南省西部地区，东起广大铁路终点大理站，向西经永平、保山和潞西等市县，穿苍山、笔架山、高黎贡山等山脉，跨西洱河、澜沧江等大江大河，西至瑞丽，线路长 330.103km。其中，高黎贡山隧道是大理—瑞丽铁路全线的重点控制性工程，该隧道全长 34.538km，最大埋深 1155m。

（2）卡机事件

2020 年 5 月 24 日，里程 220 + 984 处突涌水，涌水量 500m³/h（图 3-4），掌子面附近揭露高 10m、宽 20m 的塌腔，大块状岩渣堆积在刀盘上，突涌水及塌腔灾害导致 TBM 停机 8d，卡机不良地质段主要发育范围 20m（里程 220 + 984~220 + 964）。

图 3-4 里程 220 + 984 处掌子面突涌水

（3）工程地质条件

高黎贡山构造带位于横断山脉东南段，怒江西侧。受青藏高原隆升影响，区内褶皱和断裂相当发育，包含龙陵—瑞丽、怒江、龙陵—澜沧江等 10 余组大型断裂带。研究区内岩性复杂多变，隧道沿线围岩风化破碎，蚀变矿物发育，完整性差，Ⅳ、Ⅴ类围岩占 70% 以上，主要为灰岩、白云岩砂岩、泥岩、花岗岩、闪长岩、片麻岩、板岩以及变质砂岩等，如图 3-5 所示。

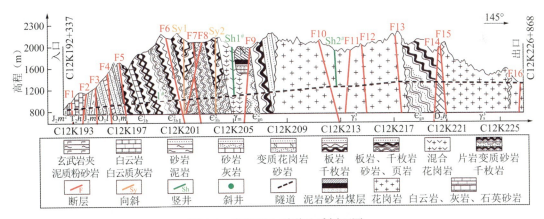

图 3-5 高黎贡山隧道地质剖面图

据前期地质勘查结果显示，该段主要发育广林坡断层 F_{15} 和老董坡断层 F_{14}（图 3-5）。老董坡断层与隧道近垂直交于里程 220 + 120 处，走向 N30°W，倾向 NE，倾角约为 70°；广林坡断层与隧道呈 59°交于里程 220 + 972 处，走向 N63°W，倾向 SW，倾角约为 60°。由此推测，里程 221 + 020~220 + 990 为地质异常区，220 + 984 处突发涌水可能受广林坡断层控制。

在广林坡断层的地表地质勘查中，发现了大型擦痕、阶步[图 3-6a)]、镜面构造[图 3-6b)]、地表碳酸盐岩的显著溶蚀现象[图 3-6c)]和石英岩脉的发育[图 3-6d)]，表明岩石在断层抬升前，已受到了地下水溶蚀、断层应力和热液蚀变的影响。

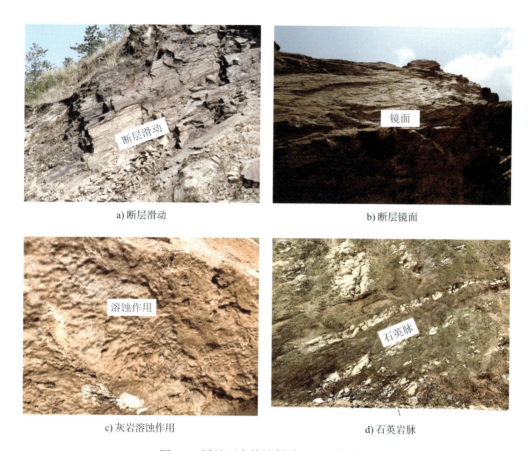

a) 断层滑动　　　　　　　　　　　b) 断层镜面

c) 灰岩溶蚀作用　　　　　　　　　d) 石英岩脉

图 3-6　隧址区广林坡断层 F15 地表特征

里程 221+044～220+944 地震波超前地质预报结果如图 3-7a)所示，图中蓝色和黄色区域代表强烈的正负反射，表明该段围岩整体较破碎。里程 220+988～220+958 段激发极化超前地质预报结果如图 3-7b)所示，图中蓝色区域电阻较低，为预测富水区域，表明该区域发育地下水。开挖揭露显示，里程 220+990 处围岩破碎、断层滑动面、掉块和塌腔发育（图 3-8）。

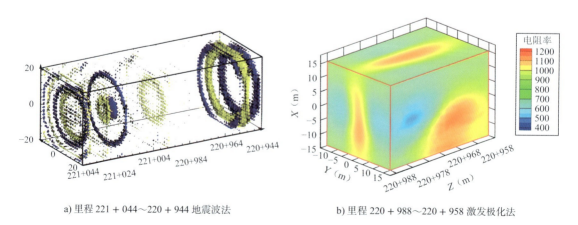

a) 里程 221+044～220+944 地震波法　　　　　b) 里程 220+988～220+958 激发极化法

图 3-7　地球物理超前地质预报结果

第3章 TBM卡机地质判识

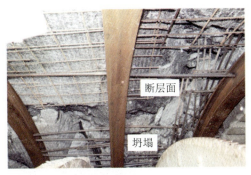

图 3-8 里程 220+990 附近发育明显的断层破碎面、破碎围岩

（4）断层岩及原岩的地球化学和矿物学特征

使用便携式 X 射线衍射分析仪测试高黎贡山隧道广林坡断层岩（里程 221+060～220+500）和正常围岩样品中的矿物成分，结果显示，主要矿物为石英、斜长石、钾长石、角闪石、辉石、云母、方解石、绿帘石、沸石、蒙脱石和少量其他矿物，其中斜长石和石英占矿物总量的 50% 以上。

使用粉末衍射法测试围岩的矿物成分和含量特征，结果显示，相比于正常段围岩，突涌水段围岩中主要发育蒙脱石、绿帘石、沸石、伊利石和方解石等次生矿物（图 3-9），如里程 221+000、220+983.5 和 220+990 处围岩受断层影响发育绿帘石、沸石和伊利石等矿物（图 3-10）。此外，突涌水段围岩中的次生矿物含量明显高于正常段围岩，如 221+049 和 221+015 为典型未蚀变围岩样品，由石英、斜长石、云母、辉石等矿物组成（图 3-10）。蒙脱石等黏土矿物的形成与风化作用、流体蚀变作用、水-岩相互作用等有关，沸石可能主要是由硅酸盐矿物蚀变而来，而方解石主要是从流体中析出并沉淀在岩体裂隙中，流体包括天然降水补给的地表流体、地下水和热液流体。

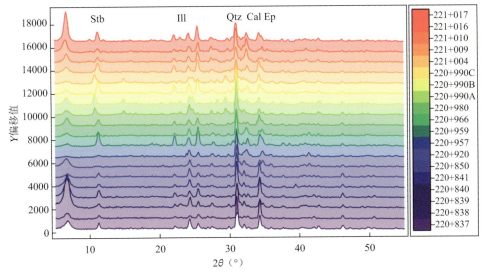

图 3-9 里程 221+017～220+837 内样品矿物 X 射线衍射光谱曲线

Stb-辉沸石；Ill-伊利石；Qtz-石英；Cal-方解石；Ep-绿帘石

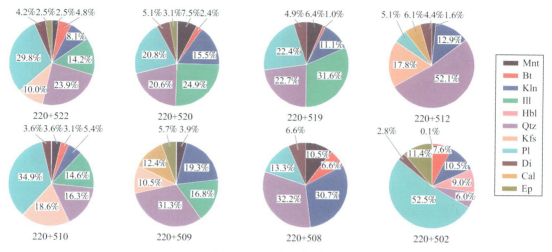

图 3-10 矿物含量饼图

Mnt-蒙脱石；Bt-黑云母；Stb-辉沸石；Ill-伊利石；Hbl-普通角闪石；Qtz-石英；Kfs-钾长石；Pl-斜长石；Cal-方解石；Di-透辉石；Ep-绿帘石

傅立叶红外光谱仪通过分析羟基（OH 基团）振动作用测试矿物中结晶水和吸附水的发育特征。结合 X 射线衍射分析结果和结晶水 OH 基团的波束在 3500cm^{-1} 附近，可判断 3500cm^{-1} 附近的峰主要是由于伊利石和蒙脱石等黏土矿物中的结晶水羟基振动，而里程 221+017、220+990 A、B 等处于断层核部的样品，对 OH 拉伸振动要显著强于断层破碎带和正常段围岩样品。1420cm^{-1} 处的振动归因于方解石，而里程 221+044 和 220+526 正常段围岩样品中没有该处振动，表明正常段围岩不含方解石。1630cm^{-1} 处的 OH 弯曲振动被分配为吸附水的水分子，可以看出断层核部围岩样品的含水率明显高于破碎带和正常围岩样品（图 3-11）。

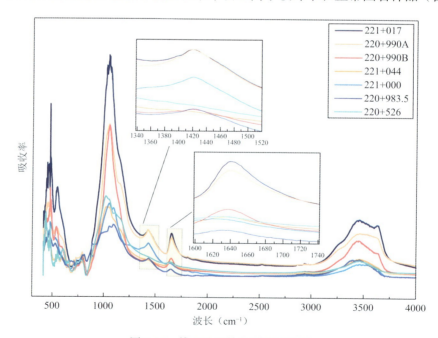

图 3-11 傅立叶红外光谱测试结果

氧化物含量变化可进一步佐证矿物的蚀变过程。SiO_2、Al_2O_3、TiO_2 的含量变化相对稳定，CaO、Na_2O、MgO 和 P_2O_5 等氧化物在断层带变化显著（图 3-12）。CaO 的富集与沸石和方解石密切相关，Na_2O 的流失与长石蚀变相关，MgO 的流失与云母、钾长石、角闪石等矿物转变为伊利石相关。

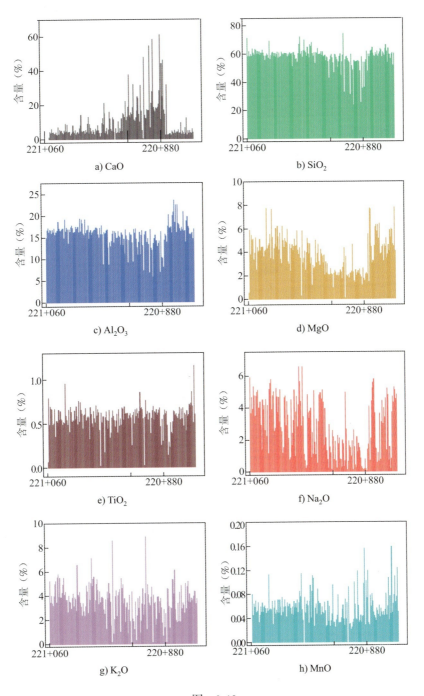

图 3-12

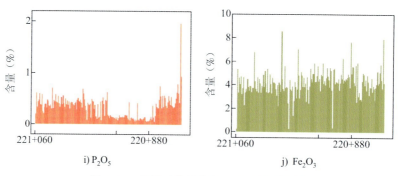

图 3-12 主量元素氧化物百分含量变化图

Harker 图是展示主量元素变化特征最常用的手段,通常使用岩石最主要的成分 SiO_2 作为投影轴。由 Harker 图投影结果可知,CaO、MgO、Na_2O、P_2O_5 在断层带和正常段围岩差异明显,从正常段围岩到断层带,CaO 显著增加,MgO、Na_2O、P_2O_5 显著降低(图 3-13)。

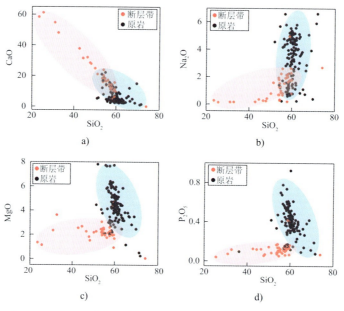

图 3-13 Harker 图揭示断层区域岩石和围岩样品地球化学差异

各组分平均浓度构建的散点图可对比断层带和正常段围岩的氧化物组成。Isocon 等值线图使用"等值线"斜率量化岩石在各种作用下的化学损失(体积/质量)。TiO_2 通常被认为是在断层活动的化学反应中含量稳定的氧化物,图 3-12 也证明了这一结论,因此使用 TiO_2 含量构建"等值线"(图 3-14 中蓝色实线)。斜率大于 1,表示整体物质发生流失,斜率小于 1,表示有外来物质流入、富集。蚀变矿物为绿帘石的样品体积损失[图 3-14a)、b)],蚀变矿物为沸石的样品体积增加[图 3-14c)],表明沸石的形成过程中吸收了外来元素,而流体中的 Ca^{2+} 最有可能参与蚀变化学反应。蚀变矿物为伊利石的样品体积损失,且 221+009B 比 221+005B 体积损失更多,同时钾长石的含量也更高,表明钾长石很可能是伊利石的主要来源[图 3-14d)、e)]。蚀变矿物为沸石和伊利石的样品未产生显著的体积损失和增加,进一步表明外来离子参与了沸石的形成[图 3-14f)]。蚀变矿物为沸石且含有方解石的样品与仅含方解石、不含蚀变矿物的样品体积均增加[图 3-14g)、h)]，表明断层活动有丰富的 Ca^{2+} 参与蚀变形成沸石和沉淀形成方解石。

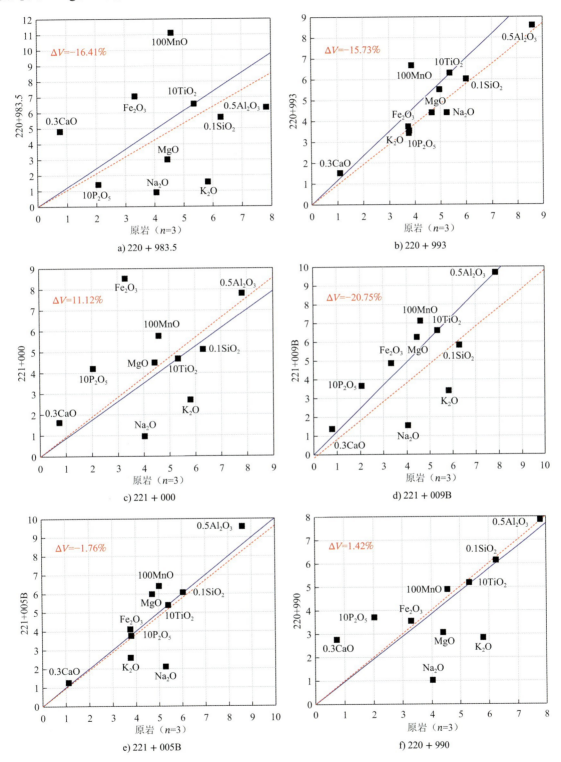

图 3-14

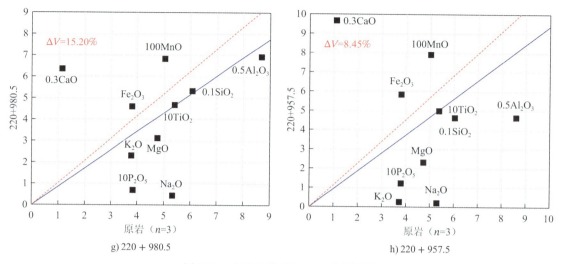

g) 220 + 980.5　　　　　　　　h) 220 + 957.5

图 3-14　主量元素的 Isocon 等值线图

（5）断层岩及原岩的微观结构特征

显微镜下显示，断层岩发育大量的裂隙和矿物角砾碎屑，且多数角砾以棱角边缘为主 [图 3-15a)]，并未经历显著的磨蚀作用，云母矿物的叶理揭示了应力变形 [图 3-15b)]，一些相邻矿物发生位错，另一些矿物沿着某一方向被拉开发育布丁构造 [图 3-15c)]。

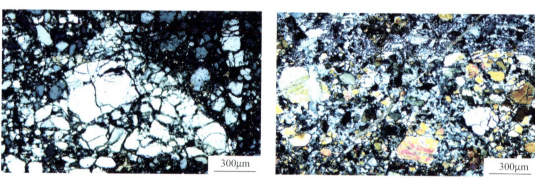

a) 长石、石英等矿物的碎裂　　　　　　b) 矿物碎片和碎裂流

c) 矿物的错动和微断层

图 3-15　断层岩的显微构造特征

岩石中发育大量的张拉裂隙，这些裂隙穿过长石、石英等颗粒进一步破坏岩石结构的完整性［图 3-16a）］，裂隙被沸石、方解石等蚀变矿物填充［图 3-16b）］，而且沸石脉和方解石脉发育在一起［图 3-16b）］，沸石主要由斜长石蚀变而来，大量的沸石充填在斜长石周围［图 3-16c）］，部分沸石还进一步参与了岩石的碎裂变形，而一些脉体中的沸石形态保存较好，没有显著的变形破碎特征［图 3-16d）］。

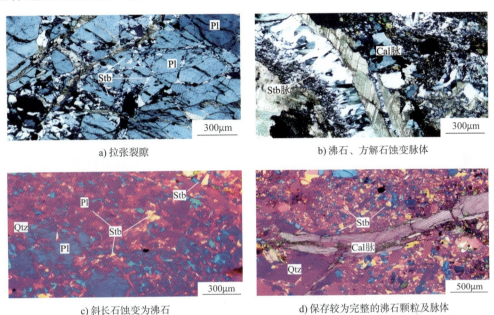

图 3-16　断层岩的显微构造特征

Pl-斜长石；Stb-辉沸石；Cal-方解石；Qtz-石英

与沸石不同，岩石中另外一种主要蚀变矿物绿帘石并未充填在脉体中，而是以较好的形态发育在斜长石的周围［图 3-17a）］。斜长石蚀变为绿帘石的过程中析出 SiO_2［图 3-17a）］，岩石中多见较大的石英颗粒，多数石英可能未参与初始的碎裂变形过程［图 3-17b）］，后期流体进入裂隙是石英碎裂的主要原因。

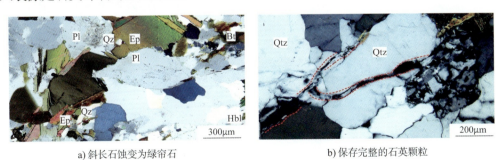

图 3-17　断层岩的显微构造特征

Bt-黑云母；Hbl-普通角闪石；Qtz-石英；Pl-斜长石；Ep-绿帘石

靠近断层但未破碎的矿物呈定向排列［图 3-18a）、b）］，反映了断层发育过程中应力的传递，定向排列的矿物易促使岩石沿着矿物优势排列方向滑动和破裂。扫描电镜结果可更加清晰地观察矿物蚀变和变形机制,与显微镜下观察结果一致,矿物的碎裂构造、碎裂流[图3-18c)~f)],云母的变形和张拉裂隙显著发育[图3-18e)、f)]。脆性矿物破碎后形成布丁构造、S-C组构、颗粒流或碎裂构造,云母被挤压沿节理面滑动后,节理面消失。黏土矿物则更容易在扫描电镜下被观察到,沸石与黏土矿物多充填在石英、长石等矿物的裂隙中,伊利石(主要黏土矿物)充填在长石、云母、角闪石等矿物的晶内或晶间裂隙中,主要由钾长石蚀变而成。

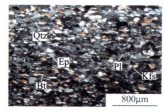
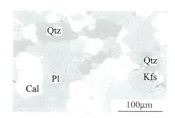

a) 矿物受应力发生定向排列

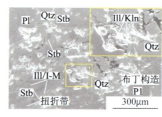
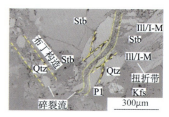

b) 蚀变和碎裂作用明显,斜长石转变为沸石,云母、钾长石转变为伊利石,布丁构造和碎裂流

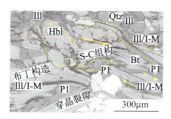
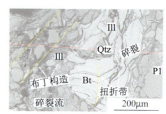

c) 矿物变形、长石蚀变、碎裂流

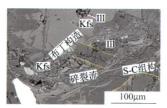
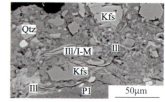

d) 碎裂流,钾长石转变为伊利石,矿物颗粒变成碎裂体

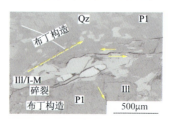
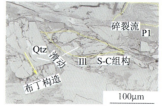

e) 应力沿特定方向分布,导致矿物碎裂

图 3-18

 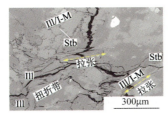 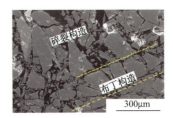

f) 拉张裂隙和碎裂变形

图 3-18　扫描电镜下岩石微观构造

Bt-黑云母；Stb-辉沸石；Ill-伊利石；Qtz-石英；Kfs-钾长石；Pl-斜长石；Cal-方解石；Ep-绿帘石；I-M-伊利石-蒙脱石

（6）断层 TBM 卡机地质原因

微观结构揭示了断层强烈的应力破坏作用，从断层岩中观察到的张拉裂隙、矿物碎裂滑动、颗粒流、磨损、折纽带、布丁构造等多数微观结构都可归因于碎裂流（图 3-15 和图 3-18），其中拉张裂隙是最为显著的微观构造。在应力破坏作用下，矿物颗粒碎片晶体尺寸变化较大，几乎所有裂隙都被其他细粒基质矿物充填，充分反映了流体蚀变的沉淀过程［图 3-16a）~c）］。一些石英颗粒中存在明显的断裂和蚀变角砾岩充填现象，但石英颗粒几乎未参与碎裂流动过程［图 3-17b）］，其明显断裂归因于流体辅助破裂，表明断层的破坏过程存在不同阶段。围岩主要的蚀变矿物为绿帘石、沸石和伊利石，绿帘石形成于 200~220℃的中高温蚀变热液中，而伊利石和沸石则可能形成于更低的温度环境中。以绿帘石为主的断层岩样品化学体积显著亏损［图 3-14a）、b）］，而以沸石为主或含有方解石的样品化学体积增加［图 3-14c）、g）］，同样表明断层活动诱发突涌水的致灾过程可能分为两个主要阶段：①碎裂流-中高温蚀变阶段，断层岩形成大量裂隙，伴随蚀变作用产生绿帘石；②流体进入-低温蚀变阶段，碎裂变形为流体参与断层破坏过程，流体的进入降低了环境温度，低温蚀变作用发育伊利石和沸石，进一步加速了断层滑动。

流体-岩石相互作用是围岩弱化、断层破坏的主要诱因。水力压裂是断层中常见的过程，主要沿着已存在的裂隙或薄弱面拉伸破裂、扩展裂隙，流体压力加剧岩体破裂和矿物颗粒碎裂、移动，但无明显旋转［图 3-16b）］，表明缓慢的流体摩擦剪切力有限，断层破碎带围岩中石英破裂就是由水力压裂所致。流体另一个重要的破坏作用是蚀变和流体物质沉淀。微观构造显示（图 3-16、图 3-18），沸石、方解石等形成于断层岩破碎之后的蚀变矿物大范围填充在裂隙中。大量的野外案例和室内试验表明，流体-岩石相互作用和由此产生的蚀变构造、矿物与断层岩的弱化有关，例如蚀变改变矿物粒度和晶体结构，伊利石和绿泥石等层状硅酸盐矿物会极大降低断层岩的强度。傅立叶红外结果表明，断层核部围岩的含水率显著高于破碎带和正常段围岩（图 3-11）。矿物中的水会影响晶间裂隙发育，并改变岩石的摩擦系数。当矿物发生变形和重结晶时，多余的水会被排到晶间裂隙中，加速岩石的膨胀；围岩中发育的层状黏土矿物降低了岩体的摩擦系数，有助于围岩的滑动和坍塌，黏土矿物吸水后还会加速膨胀挤压围岩。在碎裂作用下，岩石进一步蚀变而逐渐弱化，小裂隙不断扩大，岩石碎裂成为角砾岩，最终形成导水通道。

大多数样品中都发育绿帘石，这表明其形成于断层破碎发育初始阶段，由于这一阶段围岩中尚未发育大量的流体通道，没有外界流体进入，因此绿帘石含量较高的样品均表现为化学体积流失。长石边缘蚀变的绿帘石以及析出的 SiO_2 表明斜长石是绿帘石的主要来源［图 3-17a）］。断层破坏形成了大量的裂隙，各种流体得以进入岩体，导致围岩蚀变形成沸石、伊利石以及方解石。在岩浆岩中，沸石被认为是由斜长石在碱性流体环境下蚀变而来。富含沸石的样品地球化学体积显著增大［图3-14c）、g）］，表明在沸石形成过程中，除了斜长石溶解提供的Ca^{2+}外，流体还提供了大量的Ca^{2+}。一些样品的微观结构中可以观察到沸石的碎片颗粒，这些碎片被掺入碎裂流再次粉碎，表明流体蚀变的破坏导致断层碎裂作用反复发生，也有一些沸石自生颗粒保存完整，没有变形的迹象，这表明随着温度的降低（约180℃之前），断层过程已基本停止。微观构造显示云母和钾长石的蚀变为伊利石，进一步对比221＋005B和221＋009B的化学体积变化，表明伊利石主要来源于云母和钾长石。

由于碎裂和流体相互作用，沸石与黏土矿物通常会形成共生相。层状黏土矿物会显著降低岩层的摩擦系数和机械强度，黏土矿物的另一个作用则是吸水膨胀产生挤压，进一步导致裂隙扩张。此外，断层岩中的黏土矿物还会加速断层的滑动，导致岩层失稳、滑动和崩塌。富含方解石的样品化学体积也显著增加［图3-14h）］，方解石以脉体的形式填充在裂隙中，一些样品中沸石脉体与方解石脉共存［图3-17a）］，表明富Ca的流体为方解石和沸石的形成提供了Ca元素，方解石在断层活动中可以起到润滑作用，从而加速岩体破坏，微观结构中也可以观察到方解石脉两侧矿物碎片的滑动现象。

3.2.2 碎裂-滑动失稳-塌方卡机（山西中部引黄工程）

本节提出了一种由碎裂变形和滑动失稳控制的塌方卡机地质模式，进而阐述了该模式中的主控地质因素和主要识别特征，并在山西中部引黄工程TBM2标隧道FT_1和FT_2断层诱发的TBM卡机事件中得到了验证。

3.2.2.1 地质模式主控因素及识别特征

与3.2.1.1节类似，碎裂变形仍是主控因素。围岩在较高压力下发生碎裂变形，矿物破碎并形成大量的晶内、晶间裂隙，这些裂隙破坏了围岩的完整性。同时流体的注入导致围岩中的长石、云母等转化为黏土矿物，富碳流体的沉淀析出石墨，石墨作为一种固体润滑剂与其他黏土矿物一样在001平面容易滑动，可以弱化断层岩的摩擦强度，黏土矿物和石墨的组合进一步促进围岩滑动失稳，由于开挖扰动、应力再分布，隧道掌子面和拱顶发生塌方，进而导致TBM卡机。

3.2.2.2 断层TBM卡机地质判识

1）工程背景

山西中部引黄工程是山西省"十二五"规划大水网建设重要工程，其中TBM2标位于山西省吕梁市临县境内，支洞进口位于吕梁市临县木瓜坪乡杨家崖村，隧洞起讫里程118＋395.8～98＋070.2，总长20.326km，其中118＋395.8～102＋370.9标段洞轴线方向为S7.6°W，102＋370.9～98＋070.2标段洞轴线方向为S23.2°W，隧洞地面高程1247～1580m，洞底埋深255～589m，该隧洞属于深埋特长隧洞。

2）卡机事件

（1）里程118＋165

TBM掘进至里程118＋167时掌子面线状涌水，涌水量约为10m³/h，为变质岩裂隙水，继续掘进至里程 118＋165 时，掌子面和洞顶剧烈塌方，TBM 发生卡机无法继续掘进（图 3-19）。塌方空腔呈斜坡向洞顶岩层延伸，空腔斜坡向下游倾斜，为 FT_1 断层面，产状为 S83°E/SW∠60°。118＋171.2～118＋154.4 段断层带影响区岩体破碎坍塌形成空腔。

a) 坍塌围岩导致 TBM 卡机　　　　　　b) 塌腔

图 3-19 里程 118＋165 处 TBM 卡机现场图

（2）里程 106＋402.8

TBM 掘进至里程 106＋402.8 时，洞壁左上方塌落的碎裂角砾岩将前护盾卡死，人工开挖脱困后继续掘进至里程 106＋391.8 时，刀盘被塌方体卡死，在对刀盘前上方化学固结注浆并清空刀盘右半侧岩渣后，曾尝试转动刀盘，但因扭矩过大，多次切断主电机安全销。打开伸缩盾后观察，花岗质糜棱岩和碎裂角砾岩涌入护盾内［图 3-20a)］，左侧前、后护盾均被塌方围岩卡死［图 3-20b)］。106＋410～106＋391 段仅有少量地下水渗出，为变质岩类裂隙水和寒武奥陶系碳酸盐岩类裂隙岩溶水。

a) 破碎的断层岩　　　　　　b) 断层岩坍塌造成 TBM 卡机

图 3-20　106＋402.8 里程 TBM 卡机现场图

3）工程地质条件

隧址区位于鄂尔多斯盆地的东缘的一级构造单元——晋西挠褶带内，燕山运动使吕梁山隆升并向西推挤，加上基底断裂的影响，形成近 N-S 走向，卷入盖层且短轴褶皱发育的晋西挠褶带，东侧与山西断隆相邻，并以离石大断裂为界。离石断裂为一条地壳尺度的边界大断裂，其整体位于吕梁山西侧，北起兴县交楼申，南经黑茶山，临县汉高山之东至方山县峪口以西，继而自离石向临汾方向延伸，南北绵延270km。该断裂在晚更新世以来未发生活动，为非活动性断裂，因此在断裂北段黑茶山一带与TBM2标工程距离较近的地段，可能受该断裂次级断层影响，隧洞掘进过程中易产生围岩塌方、掉块和突涌水等工程地质问题。

TBM2标段工程地质断面如图3-21所示。隧洞沿线地表基本被松散堆积物覆盖，基岩仅出露在冲沟的沟底或两侧。隧洞穿越的地层主要有太古界界河口群奥家湾组（Ar2a）、下元古界黑茶山群（Pth）、古生界寒武系（∈）、奥陶系（O），主要岩性有黑云斜长片麻岩、花岗质片麻岩、花岗伟晶岩、石英岩、白云岩、石灰岩。隧址区地质构造复杂，混合岩化现象突出，隧洞沿线穿越3个背斜和3个向斜，发育有9条较大型断层。

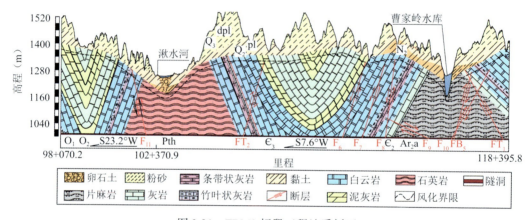

图3-21 TBM2标段工程地质剖面

FT_1断层段隧洞整体穿越太古界界河口群奥家湾组地层，地层处于区域混合岩化变质岩带，断层带FT_1上下盘发育混合岩化花岗岩，断层带内发育花岗质碎粒碎斑岩（图3-22）。

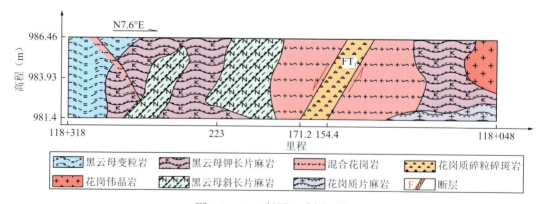

图3-22 FT_1断层地质剖面图

TBM隧洞掘进至里程106+410之前揭露地层为寒武系中统张夏组白云质灰岩，掘进至106+410时揭露断层带FT_2，掌子面左侧开始出现石墨化碎裂角砾岩和绿泥石化混合花岗岩，掘进至里程106+405时，左侧混合岩和碎裂角砾岩有增加的趋势（图3-23）。

第3章 TBM卡机地质判识

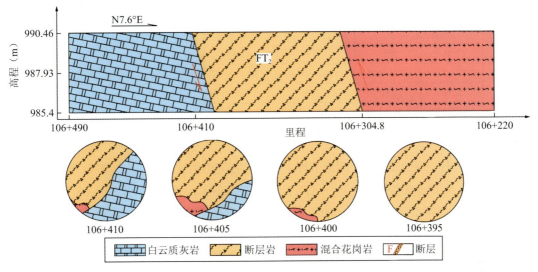

图 3-23 FT₂ 断层地质剖面图

断层 FT₂ 为逆冲断层，具压扭性，产状为 N20～30°E/NW∠75°，断层上盘太古界奥家湾组地层逆冲抬升至隧洞轴线以上，下盘地层为寒武系中统张夏组白云质灰岩和寒武系底部砂岩。寒武系底部砂岩超覆沉积于下伏太古界奥家湾组之上，呈角度不整合接触关系，其接触带下伏古风化壳，断层带 FT₂ 处于风化壳内。断层岩受断层挤压动力作用呈透镜体碎块状，其表面石墨化和糜棱岩化特征明显，岩块镜面呈银灰黑色，擦痕居多，呈长条状，岩石表面油腻光滑且已无法看出原岩特征（图 3-24）。石墨化使原岩表面呈黑色，结构因断层动力挤压，较碎裂，手捏片状粉碎。

a) 糜棱岩　　　　　　　　　　b) 碎裂角砾岩

图 3-24 断层岩

原岩的主要物理和力学参数见表 3-2。断层下盘的中奥陶系张夏地层（$\epsilon_2 z$）白云质灰岩的饱和单轴抗压强度为 39.7～62.4MPa，变形模量为 30.9～49.6GPa，RQD 的平均值为 52。断层上盘奥家湾地层（Ar2a）花岗岩的饱和单轴抗压强度为 30.3～37.6MPa，变形模量为 31.1～49.0GPa，RQD 的平均值为 47。考虑到地下水和不连续面的影响，白云质灰岩和花岗岩的 RMR 评分分别为 49～52 和 44，均被列为Ⅲ级岩体（对应 RMR89 岩体评分为 41～60）。

原岩物理力学参数　　　　　表 3-2

岩石	密度（g/cm³）		单轴抗压强度（MPa）	变形模量（GPa）	泊松比	软化系数	RQD（%）	RMR评分
	天然	饱和						
白云质灰岩	2.77～2.80	2.79～2.81	39.7～62.4	30.9～49.6	0.18～0.24	0.90～0.92	6～91	49～52
	2.79	2.80	51.1	40.3	0.21	0.91	52	
花岗岩	2.55～2.63	2.56～2.66	30.3～37.6	31.1～49.0	0.12～0.23	0.58～0.87	9～93	44
	2.59	2.61	34.0	40.1	0.18	0.73	47	

图 3-25 为岩石节理的玫瑰图，四组节理主要发育在隧道沿线的地层中，多为方解石填充。节理的走向分别为 N20°～50°W/NE∠75°～85°，N5°～35°W/SW∠60°～85°，N70°～83°W/SW∠75°～85°，N65°～85°E/NW∠70°～85°。节理的间距为 0.5～3m，节理的宽度为 0.5～5mm。图 3-26 是在里程 92+810.64 的 ZK12ZT-8 钻孔中，通过水力压裂法测得的不同地应力分量随深度的变化曲线。最大水平主应力值为 17.6～20.19MPa，方位角为 N82°-86°E，最小水平主应力值为 10.58～12.95MPa，垂直主应力值为 14.42～19.11MPa。各主应力分量随深度增加，试验深度的垂直主应力为中间主应力，即 $S_H > S_v > S_h$。TBM 卡机段的隧道埋深约为 465m。从图 3-26 可以看出，该段的最大水平主应力、垂直主应力、最小水平主应力值分别为 19.75MPa、17.94MPa、12.81MPa。

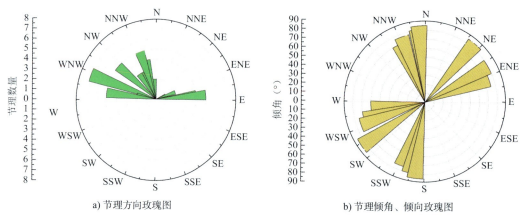

a) 节理方向玫瑰图　　　　　b) 节理倾角、倾向玫瑰图

图 3-25　节理玫瑰图

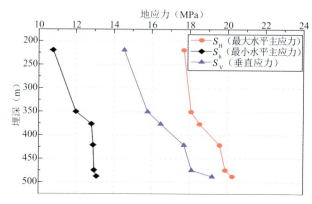

图 3-26　ZK12ZT-8 钻孔不同深度实测地应力分量

岩石的微观组构特点，组分变化以及物质迁移转化过程可以通过显微镜下岩石微观结构的观察来确定，对 TBM2 标里程 106＋402.8 处断层带的断层岩和原岩进行了采样，并分析了显微镜下结构特征，其具体采样位置和岩性见表 3-3。

岩石样本岩性、采样位置及分析方法　　　　　　　　表 3-3

样品名称	采样位置	岩性	分析手段
LA-01	FT_1 断层上盘	混合花岗岩	薄片鉴定、XRF、XRD
LA-02	FT_1 断层下盘	混合花岗岩	薄片鉴定、XRF、XRD
LA-03	FT_1 断层带内	花岗质碎粒碎斑岩	薄片鉴定、XRF、XRD、ICSA
S-01	FT_2 断层下盘	混合花岗岩	薄片鉴定、XRF、XRD
S-02	FT_2 断层带内	石墨化花岗质糜棱岩	薄片鉴定、XRF、XRD、ICSA
S-03	FT_2 断层带内	花岗质碎裂角砾岩	薄片鉴定、XRF、XRD、ICSA

注：XRF 的全称为 X 射线荧光光谱仪（X-Ray Fluorescence Spectrometer）；XRD 的全称为 X 射线衍射（X-ray diffraction）；ICSA 为红外硫碳分析（Infrared carbon and sulfur analysis）。

4）断层岩及原岩的微观结构特征

（1）FT_1 断层

上盘混合花岗岩：上盘混合花岗岩主要由石英、斜长石、云母和微斜长石组成，受断层破裂作用，上盘混合花岗岩中发育近乎平直规整的穿晶剪切裂隙，裂隙内充填黑色炭质和绢云母化斜长石［图 3-27a）］，局部发育晶间裂隙。斜长石呈半自形板状，板长 1～3mm 不等，发育机械双晶，颗粒表面较脏，部分发生绢云母化。石英和微斜长石晶内裂隙发育，石英呈不规则粒状镶嵌于长石晶粒的间隙，粒径 0.3～2.5mm，晶粒波状消光强烈。微斜长石呈他形粒状，具格子双晶，在混合岩化的过程中，部分交代斜长石形成蠕虫状石英［图 3-27b）］。受构造应力挤压，黑云母呈鳞片状弱定向分布于长石和石英矿物间隙，片径 0.3～2.5mm，局部产生绿泥石化现象。

花岗质碎粒碎斑岩：在断层应力作用下，断层岩中原岩成分被碾磨、破碎呈碎粒状，岩石中可见有石墨（Gr）团斑［图 3-27c）］。显微镜下石英呈棱角和不规则粒状，粒径 0.05～0.3mm，定向分布于长石的间隙。长石因挤压构造应力均形成椭圆状、条状晶粒，粒径 0.2～1mm，因蚀变作用改造，长石已强烈绢云母化及高岭石化。石墨（Gr）以两种形式存在：一是以团斑状存在于岩石中，其团斑直径为 2～3.5mm，为鳞片集合体，显微镜下呈稻草黄反射色［图 3-27d）］，双反射明显，具有强烈非均质性，硬度＜铜针（$H=3$）；二是以粉尘状弥散分布于粒状矿物间隙。此外褐铁矿等不透明矿物稀散浸染状分布［图 3-27d）］，呈不规则板状、粒状，粒径 0.05～0.25mm，可能为铁质矿物或黄铁矿蚀变而成，该断层岩以长石和石英为主的碎粒粒径在 0.05～1mm 之间，具碎粒碎斑组构。

下盘混合花岗岩：混合花岗岩主要由石英、斜长石、钾长石和云母组成。显微镜下，石英呈不规则粒状，粒径 0.3～2mm，分布于长石晶粒间隙，石英晶粒在应力作用下，晶格产生位错和滑移，晶内破裂和波状消光现象强烈，局部形成晶粒集合体［图 3-27e）］。斜长石呈半自形板状，板长 1～3mm 不等，可见机械双晶，双晶纹的端部呈锥形尖灭，部分晶粒因蚀变已强烈绢云母化。黑云母呈鳞片状，黄褐色，片径 0.1～1mm，分布于粒状矿物间隙，局部扭折弯曲,部分晶粒已绿泥石化。微斜长石呈半自形-他形板状,板长 1~3.8mm,可见格子双晶,部分交代斜长石形成交代蠕虫状结构[图 3-27f)]。

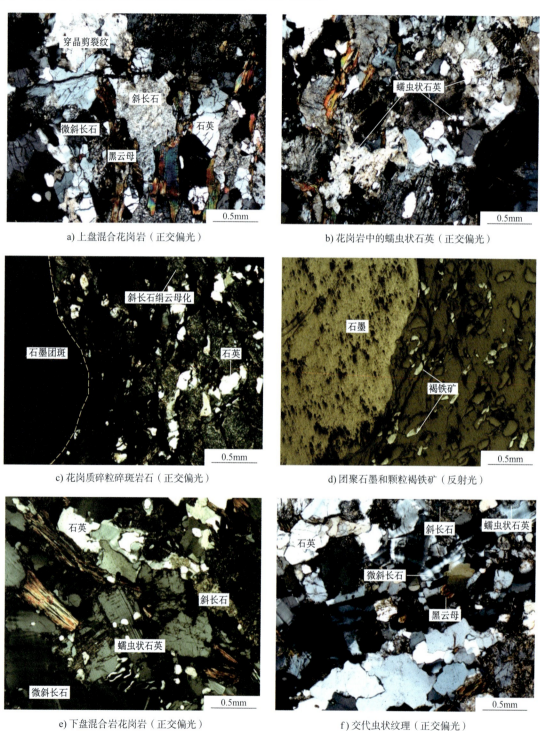

图 3-27 断层带 FT_1 处原岩和断层岩微观结构

第3章 TBM卡机地质判识

（2）FT$_2$断层

上盘的碎裂花岗岩：碎裂花岗岩受断层应力挤压，晶内裂隙、晶间裂隙和穿晶裂隙发育，碳酸盐矿物呈脉状和网脉状充填于穿晶裂隙中，花岗岩的碎块角砾之间无明显位移可以相互拼接，岩石具碎裂组构［图3-28a）］。岩石中主要矿物为石英、斜长石、微斜长石、石英、云母和方解石。石英呈不规则粒状分布于长石晶粒间隙，粒径2～6mm不等，波状消光强烈，裂隙发育且充填方解石脉体，部分晶粒被碾磨呈碎粒状。斜长石呈半自形板状，板长3～6mm，大部分晶粒已绢云母化，部分残留有聚片双晶纹，晶粒多被压碎，裂隙中充填有方解石微脉。黄铁矿呈不规则粒状分布于岩石的破碎裂隙中，晶粒粒径0.02～0.5mm，部分晶粒因构造应力作用被压碎［图3-28b）］。

石墨化花岗质糜棱岩：石墨化花岗质糜棱岩矿物成分主要为长石和石英，受到断裂构造破碎、滑移和剪切作用，岩石和矿物成分发生塑性变形并呈定向分布［图3-28c）］。石墨以两种形态存在：一是呈鳞片状，片径0.05～1.5mm不等，显微镜下呈稻草黄反射色，双反射明显，强非均质性［图3-28d）］；二是呈脉状分布［图3-28f）］。黄铁矿呈不规则粒状，粒径0.03～0.6mm，稀散浸染和断续脉状分布于岩石中。斜长石呈椭圆粒状，粒径在0.2～0.6mm之间，已强烈绢云母化［图3-28e）］。石英成不规则粒状，粒径0.03～0.5mm，部分重结晶形成豆荚状、条带状集合体，定向分布于岩石中。云母呈片状定向分布于粒状矿物间隙，片径0.1～0.4mm，部分已蚀变为绿泥石［图3-28f）］。

花岗质碎裂角砾岩：花岗质碎裂角砾岩矿物成分主要为长石、石英，由于构造作用的多期性，早期固结的岩石被晚期次级构造压碎、切割，形成构造角砾及碎斑，构造角砾及碎斑含量为55%～60%，内部成分为长石和石英，已强烈破碎成碎块状。构造角砾直径范围为2～5mm，碎斑直径在0.5～2mm之间，角砾及碎斑之间多被网脉状方解石脉体和绿泥石充填及穿插［图3-28g）］。碎基含量为36%～42%，主要成分为粒径在0.01～0.5mm之间的碎粉及碎屑，次要成分为灰黑色粉末状碳质，二者混合分布于构造角砾及碎斑间隙，起着充填与胶结作用。黄铁矿呈不规则粒状，少量为立方体晶形，晶粒粒径0.01～0.5mm，晶粒被挤压破碎，呈稀散浸染状、断续脉状分布于破碎裂隙及孔隙中［图3-28h）］。

a) FT$_2$上盘碎裂花岗岩（正交偏光）

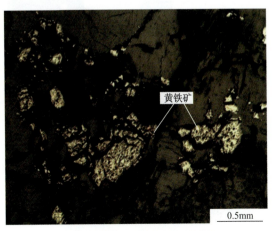
b) 碎裂花岗岩中的粒状黄铁矿（反射光）

图 3-28

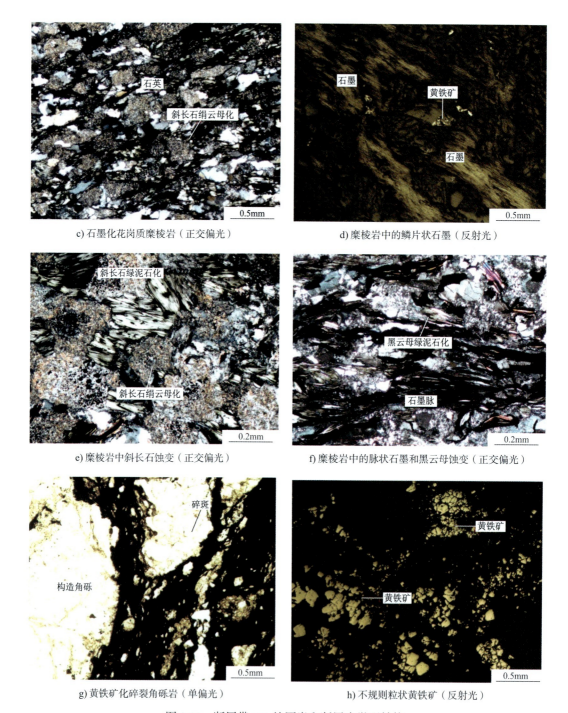

图 3-28 断层带 FT_2 处原岩和断层岩微观结构

5）断层岩及原岩的地球化学和矿物学特征

（1）FT_1 断层

①断层岩中元素的流失和富集特征

岩石样品经粉碎研磨至粒度小于 200 目后通过日本理学 ZSXPrimusIV 型 X 射线荧光光谱

仪测试断层岩的主要和次要氧化物［包含 Na_2O、MgO、Al_2O_3、SiO_2、P_2O_5、K_2O、CaO、TiO_2、MnO、Fe_2O_3（全部是 Fe_2O_3）］含量。挥发分（LOI）通过热重分析法测得。元素在断层带的变化行为可以划分为三类：一种是聚集组分系列，与原岩相比发生富集；另一种为离散组分系列，与原岩相比发生亏损；最后一种为均值组分系列，与原岩相比基本不变。

如图 3-29 所示，FT_1 断层带内花岗质碎粒碎斑岩相对于原岩混合花岗岩，表现为 Na_2O、CaO、SiO_2 明显减少，Al_2O_3 和 TiO_2 富集，K_2O、MnO、P_2O_5 略微流失，同时表现出更高的 LOI 值（烧失量，主要为 H_2O 和 CO_2），MgO 和 Fe_2O_3 分类不明显。Na_2O、CaO 和 K_2O 的减少通常与长石的蚀变有关，同时显微观察表明该花岗质碎粒碎斑岩中长石发生强烈的绢云母化和黏土化，具体的矿物转化过程将在后续讨论。断层带中化学组分的变化受各种复杂因素的影响，除受到各种构造叠次变动、变质叠加和韧脆性变形作用外，还受构造地球化学制约。Na_2O、CaO 和 K_2O 元素的减少本质上是受到动力分异作用的制约，Na、Ca 和 K 元素的离子半径大、比重小，在构造挤压应力作用下更容易流失，表现出较强的活动性。Al_2O_3 和 TiO_2 在动力变质的反应过程中通常被认为是均值组分，Al_2O_3 和 TiO_2 含量的增加可能与可溶元素的大量亏损有关。断层岩的 LOI 值近乎是下盘花岗原岩的 10 倍，是上盘花岗原岩的 13 倍多，LOI 在断层带的富集反映了层状硅酸盐矿物中层间结合水的存在。

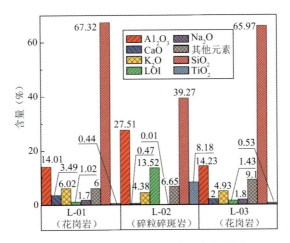

图 3-29　样品中主要迁移元素含量图

②断层岩黏土矿物富集特征及其来源

断层岩中富含石墨和黏土矿物，它们的存在通常会显著降低岩石的强度，进而影响隧道围岩的稳定性，具体取决于它们在岩石中的含量以及分布特征。同时上述矿物的形成通常和流体与岩石的相互作用有关，结合断层岩的地球化学和微观结构特征分析其形成机制和转化过程，有助于解释其对 TBM 卡机灾害的影响。岩石样品的矿物分析采用日本理学 Dmax-RB 型旋转阳极 X 射线衍射仪，石墨单色器，$CuK\alpha$ 辐射，X 射线管电压 40kV，功率 12kW，扫描步长为 0.02°，扫描范围为 3°～70°。XRD 分析结果和图谱如图 3-30 和图 3-31 所示。

FT_1 断层带上盘混合花岗岩主要由石英、斜长石、微斜长石组成，含有少量的云母和绿泥石，下盘混合花岗岩主要由石英、云母和长石（斜长石、微斜长石）组成，同时含有少量的绿泥石，断层带内花岗质碎粒碎斑岩主要由云母、石英、微斜长石、高岭石和蒙脱石组成。显微镜下观察到的岩石中部分绿泥石和褐铁矿等以矿物充填裂缝的形式存在，但 XRD 全岩分析并未测试到它们的存在，可能是由于结晶度差或与其他矿物相比含量较少。根据 XRD 分析结果可知，断层带内富集蒙脱石和高岭石黏土矿物，两种黏土矿物形成于温度和压力相对较低的环境，如风化和流体淋滤作用。其形成机制主要包括原生长石和云母的溶解以及黏土矿物间的相互转化，此外也有学者认为蒙脱石的形成是假玄武玻璃蚀变生成，但假玄武玻璃是地震断层快速滑动摩擦熔融的产物，同时 FT_1 断层带岩石样品采集于地下约 400m 处，因此风化和假玄武玻璃蚀变作用不可能是 FT_1 断层带高岭石和蒙脱石富集的原因。结合显微镜下薄片观察和地球化学分析结果，FT_1 断层带高岭石和蒙脱石的富集受流体淋滤和水岩相互作用控制。Wintsch 等（1995）认为在围岩为花岗岩的断层系统中，高岭石和蒙脱石是由酸性流体与长石或云母反应生成，Na_2O、K_2O 和 CaO 等活动性强元素的流失也证实了该观点。基于前人的研究成果，与高岭石和蒙脱石形成有关的化学反应如下：

$$2KAl_3Si_3O_{10}(OH)_2[白云母] + 3H_2O + 2H^+ \longrightarrow 3Al_2Si_2O_5(OH)_4[高岭石] + 2K^+$$

$$2KAlSi_3O_8[微斜长石] + 2H^+ + 9H_2O \longrightarrow Al_2Si_2O_5(OH)_4[高岭石] + 2K^+ + 4H_4SiO_4[溶解二氧化硅]$$

$$2Na(Ca)AlSi_3O_8[斜长石] + 9H_2O + 2H^+ \longrightarrow Al_4Si_4O_{10}(OH)_8[高岭石] + 2Na^+(Ca^{2+}) + 8H_4SiO_4[溶解二氧化硅]$$

$$7Al_2Si_2O_5(OH)_4[高岭石] + 8H_4SiO_4 + 2K^+ \longrightarrow 6K_{0.33}Al_2(Si_{3.67}Al_{0.33})O_{10}(OH)_2[蒙脱石] + 15H_2O + 2H^+$$

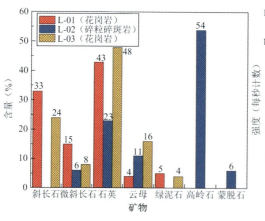

图 3-30 样品中矿物含量图

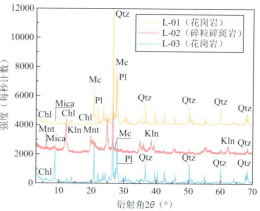

图 3-31 样品 XRD 图谱

Qtz-石英；Chl-绿泥石；Mica-云母；Ab-钠长石；
Mc-微斜长石；Kln-高岭石；Mnt-蒙脱石

（2）FT_2 断层

①断层岩中元素的流失和富集特征

FT_2 断层带内断层岩与混合花岗原岩相比，Na_2O、CaO、SiO_2 表现为相对亏损，同时 LOI

在断层带内富集，LOI 在断层带的富集反映了层状硅酸盐矿物中层间结合水的存在。上述元素的跨断层带迁移变化规律受到断裂构造地球化学作用、动力分异作用的制约，Na、Ca 元素的离子半径大、比重小，在构造挤压应力作用下更容易流失，表现出较强的活动性。FT_2 断层带内石墨化花岗质糜棱岩中 MgO、Fe_2O_3 和 Al_2O_3 表现为相对富集，这与富镁和富铁的流体参与斜长石的蚀变作用有关，该花岗质糜棱岩中富含绿泥石也可以佐证这一点，其具体的矿物转化过程将在后续具体讨论。

黄铁矿化花岗质碎裂角砾岩中 MgO 相对富集，而 Al_2O_3 相对亏损，同时 CaO 略微流失，这可能与显微镜下观察到角砾及碎斑之间充满网脉状碳酸盐矿物脉体有关，断层岩中 P_2O_5 均近似为均值组分系列（图 3-32）。FT_2 断层带内的地球化学变化表明了显著的流体-岩石相互作用和热液蚀变作用贯穿断层带演化的整个过程。

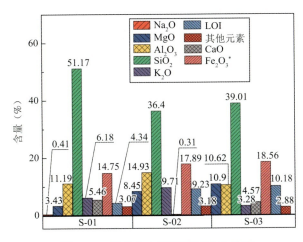

图 3-32 样品中主要迁移元素含量图

② 断层岩黏土矿物富集特征及其来源

FT_2 上盘碎裂花岗岩主要由绿泥石、云母、石英、微斜长石和斜长石组成，含少量的方解石和黄铁矿，这与显微镜下观察结果一致。断层带内石墨化花岗质糜棱岩相比上盘花岗岩富集绿泥石和黄铁矿，黄铁矿化碎裂角砾岩相比上盘花岗岩富集方解石、黄铁矿和石膏。黄铁矿和石膏通常认为与断层带内热液作用有关，同时方解石脉体和绿泥石矿物的富集表明 FT_2 断层带内热液流体作用发育。如图 3-33、图 3-34 所示，断层带样品中绿泥石的 002 和 004 的衍射峰比 001 和 003 衍射强度更高，表明存在富含铁的绿泥石，相比镁绿泥石而言，铁绿泥石的形成需要更低的氧逸度条件，即铁绿泥石的存在意味着水-岩相互作用发生在还原环境下，同时黄铁矿的大量存在也可以证实这一点，上述热液矿物的存在表明 FT_2 断层带内的流体富含 Fe、S 和 Mg。Haines 等（2012）认为在断层带围岩富含镁如富含绿泥石的单元（上盘碎裂花岗岩富含绿泥石），或者流体中富含 Fe 和 Mg 时，断层带内的新生黏土矿物主要是绿泥石。结合显微镜下观察和 XRD 测试结果，FT_2 断层带内的绿泥石由以下两种方式形成：a. 热液带入的 Fe、Mg 组分交代蚀变斜长石[图 3-28e]；b. 黑云母蚀变[图 3-28f]。基于前人的研究成果，与 FT_2 断层带内的绿泥石形成有关的化学反应如下：

$$2K(Mg,Fe)_3Si_3O_{10}(OH)_2[黑云母] + 4H^+ \longrightarrow$$
$$(Mg,Fe)_5Al[AlSi_3O_{10}](OH)_8[绿泥石] + (Mg,Fe)^{2+} + 2K^+ + 3SiO_2$$
$$2NaAlSi_3O_8[钠长石] + 4(Fe,Mg)^{2+} + 2(Fe,Al)^{3+} + 10H_2O \longrightarrow$$
$$(Mg,Fe)_4(Fe,Al)_2Si_2O_{10}(OH)_8[绿泥石亚族] + 4SiO_2 + 2Na^+ + 12H^+$$

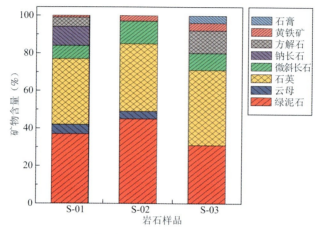

图 3-33 样品中矿物含量图

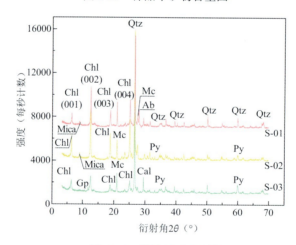

图 3-34 样品 XRD 图谱

Qtz-石英；Chl-绿泥石；Mica-云母；Ab-钠长石；Mc-微斜长石；Py-黄铁矿；Gp-石膏；Cal-方解石

③断层岩中石墨的富集特征及来源

许多天然断层中含有石墨材料，如西班牙中央断层、日本 Atotsugawa 断层、四川龙门山断层带、日本北海道 Hidaka 变质区的断层带、东南亚哀牢山-红河走滑断层带等。已有研究表明，石墨材料通常以脉状、块状、片状和非晶/微晶形态存在于低级到高级变质的断层岩中。脆性变形的碎裂岩、断层泥以及韧性变形的糜棱岩中均可常见不同形态的石墨材料。

结合显微镜下观察结果可知，碎裂花岗岩中不含石墨碳［图 3-35a)］，FT$_2$ 断层带中花岗质糜棱岩中含有较多的脉状和鳞片状石墨［图 3-35b)、图 3-28d)］，黄铁矿化花岗质碎裂角砾岩中含有较少的粉尘状石墨，分布于角砾和碎斑间隙［图 3-35c］。断层岩试样经稀盐酸消解去除无机碳，然后过滤，滤渣经去离子水洗净干燥后，于 425℃下灼烧去除有机碳，剩余残渣用美国 LECO 碳硫分析仪测定三个岩石样品的石墨碳百分含量，依次为 0%、3.97% 和 1.69%。

a) S-01

b) S-02

c) S-03

图 3-35 石墨碳的分布特征

通常认为石墨材料在断层带内富集的机制有两种：一种是石墨材料从富含 CO_2、CO 或 CH_4 的流体以及地壳环境中含碳和含水的混合流体中沉淀出来；另一种是受压溶或一般的扩散物质迁移作用影响，石英和碳酸盐等水溶性矿物随水溶解去除，导致难溶性石墨材料的富集，其本质是原先存在的浸染状石墨物理再活化过程。第二种机制形成的石墨通常与压溶缝合线或压溶面理的发展有关，然而在 FT_2 断层岩的光学薄片中，并没有观察到压溶缝合线或压溶面理迹象的存在，同时在相应的原岩中也没有观察到有石墨碳的存在，因此压溶或扩散物质转移机制可能不是断层带内石墨材料富集的原因。FT_2 断层带内的脉状石墨受岩石结构控制，且分布广泛，均表明石墨来源于断层带的同形变通道中的富碳流体，综上分析，FT_2 断层带内石墨可能与富含碳的流体沉淀有关。

6）断层 TBM 卡机地质原因

（1）FT_1 断层

综合原岩和断层岩的微观结构、地球化学和矿物学特征，断层岩在经过构造应力破坏和普遍的酸性流体淋滤后，其力学性能与花岗岩相比明显减弱，具体体现在以下三个方面：

①构造应力破坏和酸性流体淋滤导致断层岩中裂隙和孔隙的发育，长石和石英等成岩矿物的粒径从 0.3～3.8mm 显著降低至 0.05～1mm。矿物颗粒之间的胶结作用减弱，岩石的完整性在宏观上恶化，呈现出碎粒碎斑状结构。

②动力分异导致断层岩中的 Na、K、Ca 和 Si 元素流失，石英和微斜长石等硬质矿物的含量减少，斜长石消失。相反，高岭石和蒙脱石等黏土矿物的含量明显增加，软质矿物（黏土矿物）的总含量超过 70%，蒙脱石和高岭石遇水后极易膨胀和崩解。

③断层岩中存在团聚和粉尘状的石墨，石墨通常被认为是一种固体润滑剂，优先沿（001）平面滑动，石墨和黏土矿物的结合将大大降低岩体的稳定性。

综合断层岩的微观结构、地球化学和矿物学特征，对断层 FT_1 进行定量识别，并分析了断层岩的地质特征如何影响其力学性能。结合地质结构、地下水、地应力等地质因素，得出 TBM 卡机发生的工程地质原因如下：

①断层岩的特征：花岗岩在受到长期的构造应力断裂和普遍的酸性流体淋滤后，其结构和成分发生了强烈的改变，形成了松散断裂、整合性差的碎粒-碎斑岩。断层岩富含黏土矿物和固体润滑剂石墨，与主岩相比，其力学性能明显减弱。断层岩的这些特征是发生卡机事件的地质基础。

②地质构造：断层 FT_1 的走向（S10°E）与隧道的走向（N7.6E°）相交角度较小（17.6°），导致隧道内的断层出露长度较大，对隧道围岩的稳定性影响较强。

③地下水：TBM 在 118 + 167 里程处遇到变质岩的断裂水，出水量约为 $10m^3/h$。断层岩中富含的高岭石、蒙脱石遇水膨胀、崩解、溶解，对围岩的稳定性造成极大的恶化。

④地应力：卡机段的最大水平主应力值方向为 N82°E-N86°E，与隧道的走向（N8.6°E）相交角度较大（73.4°～77.4°），对隧道的稳定性不利。

综上所述，在上述因素的共同作用下，FT_1 断层区软弱岩石的崩塌是造成此次 TBM 卡机的主要地质原因。

（2）FT_2 断层

对比分析原岩和断层岩的微观结构、元素和矿物学特征，可知长期的机械破碎和地球化学作用改变了混合花岗原岩的结构和成分，FT_2 断层带中同时存在韧性变形的糜棱岩和脆性变形的碎裂角砾岩，这反映了该断层带具有不同期次的构造变形和叠加改造现象，FT_2 断层带原岩中黑云母和斜长石在长期的热液蚀变作用下蚀变成绿泥石，同时富含碳的流体沉淀出脉状和鳞片状石墨，在多期的叠加构造应力作用下，形成糜棱岩和碎裂角砾岩。

结合断层岩和原岩的地球化学、矿物学和微观结构特征，断层岩的性质相比花岗质原岩明显弱化，这主要体现在以下两个方面：

①构造应力和长期的热液蚀变作用导致岩石裂隙和孔隙发育，斜长石等硬质矿物消失。断层岩中残留的石英和微斜长石矿物呈疏松的颗粒状，粒径大幅度减小，且矿物颗粒间的胶结作用减弱，宏观上岩体的完整性被破坏，表现出松散的碎裂结构（图 3-24）。

②原岩中黑云母和斜长石在热液蚀变作用下蚀变成绿泥石（图 3-28），绿泥石作为一种层状硅酸盐，遇水易软化和崩解。富含碳的流体沉淀出脉状、鳞片状和粉尘状石墨，石墨作为一种固体润滑剂与其他黏土矿物一样在 001 平面容易滑动，可以弱化断层岩的摩擦强度，绿

泥石和石墨的组合比单一黏土矿物更能显著降低断层岩的稳定性。

值得注意的是，断层 FT_2 核部的碎裂角砾岩和糜棱岩是由上盘花岗岩遭受长期的构造应力和地球化学作用形成的。花岗原岩的单轴抗压强度为 30.3~37.6MPa，由于断层岩相比原岩其性质明显弱化，断层岩的单轴抗压强度最小值将低于 30MPa，甚至可能更低，因此断层岩属于软岩范畴。在逆断层 FT_2 局部地应力集中处，断层岩将可能发生较大的收敛变形。

综合地质构造、地应力、母岩力学参数和断层岩的地质特征等信息分析，本节补充分析了 TBM 发生卡机的主要因素，具体如下：

①断层岩的特征：断层岩具有典型的碎裂角砾和糜棱组构。富含黏土矿物绿泥石和"固体润滑剂"石墨，岩石松散破碎，稳定性差，特别是碎裂角砾岩。相比母岩，其结构和成分在遭受构造应力和热液蚀变作用后发生强烈改变，其力学性能也将显著弱化，这是卡机发生的重要内在地质因素。

②地质构造：逆断层 FT_2 走向与隧道走向（N8.6°E）呈小角度斜交，导致隧道受断层影响区段较长。断层上下盘局部地应力场分布不均一，导致隧洞左右两侧变形破坏的不均一性，其左上半部坍塌变形严重。

③地应力：卡机区段隧道埋深约 460m，最大水平主应力值较高且方位为 N82°E~N86°E，与隧道走向（N8.6°E）呈大角度相交，对隧道稳定性不利。

④TBM 开挖：TBM 开挖卸荷导致应力释放，打破岩体原有的平衡状态。因此，TBM 开挖是导致卡机的外界触发因素。

综上所述，在上述因素的共同作用下，FT_2 断层区软弱岩石的崩塌、收敛变形是造成此次 TBM 卡机的主要地质原因。

3.2.3 蠕滑-黏土膨胀-围岩大变形卡机（高黎贡山隧道）

本节提出了一种由断层蠕滑和黏土膨胀控制的围岩大变形卡机地质模式，进而阐述了该模式中的主控地质因素和主要识别特征，并在高黎贡山隧道老董坡断层诱发的 TBM 卡机事件中得到了验证。

3.2.3.1 地质模式主控因素及识别特征

在断层蠕滑和黏土膨胀控制的围岩大变形卡机地质模式中，黏土吸水膨胀是主控因素。在黏土吸水膨胀的过程中，低温热液流体缓慢蚀变形成了富含黏土矿物的岩层，黏土矿物一方面通过降低断层的力学强度导致岩体结构加速破坏，另一方面通过吸水导致岩层膨胀变形，最终造成 TBM 刀盘卡机。

3.2.3.2 断层 TBM 卡机地质判识

（1）卡机事件

2020 年 9 月 2 日，里程 220+520 处发生 TBM 卡机，掌子面围岩整体呈粉细砂状，并伴有股状水，围岩和水混合后呈泥沙状，堵塞刀孔及刮渣孔，出现超量出渣，护盾所受摩阻力较大，推进困难，导致 TBM 卡机 45d（图 3-36），卡机不良地质段主要发育范围 32m（220+530~220+498）。

图 3-36　里程 220 + 520 处卡机灾害

（2）工程地质条件

高黎贡山区域地质背景、TBM2 标段工程地质特征和广林坡、老董坡断层前期地质勘查结果已在 3.2.1.1 节详细阐述，与 2020 年 5 月 24 日突涌水及塌腔灾害导致的里程 220 + 984 处 TBM 停机不同，里程 220 + 530～220 + 500 段地质异常区及 220 + 520 处卡机灾害可能主要受老董坡断层或两个断层共同控制。里程 220 + 545～220 + 445 段地震波法预报结果如图 3-37 所示，图中蓝色和红色区域代表强烈的正负反射，表明该段围岩强烈破碎。此外，里程 220 + 520 附近的围岩除明显破碎外，还存在严重的挤压变形，两个拱架之间的支护钢筋已严重变形（图 3-38），而里程 220 + 990 附近围岩破碎带的支护钢筋并未出现变形。

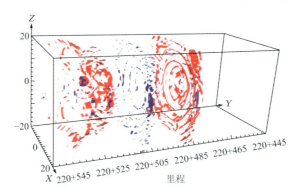

图 3-37　里程 220 + 545～220 + 445 段地震波法预测结果

图 3-38　里程 220 + 520 附近破碎围岩、支护钢筋显著变形

（3）断层岩及原岩的地球化学和矿物学特征

将两类样本矿物成分表示在国际地质科学联合会（IUGS）推荐的火成岩QAP（Q为石英，A为碱性长石，P为斜长石）分类三角图中（图3-39），类别1样本岩性主要为二长花岗岩、石英二长岩和石英二长辉长岩，而少量正常花岗岩的矿物成分可能受不良地质影响而改变，且大量样本中碱性长石含量为零，因此第一类样本反映了研究区不良地质的发育和影响，在流体与岩石相互作用下碱性长石流失或转变为伊利石等黏土矿物是不良地质异常的主要特征。

对于矿物异常分析，采用稳健的探索性数据分析（Exploratory Data Analysis，EDA）方法观察矿物异常变化区，分析矿物异常变化情况。由EDA箱线图（图3-40）可知，蒙脱石、高岭石、伊利石、辉沸石、方解石富集异常明显，其余矿物含量均在较为正常的范围内变化。上述矿物并非原岩的自生矿物，蒙脱石等黏土矿物的形成可能主要受风化作用、断层流体作用、水-岩相互作用等影响；沸石可能主要在断层流体作用下，由石英、长石等硅酸盐矿物蚀变而来；碳酸岩岩层中的方解石主要在流体作用下，被溶解并随流体沉淀在火成岩岩体裂隙中，流体包括天然降水补给的地表流体、地下水和热液流体等。

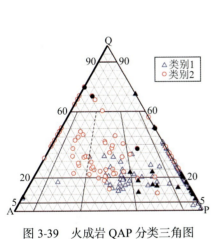

图3-39 火成岩QAP分类三角图

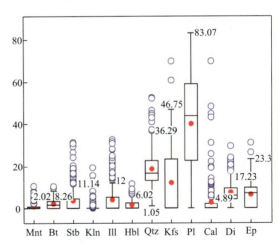

图3-40 矿物含量EDA箱线图

Mnt-蒙脱石；Bt-黑云母；Stb-辉沸石；Kln-高岭石；
Ill-伊利石；Qtz-石英；Kfs-钾长石；Pl-斜长石；Cal-方解石；
Di-透辉石；Ep-绿帘石

长石、沸石含量的异常变化情况可在图3-41中明显观察到：沸石与长石的相关性最为显著（Pearson相关系数为−0.405），沸石的发育可能受控于断层流体作用下长石的蚀变过程。在里程221+060之前，所有样品中矿物平均含量大于50%，而沸石的含量较低；当沸石含量明显上升时，长石的含量出现下降趋势；在里程220+520之后，沸石基本不发育，长石的含量显著升高。

Pearson相关性分析结果（表3-4）显示，黏土矿物之间存在明显的正相关，说明黏土矿物形成的原因和过程较为相近，黏土矿物之间可能存在相互转化。蒙脱石、高岭石和伊利石等黏土矿物在里程220+530~220+500内显著富集（图3-42、图3-43）：蒙脱石的平均含量为5%左右，高岭石平均含量为11%左右，伊利石平均含量为17%左右。

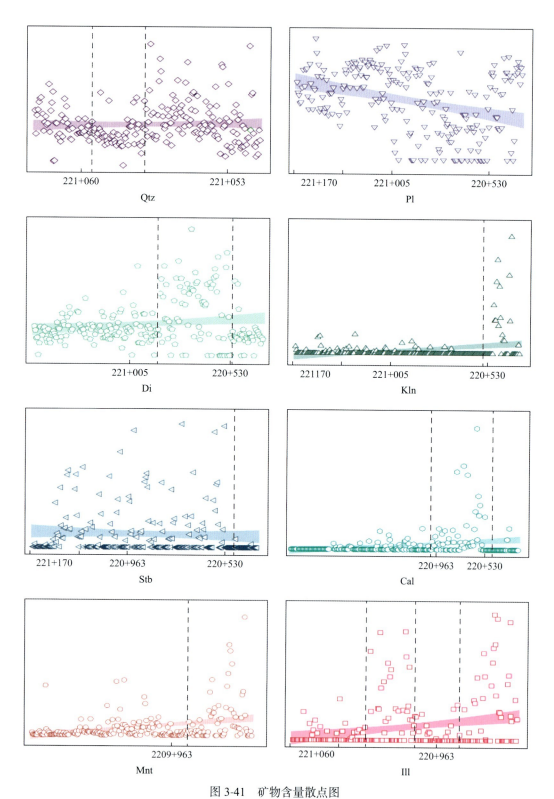

图 3-41 矿物含量散点图

Qtz-石英;Pl-斜长石;Stb-辉沸石;Cal-方解石;Di-透辉石;Kln-高岭石;Mnt-蒙脱石;Ill-伊利石

第 3 章 TBM 卡机地质判识

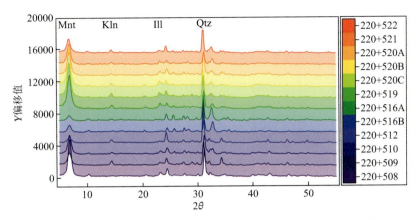

图 3-42 里程 220+522～220+508 内样品矿物 X 射线衍射光谱曲线

Mnt-蒙脱石；Kln-高岭石；Ill-伊利石；Qtz-石英

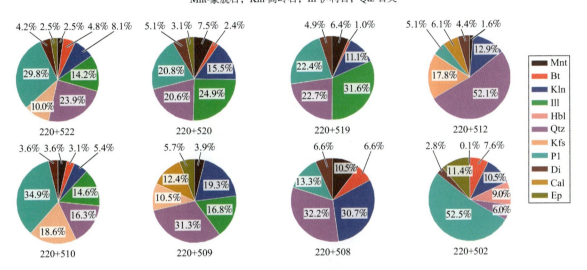

图 3-43 矿物含量饼图

Mnt-蒙脱石；Bt-黑云母；Kln-高岭石；Ill-伊利石；Hbl-普通角闪石；Qtz-石英；Kfs-钾长石；Pl-斜长石；Di-透辉石；Cal-方解石；Ep-绿帘石

矿物成分 Pearson 相关性分析结果　　　　　　　　　　表 3-4

成分	Mnt	Bt	Stb	Kln	Ill	Hbl	Qtz	Kfs	Pl	Cal	Di	Ep
Mnt	1	0.019	0.088	0.524**	0.748**	−0.100	0.116	−0.133*	−0.271**	0.091	−0.127	−0.252**
Bt		1	−0.272**	0.016	−0.026	0.356**	−0.302**	−0.375**	0.478**	−0.273**	−0.306**	0.160*
Stb			1	−0.097	0.246**	−0.130*	−0.014	0.085	−0.405**	0.260**	0.059	−0.247**
Kln				1	0.413**	−0.097	0.115	−0.062	−0.156*	−0.009	−0.138*	−0.131*
Ill					1	−0.064	−0.040	−0.070	−0.295**	−0.009	−0.140*	−0.258**
Hbl						1	−0.298**	−0.250**	0.299**	−0.136*	−0.209**	0.189**
Qtz							1	0.056	−0.460**	0.111	0.165*	−0.127

续上表

成分	Mnt	Bt	Stb	Kln	Ill	Hbl	Qtz	Kfs	Pl	Cal	Di	Ep
Kfs								1	−0.630**	0.042	0.247**	−0.130*
Pl									1	−0.444**	−0.289**	0.187**
Cal										1	−0.132*	−0.249**
Di											1	−0.043
Ep												1

注：1. **表示 在0.01级别（双尾），相关性显著；*表示在0.05级别（单尾），相关性显著。
2. Mnt：蒙脱石；Bt：黑云母；Stb：辉沸石；Kln：高岭石；Ill：伊利石；Hbl：普通角闪石；Qtz：石英；Kfs：钾长石；Pl：斜长石；Cal：方解石；Di：透辉石；Ep：绿帘石。

（4）断层岩及原岩的微观结构特征

受断层影响，里程 220+530～220+500 内为典型的异常区域，为进一步明确异常区域受断层的影响，分别观察了异常区域岩石的微观构造特征，包括岩石矿物的光学显微镜下特征、扫描电镜特征和晶体的排列特征。

由图 3-44 可知，里程 220+520 处围岩矿物颗粒并未发育显著的定向排列，各类矿物在镜下无定向、分选排列，但长石、云母等硅酸盐矿物出现显著的蚀变。

图 3-44 里程 220+520 样品显微镜和扫描电镜下微观构造
Bt-黑云母；Pl-斜长石；Di-透辉石

由图 3-45 可知，里程 220+530～220+500 内岩石样品中云母几乎未在应力作用下产生破裂、拉伸和折纽带等应力构造，但蚀变作用严重。云母、钾长石、斜长石、角闪石蚀变风化形成伊利石、蒙脱石、高岭石、透闪石等矿物，同时蚀变作用下热液流体或原岩矿物中的钙离子沉淀形成方解石。

由偏光显微镜下的观察可知，里程 220+530～220+500 不良地质异常区域内岩石的变形机制主要为蚀变-溶蚀作用。进一步通过扫描电镜观察矿物的变形和演化过程可知（图 3-46），里程 220+530～220+500 存在明显的矿物蚀变，由前述矿物分析可知，该区域围岩发育主要黏土矿物为高岭石和伊利石，这些黏土矿物主要是由斜长石、钾长石、云母、角闪石等矿物蚀变形成；样品中很少发育矿物的应变构造，如拉伸和剪切晶间和穿晶裂隙、斜长石等矿物被溶蚀或蚀变、方解石在长石边缘沉淀，并未以脉体形式填充。

第3章 TBM卡机地质判识

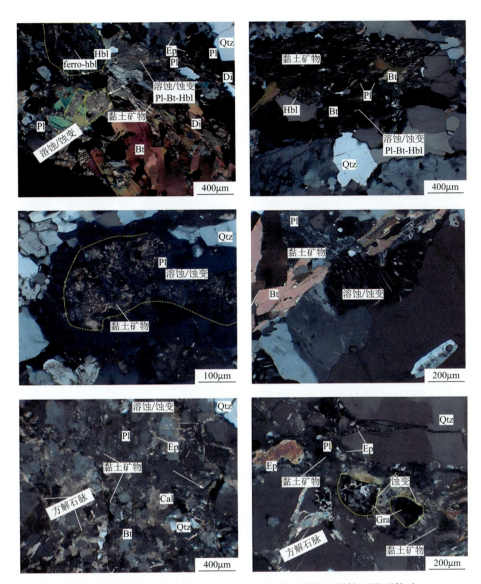

图 3-45 里程 220+530~220+500 内样品偏光显微镜下微观构造

Bt-黑云母；Hbl-普通角闪石；Qtz-石英；Pl-斜长石；Cal-方解石；Di-透辉石；Ep-绿帘石；Gra-石墨；ferro-hbl-铁角闪石

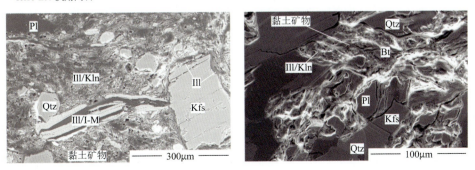

图 3-46

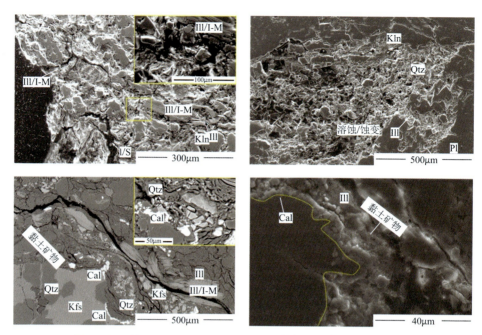

图 3-46　里程 220＋530～220＋500 内样品扫描电镜下微观构造

Bt-黑云母；Ill-伊利石；Qtz-石英；Kfs-钾长石；Pl-斜长石；Cal-方解石；Kln-高岭石；I-M-伊利石-蒙脱石

（5）断层 TBM 卡机事件的地质原因

基于断层岩及原岩的矿物学和微观构造分析，认为断层卡机的主要原因是断层破坏和大量黏土矿物遇水膨胀，里程 220＋520 卡机段的矿物学特征和微观构造特征均与里程 220＋984 涌水段存在明显的不同，但两处地质灾害发育位置相距不足 500m，表明突涌水和卡机灾害是由广林坡断层和老董坡断层导致的，尽管可能受到其他区域地质活动的影响，但主控因素仍是断层。

里程 220＋530～220＋500 内围岩微观构造显示，斜长石、钾长石、云母、辉石等矿物在不同温度和压力条件下发生蚀变，形成蒙脱石、高岭石及伊利石等黏土矿物是该区域内岩石的主要变形机制，如高岭石和伊利石的含量相较于里程 221＋020～220＋990 内显著增加；而矿物受应力碎裂作用的影响较小，如云母未发育折纽带或弯曲变形，表明岩石未受到强烈应力的影响，而主要发生断层低温热液流体作用下的缓慢蚀变。

矿物分析结果显示，黏土矿物之间具有较高的相关性。与伊利石和高岭石不同的是，蒙脱石几乎在所有的样品中均有发育，尽管含量最高为 8.3%，平均含量仅为 1.03%，说明蒙脱石的主要成因可能不是断层，而是风化作用，因为蒙脱石是硅酸盐矿物最为常见的风化产物。Solum 等也指出涉及蒙脱石与伊利石等的转化时应考虑化学风化作用，伊利石与蒙脱石具有很高的相关性（0.748），存在伊利石向蒙脱石转化的现象。在里程 220＋500 附近伊利石和蒙脱石的含量同步升高（图 3-42），伊利石在里程 220＋500 附近富集受断层流体活动的控制，钾长石和云母蚀变为伊利石的沉淀流体提供了丰富的钾离子，扫描电镜图像和矿物结果也可以证明，如里程 220＋519.5 附近伊利石和钾长石的含量分别为 11.61% 和 20.03%，里程 220＋519 附近伊利石和钾长石的含量分别为 31.56% 和 0，这两个样品基本在同一位置，同样的现象也出现在里程 220＋509 和 220＋508 附近。高岭石是最丰富的黏土矿物，常与蒙脱石和伊利石在许多断层岩中共存，主要由长石、云母等硅酸盐矿物溶解形成，并在一定的温度和压力条件下相互转化，如高岭石转变为伊利石，伊利石和蒙脱石之间相互转化。但高岭石几乎只富集在里程 220 + 530～220 + 500 内，由微观构造可知，高岭石主要是由斜长石蚀变产生，NaO_2 在里程 220 + 530 后的亏损证明了斜长石的消耗，同时矿物结果表明，高岭石和伊利石之间并没有明显的转化关系。断层岩中新生长的伊利石和高岭石等黏土矿物与断层蠕滑作用下低温热液蚀变密切相关，碳酸盐矿物在硅酸盐矿物周围析出，证明了断层的蚀变作用，长石在转变为高岭石的过程中析出的钙离子在热液环境中形成方解石，由于缺乏富钙的循环流体，Ca 元素在此处并未有明显的富集。

黏土矿物广泛发育在各类断层岩中会影响断层的力学、水文和渗透等性质。黏土矿物不仅会加速岩体的滑塌，吸水后还会导致岩体膨胀变形。断层岩中的黏土矿物还会影响断层的渗透率和封闭性，但断层是一个复杂的地质体，自身的渗透率也具有各向异性。但也有研究表明，多数断层核部富集的黏土矿物会降低断层的渗透性，在断层核部形成封闭通道。

断层卡机的主要地质原因是断层蠕滑破坏岩层，在这一过程中，低温热液流体蚀变形成了富含黏土矿物的岩层，黏土矿物加速岩体破坏，并通过吸水加速岩层膨胀变形，最终导致 TBM 刀盘卡机。根据本节结果，可对勘探阶段确定的老董坡断层与隧道相交位置进行调整：老董坡断层在隧道的揭露位置可能在里程 220 + 520～220 + 500 附近（图 3-47）。因为多数研究均表明，靠近断层核部黏土矿物的含量会增加，如果卡机灾害是由广林坡断层控制的，黏土矿物的含量变化不符合实际情况。

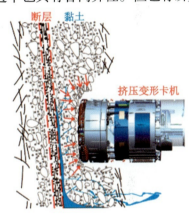

图 3-47　不良地质异常及灾害发育模式

3.3　本　章　小　结

本章在卡机案例统计和卡机致灾模式的研究基础之上，开展了 TBM 卡机地质判识研究，提出了断层 TBM 卡机地质判识方法，依托高黎贡山隧道、山西中部引黄工程，利用 X 射线荧光光谱、X 射线衍射光谱、红外光谱、偏光显微镜和扫描电镜分析了原岩和断层岩的地质特征，进而分别提出了碎裂-蚀变弱化-突水突泥卡机、碎裂-滑动失稳-塌方卡机、蠕滑-黏土膨胀-围岩大变形卡机 3 种不同的卡机地质模式，分析了主控地质因素、识别特征、卡机演化过程以及致灾原因，具体结论如下：

（1）由碎裂变形和蚀变弱化控制的突水突泥卡机，碎裂变形控制形成导水通道，蚀变作用导致泥质黏土富集，隧道发生突水突泥灾害导致 TBM 卡机。

（2）由碎裂变形和滑动失稳控制的塌方卡机，碎裂变形仍是主控因素，裂隙破坏了围岩的完整性，黏土矿物和石墨的组合进一步促进围岩滑动失稳，由于开挖扰动、应力再分布，隧道掌子面和拱顶发生塌方从而导致 TBM 卡机。

（3）由断层蠕滑和黏土膨胀控制的围岩大变形卡机，其主要特点是断层蠕滑破坏岩层，黏土矿物通过降低断层的机械强度加速岩体的破坏以及黏土矿物吸水导致岩层膨胀变形，最终导致 TBM 刀盘卡机。

第4章 TBM 卡机风险评估

TBM 往往被优先应用于长度大于 10km 的特长隧道施工中,在掘进过程中难以避免地遭遇不良地质,面临潜在的"卡机风险"。如何准确和有效评估 TBM 卡机风险,对提高 TBM 隧道风险管控与防灾减灾水平具有重要意义。本章将提出一种基于解释结构模型（Interpretative Structural Model,ISM）与贝叶斯网络（Bayesian Network,BN）的 TBM 卡机风险评估方法。依托 TBM 卡机案例库,根据数据统计分析结果,识别了 TBM 卡机关键地质影响因素和不良地质灾害类型。采用解释结构模型方法,构建了"地质影响因素-地质灾害-TBM 卡机"的卡机致灾过程层次结构图,并建立了应用于 TBM 卡机风险评估的贝叶斯网络模型,实现了 TBM 卡机概率的动态预测。目前,该方法已成功应用于新疆某引水工程,可为 TBM 卡机防控提供一定的参考。

4.1 TBM 卡机风险评价指标体系

对绪论中涉及的 TBM 卡机实际案例进行详细分析,构建了 TBM 卡机风险评价指标体系。风险评价指标体系的遴选原则:①出现频率较高的影响因素;②代表性较强与表征范围较广的影响因素。例如,围岩级别的划分考虑了围岩完整性与围岩强度,因此,遴选围岩级别用以构建卡机风险评价指标体系。最终,根据案例统计分析结果,遴选的卡机风险评价指标体系为不良地质、围岩级别、地下水与地应力。

4.1.1 不良地质

卡机案例中,不良地质包括断层破碎带、膨胀性围岩、软硬互层围岩、层间剪切薄弱带,上述不良地质对 TBM 的掘进具有明显不利影响。

（1）断层破碎带

断层破碎带是由断层发育所导致的围岩破碎严重的区域,破碎带的宽度可从数米到数百米不等,岩体的完整性与连续性较差,导致围岩整体强度较低。当 TBM 隧道开挖至此类地段时,易发生隧道塌方、突水突泥等地质灾害,进而诱发 TBM 卡机。根据断层发育程度、隧道与断层的空间关系,将断层破碎带的致灾性划分为 4 个等级,详细划分见表 4-1。其中,断层发育程度的评估包括破碎带宽度 D 和围岩破碎程度 2 个指标。

断层破碎带致灾性分级表 表 4-1

断层发育程度		隧道与断层的空间关系		
D (m)	围岩破碎程度	穿越断层	穿越断层影响带	远离断层
$D > 10$	极破碎	高	高	高
	破碎	高	高	中
$1 < D \leqslant 10$	极破碎	高	高	中
	破碎	中	中	低
$D \leqslant 1$	极破碎	中	低	低
	破碎	低	无	无

(2) 膨胀性围岩

含有蒙脱石、伊利石、高岭石等亲水性黏土矿物成分的隧道围岩具有膨胀性,此类围岩遇水时会发生反应,体积膨胀,进而产生围岩大变形,导致围岩与 TBM 刀盘、护盾产生接触,诱发卡机灾害。根据黏土矿物的含量 m、干燥饱和吸水率 ω_0 和自由膨胀变形量 Δ,将膨胀性围岩的致灾性划分为 4 个等级,详细划分见表 4-2。

膨胀性围岩致灾性分级表 表 4-2

致灾性	描述	m (%)	ω_0 (%)	Δ (%)
高	强膨胀性	$m > 30$	$\omega_0 > 50$	$\Delta > 15$
中	中膨胀性	$10 < m \leqslant 30$	$20 < \omega_0 \leqslant 50$	$10 < \Delta \leqslant 15$
低	弱膨胀性	$3 < m \leqslant 10$	$5 < \omega_0 \leqslant 20$	$3 < \Delta \leqslant 10$
无	无膨胀性	$m \leqslant 3$	$\omega_0 \leqslant 5$	$\Delta \leqslant 3$

(3) 软硬互层围岩

软硬互层围岩是由强度差异较大的两组或两组以上岩体组成的互层状地质结构,是隧道建设过程中经常遇到的一种特殊岩体。根据岩体的单轴抗压强度,将围岩坚硬程度分为 4 类:大于 60MPa 的为坚硬岩,处于 30～60MPa 之间的为较坚硬岩,处于 15～30MPa 之间的为较软岩,小于 15MPa 的为软岩。软硬互层围岩的强度相差越大,其不均匀性就越强,也越容易导致围岩产生失稳和大变形。同时,软硬互层围岩的交界面也是一种力学性质复杂的结构面,其方位和力学特性对围岩变形和破坏规律的影响比岩石性质对其影响更为显著。根据岩石强度 R_c 和界面倾角 θ 将软硬互层围岩的致灾性分为 4 个等级,详细划分见表 4-3。

软硬互层围岩致灾性分级表 　　　　表 4-3

R_c（MPa）		θ（°）		
硬岩强度	软岩强度	$\theta \geqslant 30°$	$\theta < 30°$	$\theta > 75°$
$R_c > 60$	$R_c < 15$	高	高	中
$R_c > 60$	$15 \leqslant R_c < 30$	高	高	低
$30 \leqslant R_c \leqslant 60$	$R_c < 15$	中	中	低
$30 \leqslant R_c \leqslant 60$	$15 \leqslant R_c < 30$	中	低	无

（4）层间剪切薄弱带

层间剪切薄弱带是隧道围岩中的薄弱部位，是岩体在地质构造作用下，经过反复剪切、错动形成的薄层软弱带。层间剪切薄弱带的力学强度较低。因此，在隧道施工过程中，层间剪切薄弱带极易在开挖扰动的作用下再次错动，导致隧道塌方。

4.1.2　围岩级别

围岩分级是反映围岩力学特性，评估围岩稳定性的重要方法。围岩质量从高到低，被分为Ⅰ～Ⅴ级。高级别的围岩完整性好、强度高、抗变形能力强，低级别的围岩则相反。隧道塌方、突水突泥、围岩大变形往往发生在低级别围岩中。根据围岩级别和岩体质量评分（RMR法）将致灾性划分为 4 个等级，详细划分见表 4-4。

围岩级别致灾性分级表 　　　　表 4-4

致灾性	描述	围岩级别	RMR
高	围岩条件极差	Ⅴ	RMR ≤ 20
中	围岩条件差	Ⅳ	20 < RMR ≤ 40
低	围岩条件一般	Ⅲ	40 < RMR ≤ 60
无	围岩条件好	Ⅰ、Ⅱ	60 < RMR ≤ 100

4.1.3　地下水

地下水通常在 TBM 卡机灾害中起到间接催化作用。地下水的存在会导致围岩力学性能的降低，并增加隧道塌方和围岩大变形的风险。根据隧道中地下水的出水状态、围岩裂隙水压力 p、每 10m 洞长出水量 Q 将地下水致灾性划分为 4 个等级，详细划分见表 4-5。

地下水致灾性分级表 　　　　表 4-5

致灾性	出水状态	p（MPa）	Q [L/(min·10m)]
高	涌水	$p > 0.5$	$Q > 125$
中	线流状	$0.1 < p \leqslant 0.5$	$10 < Q \leqslant 125$

续上表

致灾性	出水状态	p（MPa）	Q [L/(min·10m)]
低	潮湿	$0 < p \leqslant 0.1$	$0 < Q \leqslant 10$
无	干燥	$p = 0$	$Q = 0$

4.1.4 地应力

地应力一般包括两部分，分别是由上覆岩石重量引起的应力与相邻岩石间传递的构造应力。TBM 在高地应力区域掘进时，隧道围岩在应力作用下易过度收敛或坍塌而出现卡机灾害。根据隧道内最大主应力σ和强度应力比δ将地应力的致灾性划分为 4 个等级，详细划分见表 4-6。

地应力致灾性分级表　　　　表 4-6

致灾性	描述	σ（MPa）	δ
高	高地应力：开挖过程中时有岩爆，洞壁岩体有剥离，位移极为显著，钻孔岩芯有饼化	$\sigma > 40$	$\delta \leqslant 2$
中	中等地应力：开挖过程中可能出现岩爆，洞壁岩体存在剥离和掉块，位移显著，钻孔岩芯时有饼化	$20 < \sigma \leqslant 40$	$2 < \delta \leqslant 4$
低	低地应力：开挖过程洞壁岩体局部存在剥离和掉块，局部存在位移	$10 < \sigma \leqslant 20$	$4 < \delta \leqslant 7$
无	无上述现象	$\sigma \leqslant 10$	$\delta > 7$

4.2 TBM 卡机致灾模式

根据案例统计情况可知，隧道塌方、突水突泥、围岩大变形是导致 TBM 卡机的主要隧道内地质灾害，上述三类地质灾害亦对应了三类主要 TBM 卡机致灾模式。较为严重的地质灾害对 TBM 卡机的影响较大，而一些轻微的地质灾害甚至不需要进行额外的处治。对隧道塌方、突水突泥、围岩大变形等三大类 TBM 卡机致灾模式进行分级，并将其纳入贝叶斯网络结构，有助于预测 TBM 卡机的灾害类型，并能够针对性地制定预防措施。

4.2.1 隧道塌方

隧道塌方是指隧道围岩在工程扰动的作用下产生失稳破坏，使得隧道掌子面、顶板或侧壁发生坍塌的现象，是施工中出现频率较高的灾害，与不良地质、围岩级别、地下水等因素有关。隧道掌子面坍塌易导致 TBM 刀盘被卡从而无法转动，而隧道顶部围岩坍塌后掉落在 TBM 护盾上易导致护盾被卡从而无法前进。

4.2.2 突水突泥

突水突泥是指大量地下水或泥石流突然集中涌入隧道的灾害现象，是隧道建设中最严重的地质灾害之一，具有强致灾性和强突发性。发生突水灾害时，如果隧道排水能力不足，TBM将被淹，被迫停机；发生突泥灾害时，大量泥沙将裹抱TBM刀盘，使其无法转动。

4.2.3 围岩大变形

围岩变形常发生在低强度的软弱岩体中。深部地层中的高地应力和岩体软弱结构构成了围岩大变形的基本条件。围岩变形量的大小与围岩级别、地应力等因素有关。当隧道围岩强烈收敛时，将与护盾接触，导致TBM受到过大的摩阻力从而无法前进。

隧道塌方、突水突泥和围岩大变形是造成TBM卡机的三种地质灾害类型，并且同一卡机事件可能是由多种地质灾害共同引起的，而每次卡机事件的根本原因不同。一些严重的地质灾害对TBM卡机的影响较大，而一些轻微的地质灾害对TBM卡机的影响较小。根据地质灾害对TBM卡机的影响程度，将其致灾性划分为2个等级，详细划分见表4-7。值得注意的是，"隧道塌方""突水突泥"和"围岩大变形"是作为贝叶斯网络模型的输出参数，主要目的是预测可能导致TBM卡机的灾害类型，以便针对性地制定预防措施。

灾害分级表　　　　　表4-7

灾害类型	致灾性	特征
隧道塌方	严重	隧道坍塌严重，造成TBM卡机
	轻微	隧道轻微坍塌或无坍塌，对TBM掘进无影响
突水突泥	严重	突水量大或携裹泥沙，造成TBM卡机
	轻微	突水量小，对TBM掘进无影响
围岩大变形	严重	隧道围岩严重收敛，造成TBM卡机
	轻微	隧道轻微收敛，对TBM掘进无影响

4.3 解释结构模型

ISM将系统分解为各种因素，并分析这些因素之间的关系。通过布尔逻辑运算，将关系映射为揭示系统结构的有向节点图。与图表和文本相比，ISM具有显示直观的较大优势。利用ISM方法建立了一个多层有序节点图，表示各因素间的相互关系。各因素分别用以下符号表示：断层破碎带（S_1）、膨胀性围岩（S_2）、软硬互层围岩（S_3）、层间剪切薄弱带（S_4）、围岩级别（S_5）、地下水（S_6）、地应力（S_7）、隧道塌方（S_8）、突水突泥（S_9）、围岩大变形（S_{10}）和TBM卡机（S_{11}）。

4.3.1 变量相互关系

在常规的解释结构模型法中,变量之间的相互影响关系是研究者人为确定的,具有主观性。为保证模型的客观性与可靠性,通过 71 个统计案例数据确定各个变量之间的相互影响关系。统计分析结果见表 4-8。以隧道塌方灾害为例,卡机案例中有 39 起是由隧道塌方引起的,在这些隧道塌方灾害中,影响因素的发生频率由高到低依次为:围岩级别(30/39)、断层破碎带(29/39)、地下水(26/39)、地应力(10/39)、膨胀性围岩(7/39)、层间剪切破碎带(5/39)、软硬互层围岩(3/39)。以 30%为界限,区分相关性的强弱,认为频率大于 30%的因素对隧道塌方的影响较大,频率小于 30%的因素对隧道塌方的影响较小。如"围岩级别"是影响隧道塌方的主要因素,"层间剪切薄弱带"是影响隧道塌方的次要因素。此外,"层间剪切薄弱带"是影响突水突泥、围岩大变形的次要因素。因此,"层间剪切薄弱带"在后续的建模过程中不再讨论。

地质灾害与地质影响因素相关性统计表　　　　　表 4-8

灾害类型	发生次数	影响因素	存在次数	存在概率	排序
隧道塌方	39	围岩级别	30	76.92%	1
		断层破碎带	29	74.36%	2
		地下水	26	66.67%	3
		地应力	10	25.64%	4
		膨胀性围岩	7	17.95%	5
		层间剪切薄弱带	5	12.82%	6
		软硬互层围岩	3	7.69%	7
突水突泥	16	地下水	14	87.50%	1
		断层破碎带	12	75.00%	2
		围岩级别	10	62.50%	3
		软硬互层围岩	1	6.25%	4
		地应力	1	6.25%	5
		膨胀性围岩	0	0%	6
		层间剪切薄弱带	0	0%	7
围岩大变形	32	围岩级别	26	81.25%	1
		膨胀性围岩	19	59.38%	2
		地应力	17	53.13%	3
		地下水	16	50.00%	4
		断层破碎带	14	43.75%	5
		软硬互层围岩	11	34.38%	6
		层间剪切薄弱带	4	12.50%	7

根据表4-8建立各个变量相互影响关系图(图4-1)。其中，A表示水平变量对垂直变量有影响，B表示垂直变量对水平变量有影响，C表示两个变量之间无相互影响，D表示两个变量之间存在相互影响。

$$\begin{array}{c} & \begin{array}{cccccccccc} S_1 & S_2 & S_3 & S_5 & S_6 & S_7 & S_8 & S_9 & S_{10} & S_{11} \end{array} \\ \begin{array}{c} S_1 \\ S_2 \\ S_3 \\ S_5 \\ S_6 \\ S_7 \\ S_8 \\ S_9 \\ S_{10} \\ S_{11} \end{array} & \left[\begin{array}{cccccccccc} & C & C & C & C & C & B & B & B & B \\ & & C & C & C & C & C & C & B & B \\ & & & C & C & C & C & C & B & B \\ & & & & C & C & B & B & B & B \\ & & & & & C & B & B & B & B \\ & & & & & & C & C & B & B \\ & & & & & & & C & C & B \\ & & & & & & & & C & B \\ & & & & & & & & & B \\ & & & & & & & & & \end{array} \right] \end{array}$$

图4-1 变量相互影响关系

4.3.2 邻接矩阵

将变量的相互影响关系转换为邻接矩阵。邻接矩阵A是用来表示两个变量之间直接关系的矩阵。当存在n个变量时，其构造规则见式(4-1)、式(4-2)。

$$A = \begin{array}{c} \\ S_1 \\ S_2 \\ \vdots \\ S_n \end{array} \begin{array}{c} \begin{array}{cccc} S_1 & S_2 & \cdots & S_n \end{array} \\ \left[\begin{array}{cccc} a_{11} & a_{12} & \cdots & a_{1n} \\ a_{21} & a_{22} & \cdots & a_{2n} \\ \vdots & \vdots & \vdots & \vdots \\ a_{n1} & a_{n2} & \cdots & a_{nn} \end{array} \right] \end{array} \tag{4-1}$$

$$a_{ij} = \begin{cases} 1 & (s_i 对 s_j 有影响) \\ 0 & (s_i 对 s_j 无影响) \end{cases} \tag{4-2}$$

按照上述规则将变量的相互影响关系转化为邻接矩阵A，见式(4-3)。

$$A = \begin{array}{c} \\ S_1 \\ S_2 \\ S_3 \\ S_5 \\ S_6 \\ S_7 \\ S_8 \\ S_9 \\ S_{10} \\ S_{11} \end{array} \begin{array}{c} \begin{array}{cccccccccc} S_1 & S_2 & S_3 & S_5 & S_6 & S_7 & S_8 & S_9 & S_{10} & S_{11} \end{array} \\ \left[\begin{array}{cccccccccc} 0 & 0 & 0 & 0 & 0 & 0 & 1 & 1 & 1 & 1 \\ 0 & 0 & 0 & 0 & 0 & 0 & 0 & 0 & 1 & 1 \\ 0 & 0 & 0 & 0 & 0 & 0 & 0 & 0 & 1 & 1 \\ 0 & 0 & 0 & 0 & 0 & 0 & 1 & 1 & 1 & 1 \\ 0 & 0 & 0 & 0 & 0 & 0 & 1 & 1 & 1 & 1 \\ 0 & 0 & 0 & 0 & 0 & 0 & 0 & 0 & 1 & 1 \\ 0 & 0 & 0 & 0 & 0 & 0 & 0 & 0 & 0 & 1 \\ 0 & 0 & 0 & 0 & 0 & 0 & 0 & 0 & 0 & 1 \\ 0 & 0 & 0 & 0 & 0 & 0 & 0 & 0 & 0 & 1 \\ 0 & 0 & 0 & 0 & 0 & 0 & 0 & 0 & 0 & 0 \end{array} \right] \end{array} \tag{4-3}$$

4.3.3 可达矩阵

可达矩阵G是描述变量间传递性的矩阵。通过邻接矩阵A计算得到G，其计算公式为：

$$G = (A+E)^{n+1} = (A+E)^n \neq \cdots \neq (A+E)^2 \neq (A+E) \tag{4-4}$$

以上运算可通过 MATLAB 里的布尔代数运算实现。在式(4-4)中，n表示矩阵A的迭代次数，E表示单位矩阵。邻接矩阵A转化后的可达矩阵G见式(4-5)。

$$G = \begin{matrix} & \begin{matrix} S_1 & S_2 & S_3 & S_5 & S_6 & S_7 & S_8 & S_9 & S_{10} & S_{11} \end{matrix} \\ \begin{matrix} S_1 \\ S_2 \\ S_3 \\ S_5 \\ S_6 \\ S_7 \\ S_8 \\ S_9 \\ S_{10} \\ S_{11} \end{matrix} & \begin{bmatrix} 1 & 0 & 0 & 0 & 0 & 0 & 1 & 1 & 1 & 1 \\ 0 & 1 & 0 & 0 & 0 & 0 & 0 & 0 & 1 & 1 \\ 0 & 0 & 1 & 0 & 0 & 0 & 0 & 0 & 1 & 1 \\ 0 & 0 & 0 & 1 & 0 & 0 & 1 & 1 & 1 & 1 \\ 0 & 0 & 0 & 0 & 1 & 0 & 1 & 1 & 1 & 1 \\ 0 & 0 & 0 & 0 & 0 & 1 & 0 & 0 & 1 & 1 \\ 0 & 0 & 0 & 0 & 0 & 0 & 1 & 0 & 0 & 1 \\ 0 & 0 & 0 & 0 & 0 & 0 & 0 & 1 & 0 & 1 \\ 0 & 0 & 0 & 0 & 0 & 0 & 0 & 0 & 1 & 1 \\ 0 & 0 & 0 & 0 & 0 & 0 & 0 & 0 & 0 & 1 \end{bmatrix} \end{matrix} \tag{4-5}$$

4.3.4 层次化处理

对可达矩阵G进行层次化处理。可达矩阵G中，第i行内取值为 1 的列对应的变量组成变量S_i的可达集$R(s_i)$。第i列内取值为 1 的行对应的变量组成变量S_i的前因集$A(s_i)$。当某个变量的可达集和前因集满足式(4-6)时，该变量是当前最高级的变量，所有最高级变量组成集合L_i。

$$R(s_i) = R(s_i) \cap A(s_i) \tag{4-6}$$

L_1是第一层的变量集合。删去可达矩阵G中已经进入L_1的变量所对应的行和列，得到新矩阵G'。再对G'按上述的方法获得次高级因素集合L_2和矩阵G''。以此类推得到L_3，…，L_n，最终形成一个多层次的结构，处理过程见表 4-9。

层次化处理过程表 表 4-9

变量	可达集$R(s_i)$	前因集$A(s_i)$	$R(s_i) \cap A(s_i)$	层级
S_1	1，8，9，10，11	1	1	
S_2	2，10，11	2	2	
S_3	3，10，11	3	3	
S_5	5，8，9，10，11	5	5	
S_6	6，8，9，10，11	6	6	
S_7	7，10，11	7	7	
S_8	8，11	1，5，6，8	8	
S_9	9，11	1，5，6，9	9	

续上表

变量	可达集$R(s_i)$	前因集$A(s_i)$	$R(s_i) \cap A(s_i)$	层级
S_{10}	10, 11	1, 2, 3, 5, 6, 7, 10	10	
S_{11}	11	1, 2, 3, 5, 6, 7, 8, 9, 10, 11	11	1
S_1	1, 8, 9, 10	1	1	
S_2	2, 10	2	2	
S_3	3, 10	3	3	
S_5	5, 8, 9, 10	5	5	
S_6	6, 8, 9, 10	6	6	
S_7	7, 10	7	7	
S_8	8	1, 5, 6, 8	8	2
S_9	9	1, 5, 6, 9	9	2
S_{10}	10	1, 2, 3, 5, 6, 7, 10	10	2
S_1	1	1	1	3
S_2	2	2	2	3
S_3	3	3	3	3
S_5	5,	5	5	3
S_6	6,	6	6	3
S_7	7	7	7	3

4.3.5 解释结构模型构建

按照该层次结构中变量之间的关系进行连线，绘制成由节点和箭头构成的多级有向图。最终建立的解释结构模型如图 4-2 所示。卡机是第一层级。隧道塌方、突水突泥、围岩大变形是造成卡机的灾害类型，与卡机直接相关，是第二层级。断层破碎带、膨胀性围岩、软硬互层围岩、围岩级别、地下水、地应力与卡机间接相关，是第三层级。

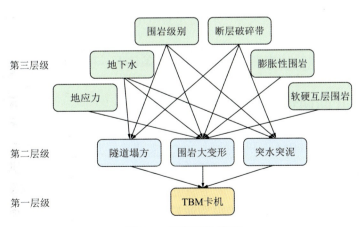

图 4-2 解释结构模型

4.4 基于贝叶斯网络的 TBM 卡机风险评估模型

风险评估对于防止 TBM 卡机的发生具有重要意义，通过预测主要风险并制定相应的防灾措施，能够有效降低 TBM 卡机的概率。本节将提出一种新的贝叶斯网络模型，以解释结构模型作为贝叶斯网络结构，以卡机案例库为数据基础，考虑隧道内地质条件与 TBM 卡机的相关性，并基于地质信息预测 TBM 卡机的概率。该模型减少了传统建模过程中的主观性，避免了复杂的力学分析和计算，能够实现卡机风险的快速、准确预测。

4.4.1 贝叶斯网络原理

贝叶斯网络是一种用来表示变量间连续概率的有向无环图模型，由节点和有向边组成。模型图中的节点表示变量，有向边表示变量间的依赖关系，依赖关系的强弱用条件概率来表示。贝叶斯网络分析的核心是英国数学家贝叶斯在 1763 年发表的贝叶斯定理：

$$P(B|A) = \frac{P(B)P(A|B)}{P(A)} \tag{4-7}$$

式中：$P(A)$ 和 $P(B)$——事件 A、B 发生的概率；

$P(A|B)$、$P(B|A)$——事件 B、A 发生条件下 A、B 发生的概率，称之为条件概率。

当彼此互斥的事件 B_1、B_2、B_3，…，B_n 构成一个完整事件 B 时，即 $P(B) = \sum_{i=1}^{n} P(B_i)$，则：

$$P(B_i|A) = \frac{P(B_i)P(A|B_i)}{\sum_{j=1}^{n} P(B_i)P(A|B_i)} \tag{4-8}$$

式中：$P(B_i)$——各个事件的先验概率，代表观测者根据现有的统计数据及历史资料计算得到的概率或是根据知识主观判断得到的概率；

$P(B_i|A)$——各个事件的后验概率，代表先验概率在经过贝叶斯公式修正计算后得到的概率；

$P(A|B_i)$——条件概率，代表事件 B_i 已经发生的条件下，事件 A 发生的概率。

4.4.2 贝叶斯网络模型训练

基于贝叶斯原理评估 TBM 卡机风险时，首先需明确导致 TBM 卡机的地质条件。因此，在上述 TBM 卡机案例的基础上增添 49 个非卡机案例，并将其作为模型数据集。基于 4.1 节构建的 TBM 卡机风险评价指标体系，采用期望最大化算法，利用 120 个案例数据开展模型学习，从而得到了贝叶斯网络模型。该模型通过设置节点的证据来计算后验概率。例如，将节点"TBM 卡机"的证据设置为"是"，则可计算在 TBM 卡机的条件下，其余节点的后验概率，提出的贝叶斯网络卡机风险评价模型如图4-3所示。

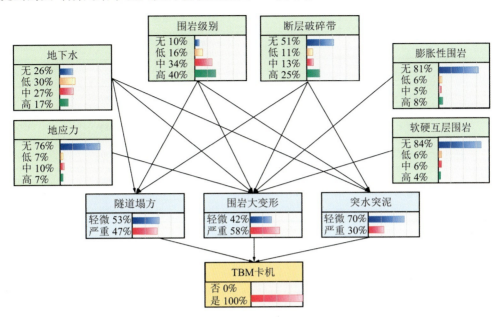

图4-3 贝叶斯网络卡机风险评价模型

通过分析第二层级的节点可确定不同地质灾害导致TBM卡机的概率：由隧道塌方（47%）和围岩大变形（58%）造成卡机的概率最高，而由突水突泥（30%）造成的概率相对较低。

通过分析第三层级的节点可确定影响因素在不同风险等级条件下的后验概率。例如，不同风险等级条件下围岩分级的后验概率分别为"高（40%）""中（34%）""低（16%）""无（10%）"。这表明，TBM一旦发生卡机，其所处位置的围岩状况有74%的概率是差或很差。因此，当TBM掘进到"中""高"风险等级的围岩区域时，需注意预防卡机发生。在其他影响因素中，断层破碎带和地下水也需要引起更多重视。风险等级为"无"的地应力、膨胀性围岩和软硬互层围岩的后验概率均高于70%，说明这些因素的风险相对较低。

4.4.3 敏感性分析

敏感性分析可研究变量的微小变化对后验概率计算结果的影响，确定变量中的关键影响因素。通常，高敏感变量对结果的影响更为显著。本节采用一种在贝叶斯网络中进行简单灵敏度分析的算法，将后验概率T作为变量p的函数，灵敏度用后验概率T的一阶导数表示。当变量的变化范围为实际值的0%~10%时，分析结果见表4-10。由表可知：当风险等级为"无"时，各变量的敏感性均为负值，表明影响因素为低风险水平时，TBM卡机的概率将会降低；随着风险等级的提高，敏感度变为正值并逐渐增大，此时卡机的概率也随之增大。因此，各影响因素风险等级越高，TBM卡机的概率也越高，这是符合工程实践经验的；值得注意的是，"高"风险等级的"围岩级别"具有较高的敏感性，表明极差围岩（V类）是诱发TBM卡机的最不利影响因素。

节点"TBM 卡机"的敏感性分析结果　　　　　　　表 4-10

分析目标	参数	敏感性			
		无	低	中	高
TBM 卡机	断层破碎带	−0.057	−0.022	0.040	0.067
	膨胀性围岩	−0.079	0.061	0.070	0.076
	软硬互层围岩	−0.067	0.039	0.081	0.061
	围岩级别	−0.069	−0.094	−0.004	0.093
	地下水	−0.036	0.011	−0.009	0.046
	地应力	−0.065	0.049	0.058	0.054

4.4.4　贝叶斯分类器

贝叶斯分类器是对样本进行分类的工具，首先计算样本的后验概率，然后以后验概率最大类作为该样本所属的类。判别函数是进行分类的数学依据，表达了决策的规则。上述贝叶斯网络模型有卡机和不卡机两种预测结果，属于两类问题。因此，引入基于最小错误率的判别函数作为二分分类器，见式(4-9)、式(4-10)。

$$g(x) = P(\omega_1|x) - P(\omega_2|x) \tag{4-9}$$

$$\begin{cases} g(x) > 0 & (x \in \omega_1) \\ g(x) < 0 & (x \in \omega_2) \end{cases} \tag{4-10}$$

对于两类问题，将特征空间按照决策规则分为ω_1和ω_2两个决策域，ω_1表示卡机，ω_2表示不卡机。两个决策域被决策面区分开，决策面用式(4-11)表示。若$g(x) > 0$，则模型预测结果为 TBM 发生卡机；若$g(x) < 0$，则模型预测结果为 TBM 不发生卡机。

$$g(x) = 0 \tag{4-11}$$

4.5　工程验证

在新疆某 TBM 引水隧洞中，里程 49 + 600～49 + 900 处与 f17 断层相交，但断层的具体位置尚不明确，存在 TBM 卡机的可能性。

隧道围岩主要为变质黑云母斜长花岗岩，岩石坚硬且完整。在断层处则以碎裂岩、糜棱岩为主。地下水以基岩裂隙水为主，主要表现为渗水和滴水，在围岩破碎区域有线状流水。隧洞埋深约 420m，最大主应力 5.5～12.3MPa，岩石强度应力比 5.2～11.7，属于低地应力区。从里程 49 + 600 开始，以 50m 为一段，应用贝叶斯网络模型对 TBM 卡机的概率进行预测。

为了获取模型的输入参数，采用 X 射线衍射法（XRD）检测岩石样品的膨胀性（图 4-4、表 4-11）。通过超前地质预报的探测结果推测前方断层破碎带的宽度并确定风险等级（图 4-5、表 4-12）。图 4-5 中黄色区域为正反射界面（地震波波峰），表示地震波从低波阻抗材料向高波阻抗材料的传播。蓝色区域为反射负值界面（地震波波谷）。根据已揭露区域的地质条件确定围岩级别、围岩的破碎程度，同时确定地下水的风险等级。每一个预测洞段的地质条件如下：

预测段 1：里程 49＋600～49＋650，已揭露区域的围岩完整性好，为Ⅱ级围岩，表面潮湿。XRD 结果显示岩石中不含黏土矿物，不具有膨胀性。地震波反射图显示未开挖段发育有少量裂隙。

预测段 2：里程 49＋680～49＋730，已揭露区域的围岩较破碎，为Ⅳ级围岩，局部存在线流状地下水。XRD 结果显示岩石中含有 58.9%的蒙脱石，具有强膨胀性。地震波反射图显示强烈的正负反射，推测已到达断层区域。

预测段 3：里程 49＋730～49＋780，已揭露区域的围岩较破碎，为Ⅳ级围岩，局部存在线流状地下水。XRD 结果显示岩石中含微量黏土矿物，不具有膨胀性。地震波反射图显示强烈的正负反射，推测该区域仍处于断层中。

预测段 4：里程 49＋780～49＋830，已揭露区域的围岩极为破碎，为Ⅴ级围岩。地下水主要是滴水，局部存在线流状地下水。XRD 结果显示岩石中含微量黏土矿物，不具有膨胀性。地震波反射图显示强烈的正负反射，推测该区域仍处于断层中。

预测段 5：里程 49＋830～49＋880，已揭露区域的围岩极破碎，为Ⅴ级围岩，局部存在线流状地下水。XRD 结果显示岩石中含有 72.6%的蒙脱石，具有强膨胀性。地震波反射图显示的正负反射有减弱的趋势，推测已逐渐离开断层区域，进入断层影响带。

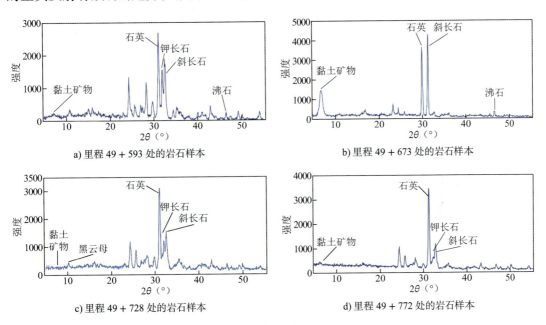

图 4-4

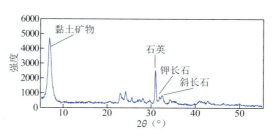

e) 里程 49+830 处的岩石样本

图 4-4 岩石样品的 XRD 图谱

岩石样品测试结果表　　表 4-11

采样位置	黏土矿物	石英	钾长石	斜长石	黑云母	沸石
49+593	0	9.94	32.23	53.32	0	4.51
49+673	58.90	20.00	0	7.10	0	14.00
49+728	1.74	11.45	42.12	42.05	2.64	0
49+772	0.12	23.62	30.33	45.93	0	0
49+830	72.6	5.50	8.70	13.20	0	0

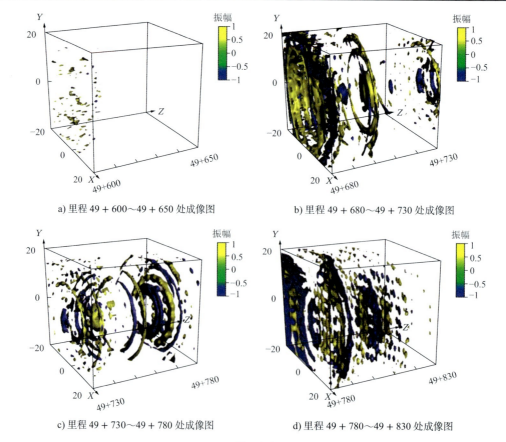

a) 里程 49+600～49+650 处成像图　　b) 里程 49+680～49+730 处成像图

c) 里程 49+730～49+780 处成像图　　d) 里程 49+780～49+830 处成像图

图 4-5

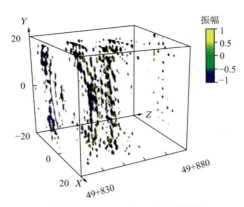

e) 里程 49＋830～49＋880 处成像图

图 4-5　地震波法超前地质预报成像图

影响因素风险分级表　　　　　　　　　　　　　　　　　　表 4-12

影响因素	预测段 1	预测段 2	预测段 3	预测段 4	预测段 5
断层破碎带	无	高	高	高	高
膨胀性围岩	无	高	无	无	高
软硬互层围岩	无	无	无	无	无
围岩级别	无	中	中	高	高
地下水	低	中	中	中	中
地应力	低	低	低	低	低

表 4-12 中影响因素的风险等级是计算各个节点后验概率的证据。以预测段 1 为例，"断层破碎带""膨胀性围岩""软硬互层围岩"和"围岩级别"的证据设置为"无"，而"地下水"和"地应力"的证据设置为"低"，通过在 Python 中实现贝叶斯推理过程，得到了预测段 1 在 BN 模型中的预测结果。完整的预测结果见表 4-13，可以看出，预测结果与实际情况基本一致。此外，预测段 4 和预测段 5 中导致 TBM 卡机的预测类型与实际灾害类型一致，进一步证实了卡机风险评估模型的有效性，预测段 5 里程 49＋842 处由于围岩大变形和隧道塌方导致 TBM 护盾被卡的现场情况如图 4-6 所示。

贝叶斯模型预测结果　　　　　　　　　　　　　　　　　　表 4-13

预测段	概率预测结果								$g(x)$	实际 TBM 卡机类型
	隧道塌方		突水突泥		围岩大变形		TBM 卡机			
	严重	轻微	严重	轻微	严重	轻微	是	否		
1	0%	100%	0%	100%	17%	83%	19%	81%	<0	未卡机
2	28%	72%	34%	66%	67%	33%	75%	25%	>0	隧道塌方、突泥
3	28%	72%	34%	66%	67%	33%	75%	25%	>0	未卡机
4	88%	12%	12%	88%	67%	33%	90%	10%	>0	围岩大变形
5	88%	12%	12%	88%	67%	33%	90%	10%	>0	隧道塌方、围岩大变形

a) 围岩和地下水条件　　　　　　　　　　b) TBM 护盾被卡

图 4-6　里程 49+842 处 TBM 卡机事件

因此，如果根据 BN 模型的预测结果制定相应的地质灾害超前防治措施，便可有效降低 TBM 卡机的可能性。值得注意的是，工程实际案例决定了 BN 模型中的条件概率和先验概率。这意味着收集更多的实际工程案例是提高预测可靠性的一种方法。

4.6　本章小结

本章提出了一种基于解释结构模型与贝叶斯网络的 TBM 卡机风险评估方法。总结了直接导致 TBM 卡机的地质灾害类型及其关键影响因素，建立了表示影响因素间相互关系的解释结构模型，以解释结构模型作为贝叶斯网络结构，基于 120 个工程实际案例，采用期望最大化法进行参数学习，得到了能够预测隧道内地质灾害和 TBM 卡机概率的贝叶斯网络模型。主要结论如下：

（1）后验概率分析结果表明，隧道塌方和围岩大变形是导致 TBM 卡机的主要地质灾害类型，而突水突泥是次要地质灾害类型。围岩级别、地下水和断层破碎带是主要影响因素。

（2）揭示了各影响因素对 TBM 卡机后验概率的敏感性。敏感性分析结果表明，影响因素的风险等级较低时，TBM 卡机的概率将降低，而极差的围岩条件（V级）是诱发 TBM 卡机的最不利因素。

（3）开展了卡机风险动态评估方法的工程验证与应用。根据隧道掌子面周围的地质信息和超前地质预报结果，动态预测了新疆某 TBM 引水隧洞地质灾害发生概率和 TBM 卡机概率，取得了良好效果，证明了方法的有效性和先进性。

第5章　TBM卡机防控关键技术

根据TBM卡机案例统计分析可知，断层破碎带是导致TBM卡机的主要不良地质。因此，亟待开展穿越断层破碎带的TBM卡机防控理论与关键技术研究。本章针对穿越断层破碎带的TBM卡机事件，首先阐述了TBM卡机防控措施，为实现TBM卡机防控措施优化，构建了TBM穿越断层破碎带卡机防控数值计算模型，明确了在多种支护形式的围岩位移特征、围岩塑性区分布特征、TBM刀盘和护盾摩擦阻力演化特征，进而揭示了围岩-护盾相互作用机制，建立了考虑TBM卡机临界位移和支护极限受力的最优支护时机确定方法。并结合TBM卡机地质判识和风险评估，提出并优化了TBM穿越断层破碎带的前摄性卡机减灾治灾方案。

5.1　TBM卡机防控措施研究

TBM掘进穿越断层破碎带、岩溶、软弱围岩等不良地质时，需结合超前地质预报和卡机地质判识结果开展TBM卡机风险评价工作。若无卡机风险，TBM继续向前掘进；若存在卡机风险，首先要进行卡机类型判识，其中主要的卡机类型有塌方型卡机、围岩大变形型卡机、突水突泥型卡机。然后根据卡机类型及时采取靶向防控措施（详见5.3节），TBM卡机防控主要流程如图5-1所示。

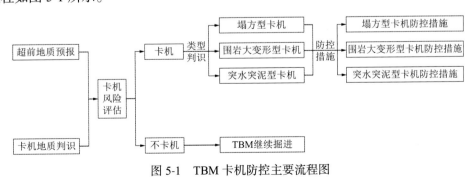

图 5-1　TBM 卡机防控主要流程图

工程中经常使用的支护措施有衬砌、锚杆、钢拱架以及组合支护措施，常用的TBM卡机防控措施有刀盘扩挖、超前注浆、超前管棚等。TBM 穿越断层破碎带时，若支护和防控措施设计不合理，会导致有些段落出现过度支护，或有些段落处于欠支护状态，隧道处于保守和风险共存状态，灾害可能随时发生。因此，定量研究不同支护和防控措施条件下的围岩位移特征、围岩塑性区分布特征、TBM 刀盘和护盾摩擦阻力演化特征，对于隧道支护与防控体系的动态设计和优化具有重要意义。

隧道支护与防控措施设置的合理性直接影响隧道的稳定性和 TBM 卡机防控效果，隧道穿越断层破碎带的支护和防控参数优化一直是工程界的热点问题。在理论分析方面，自新奥法（New Austrian Tunnelling Method，NATM）提出以来，岩体的自承载力在隧道支护设计中得以重视并被视为支护结构的一部分，在此基础上发展出了收敛约束法，众多学者应用该方法来反映三维开挖和支护之间的相互作用。然而，收敛约束法主要是针对特定条件下隧道支护的研究，且收敛约束曲线难以确定，很难通过解析公式来满足不同的隧道条件，尤其是在破碎岩体中的应用性较弱；在试验研究方面，众多学者进行了大量的模型试验，对不同支护结构的变形控制效果进行分析，对不同的隧道支护结构提出了优化意见，为隧道支护设计优化奠定了基础。然而，目前大多数深部巷道的支护往往凭借浅部巷道的支护经验，采用加密锚杆布置、喷锚网支护或者摩擦锚杆支护等方式，虽然在一定程度上减缓了深部巷道的变形破坏，但同时增加了支护成本且减缓了施工速率。此外，随着设备和材料的发展，一些新型支护结构，如吸能锚杆、纤维增强喷射混凝土等陆续发展，表现出良好的支护性能，但是在 TBM 隧道中应用较少。

TBM 隧道开挖过程中，当围岩的变形量超过 TBM 护盾与围岩的间隙时，围岩与护盾相接触并产生挤压应力，进而对 TBM 掘进产生较大的摩擦阻力。由于隧洞内空间狭小及护盾观察窗视野有限，TBM 护盾的接触力难以监测，且 TBM 隧道掌子面支护结构受力和围岩变形难以实时监测，因此数值模拟成为研究 TBM 护盾与围岩相互作用机制的重要手段。近年来，随着计算机技术的发展，数值模拟已被证实是研究隧道围岩稳定性的有效方法。常用的数值计算模型包括有限元模型（Finite Element Method，FEM）、边界元模型（Boundary Element Method，BEM）和离散元模型（Discrete Element Method，DEM）等，众多学者通过数值模拟研究了围岩、TBM 和支护系统之间的相互作用过程。鉴于离散元模型在解决不连续介质问题方面具有显著优势，在节理岩体中得到广泛应用，5.2 节将借助三维离散元软件，开展 TBM 卡机防控措施优化研究。

5.2　TBM 卡机防控措施优化

5.2.1　TBM 卡机防控数值计算模型

TBM 穿越断层破碎带、大变形围岩时，多选用敞开式 TBM。本节基于三维离散元方法构建敞开式 TBM 穿越断层破碎带卡机防控数值计算模型，明确了多类型支护形式条件下 TBM 和围岩的相互作用关系，揭示了围岩位移特征、围岩塑性区分布特征，提出了 TBM 穿越断层的最优支护体系，建立了考虑 TBM 卡机临界位移和支护极限受力的最优支护时机确定方法。模型尺寸及网格划分如图 5-2 所示，模型沿中心线对称，模型的底部固定，X和Y方向固定，顶部是自由边界，岩体模型采用莫尔-库仑模型，结构面采用库仑-滑移模型，TBM 部件假设为刚性体，TBM 开挖步长为 1m。数值模拟过程中首先对岩体模型施加地应力并达到平衡，然后从模型左侧开挖，依次穿过正常围岩、断层影响带、断层破碎带、断层影响带、正常围岩。岩体、结构面和 TBM 的参数见表 5-1～表 5-4。

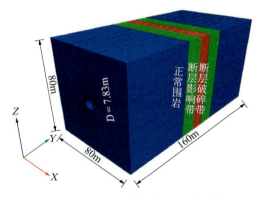

图 5-2　三维数值计算模型及网格划分

岩体物理力学参数　　　　　　　　　　　　　　　　　表 5-1

结构类别	密度（kg/m³）	弹性模量（GPa）	泊松比	黏聚力（MPa）	内摩擦角（°）	抗拉强度（MPa）
正常围岩	2500	15	0.27	1.2	40	0.7
断层破碎带	1900	1.5	0.40	0.15	24	0
断层影响带	2200	8.25	0.335	0.675	32	0.35

结构面力学参数　　　　　　　　　　　　　　　　　表 5-2

黏聚力（MPa）	内摩擦角（°）	抗拉强度（MPa）	法向刚度（GPa/m）	剪切刚度（GPa/m）
0.1	26	0	1.2	0.8

TBM 几何尺寸及掘进参数　　　　　　　　　　　　　　表 5-3

隧道直径（m）	刀盘直径（m）	护盾直径（m）	刀盘厚度（m）	护盾长度（m）	护盾厚度（m）	TBM 自重力（MN）	刀盘推力（MN）
7.83	7.83	7.77	1.5	5	0.07	13	17

TBM 材料参数　　　　　　　　　　　　　　　　　　表 5-4

TBM 密度（kg/m³）	弹性模量（GPa）	泊松比
7.6×10^3	200	0.3

5.2.2　TBM 卡机支护方案及优化分析

敞开式 TBM 配备支护系统，主要为开挖揭露的围岩提供锚杆、钢拱架等初期支护和衬砌。本节将介绍无支护、锚杆支护、衬砌支护、钢拱架支护和联合支护条件下隧道围岩的变形破坏特征，通过分析各支护结构内力、变形、节点黏结破坏程度和围岩应力、变形情况，揭示各支护措施对围岩变形的控制效果，优化围岩支护体系。

1）支护措施介绍

（1）衬砌支护

衬砌支护是一种刚性支护形式，在隧道承载中至关重要。数值模拟中，隧道每开挖一循环后，及时喷射混凝土层作为衬砌支护，并采用三维离散元软件中的LINER单元进行模拟。LINER结构单元线性、离散化和属性数由关键字后面的值定义，其关键命令如下：

Radial x_1, y_1, z_1 SEG n_a, n_r PROP n <CYLINDER r> <BEGIN x_b, y_b, z_b> <END x_e, y_e, z_e> <CONNECT>

其中，x_1, y_1, z_1等表示衬砌轴端点；n_r表示衬砌轴被分成径向部分的数量；n_a表示将衬砌分成轴向部分的数量；PROP n是分配至衬砌的属性号；CYLINDER r是一个可选参数，用于将搜索可能的衬砌/主体介质接触限制在半径为r的圆柱体上；CONNECT 指定新节点连接到相同位置的现有节点，默认情况下，不假设连接。BEGIN 和 END 定义局部线性生成的初始和最终方向。默认情况下，生成时使用整个圆柱面，三维离散元软件隧道衬砌如图 5-3 所示。

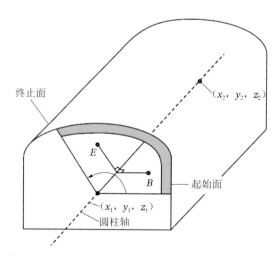

图 5-3　三维离散元软件隧道衬砌示意图［三维离散元软件（V4.10）用户手册］

（2）钢拱架支护

钢拱架支护具有刚度高、强度大的特点，能承受来自围岩的荷载和压力，是隧道中常用的加固构件。本节中，考虑了钢拱架型号和间距对围岩变形控制的影响。三维离散元软件中使用 BEAM 单元模拟钢拱架，每个结构单元由其几何和材料特性定义。假定 BEAM 单元是位于两个节点之间的具有均匀双对称截面特性的直线段。任意弯曲的结构单元可以被建模为由一组梁组成的曲线结构。默认情况下，每根梁被视作各向同性的线弹性材料，无破坏极限。每根梁都有自己的局部坐标系，如图 5-4a）所示。该坐标系用于指定截面惯性矩和施加的分布荷载，并定义单根梁的力和力矩分布的符号约定，如图 5-4b）所示。梁坐标系由图 5-4a）中标记为 1 和 2 的两个节点的位置和矢量y定义。

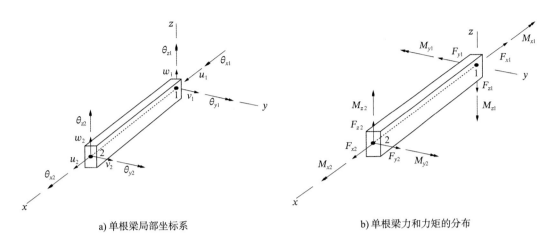

a) 单根梁局部坐标系　　　　　　b) 单根梁力和力矩的分布

图 5-4　钢拱架支护示意图 [修改自 3DEC_（V4.10）用户手册]

梁坐标系定义如下：

质心轴与 x 轴重合；

x 轴是从节点 1 到节点 2；

y 轴与 y 在横切面上的投影（即法线沿 x 轴方向的平面）对齐。

梁单元的 12 个活动自由度如图 5-4a）所示，对于图中所示的每个广义位移（平移和旋转），都有一个相应的广义力（力和力矩）。

三维离散元软件中钢拱架单元的关键命令如下：

RADIAL_GEN x_1, y_1, z_1 x_2, y_2, z_2　SEG naxial nradial PROP n <BEGIN x_b, y_b, z_b END x_e, y_e, z_e> <CONNECT>

该命令在沿隧道轴线的截面生成一系列梁单元环，其中 x_1, y_1, z_1 和 x_2, y_2, z_2 表示隧道轴线的端点；naxial 为梁单元的截面数；nradial 为每个截面的梁单元数；BEGIN 和 END 是定义部分封闭截面的初始和最终径向方向的点；CONNECT 指定新节点连接到相同位置的现有节点。

（3）锚杆支护

锚杆支护广泛应用于隧道和地下工程中，如破碎岩体中的锚杆支护，可形成具有高承载能力的压力拱（图 5-5）。锚杆的长度、间距是锚杆设计中必须考虑的两个主要参数。本节中，锚杆采用 CABLE 单元构建，通过一系列的数值模拟工况，确定适宜的锚杆长度和间距。

锚杆单元通常是钢材料，可以是一根钢筋或一根钢索。因为加强单元是细长的，它提供了很小的抗弯阻力（特别是在一根锚杆的情况下），并被视为一个一维构件受单轴拉伸或压缩。一个一维的本构模型足够描述锚杆单元的轴向行为。三维离散元软件中锚杆单元几何形状、离散化、属性数和预张量由锚杆关键字后面的值定义，其关键命令如下：

STRUCT CABLE x_1, y_1, z_1 x_2, y_2, z_2　SEG n_s PROP n<TENS t >

命令中 x_1, y_1, z_1 到 x_2, y_2, z_2 生成锚杆。当锚杆加固采用完全可变形块体时，必须将块离散成区域后，才能确定加固位置。式中，SEG n_s 是锚杆被分割成的段数；PROP n 是分配给锚杆的属性号；TENS t 为可选的锚杆预张力值。

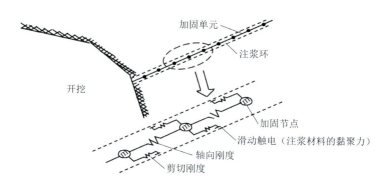

图 5-5 三维离散元软件锚杆支护原理［三维离散元软件（V4.10）用户手册］

（4）衬砌、锚杆和钢拱架联合支护

衬砌、锚杆和钢拱架联合支护体系如图 5-6 所示。该支护的施工顺序为：隧道开挖完成后，首先在隧道的四周安装钢拱架，其次在岩体内部安装锚杆，最后采用喷射混凝土进行衬砌支护。

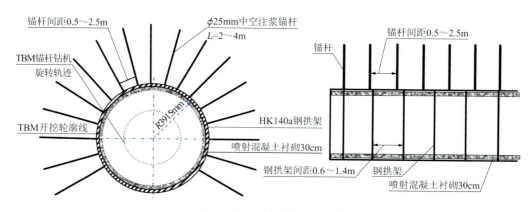

图 5-6 联合支护体系示意图

2）支护效果分析

（1）衬砌支护效果

为厘清衬砌厚度和弹性模量对隧道围岩变形控制的效果，进行了 10 种不同工况的数值计算。其中衬砌采用弹性材料，其力学性质见表 5-5。选取的衬砌厚度和弹性模量见表 5-6。TBM 施工循环步长为 1m，在每循环开挖后及时施作衬砌。

衬砌力学性质　　表 5-5

密度（kg/m³）	弹性模量（GPa）	泊松比	内摩擦角（°）	黏聚力（MPa）	法向刚度（GPa）	剪切刚度（GPa）
2500	60	0.20	60	4	6	6

衬砌厚度和弹性模量　　表 5-6

衬砌厚度（m）	0.05	0.1125	0.175	0.2375	0.3
弹性模量（GPa）	20	30	40	50	60

数值模拟中衬砌的施工流程如下：

①建立数值模型,并为模型中的相应材料属性赋值,然后施加初始应力,设定边界条件。
②隧道开挖。开挖一条直径为 7.83m 的圆形隧道,开挖步长为 1m。
③衬砌安装。每步开挖后直接安装衬砌,采用 STRUCT LINER 命令对衬砌进行建模,构造具有线弹性行为的衬砌单元。
④监测隧道围岩不同位置的位移和衬砌内力。
⑤重复开挖衬砌步骤。

为比较衬砌厚度变化对围岩位移的控制效果,模拟了衬砌厚度分别为 0.05m、0.1125m、0.175m、0.2375m、0.3m 和无衬砌时的工况。图 5-7 为开挖完成后隧道顶部、底部纵向沉降和左帮、右帮横向收敛随衬砌厚度的变化规律。结果表明,开挖完成后,衬砌厚度对限制围岩径向位移具有显著作用,位移最大减少量分别为 33.09mm、25.4934mm、36.96mm 和 37.93mm。

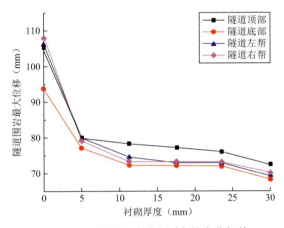

图 5-7 围岩位移随衬砌厚度的变化规律

断层破碎带中衬砌厚度对围岩径向位移的控制不同于其他区域:在正常围岩中,当衬砌厚度增至 0.3m 时,围岩径向位移控制效果较为明显[图 5-8a];在断层影响带和断层破碎带中,仅增大衬砌厚度对于围岩径向位移控制效果不够明显[图 5-8b)、图 5-8c)];隧道开挖完成后,增大衬砌厚度显著减小了隧道变形,最大减少率为 35.11%[图 5-8d)],与图 5-7 中的结果一致。

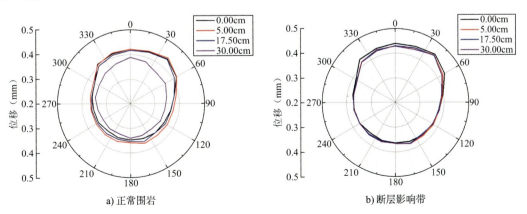

图 5-8

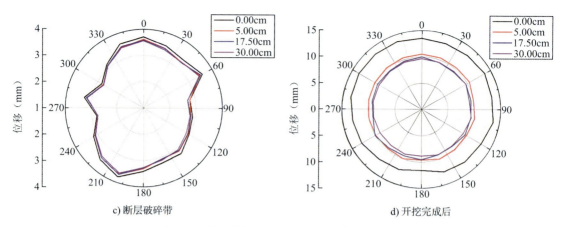

c) 断层破碎带   d) 开挖完成后

图 5-8 不同衬砌厚度围岩径向位移分布情况

为厘清衬砌弹性模量对隧道围岩径向位移的控制效果，模拟了 20GPa、30GPa、40GPa、50GPa 和 60GPa 五种衬砌弹性模量。图 5-9 为开挖完成后隧道顶部、底部纵向沉降和左帮、右帮横向收敛随衬砌弹性模量的变化规律。结果表明，开挖完成后，衬砌弹性模量在 20～40GPa 范围内变化时，围岩径向位移变化较小，弹性模量在 40～60GPa 范围内变化时，围岩径向位移变化明显。

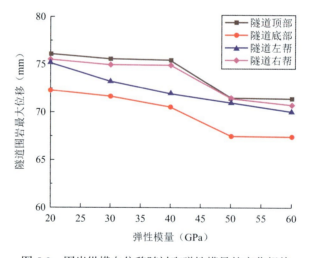

图 5-9 围岩纵横向位移随衬砌弹性模量的变化规律

不同衬砌弹性模量条件下正常围岩、断层影响带围岩、断层破碎带围岩和开挖完成后围岩的径向位移分布如图 5-10 所示。结果表明，在正常围岩中，衬砌弹性模量增大至 40GPa 时，围岩的径向位移明显变小；在断层影响带中，增大衬砌弹性模量并不能控制围岩径向位移，如隧道左帮围岩径向位移在衬砌弹性模量增至 60GPa 时达到最大；在断层破碎带中，增大衬砌弹性模量对隧道顶部、底部围岩径向位移控制效果大于左右两帮；开挖完成后，隧道右帮的围岩径向位移较大，当衬砌弹性模量增至 60GPa 时，隧道右帮围岩径向位移显著减小。

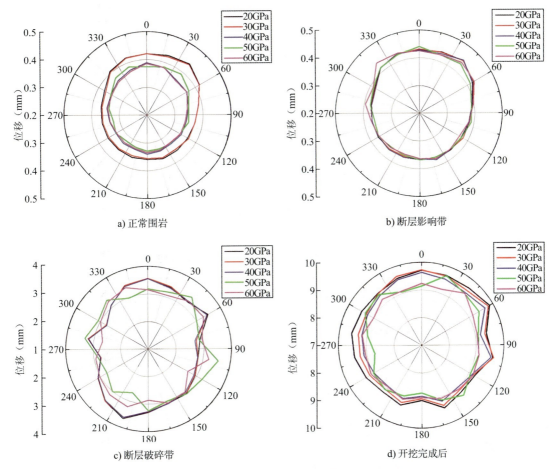

图 5-10 不同弹性模量围岩径向位移分布情况

图 5-11 为衬砌厚度 0.3m 时正常围岩、断层影响带、断层破碎带和开挖完成后衬砌径向位移分布情况。结果表明，在正常围岩中，衬砌拱顶处位移最大；进入断层影响带后，衬砌左右两侧径向位移有较明显的增加；而进入断层破碎带后，衬砌径向位移主要分布在拱底和拱顶。

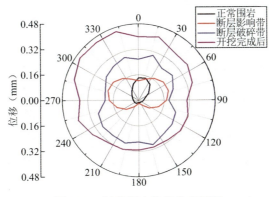

图 5-11 衬砌径向位移分布情况

图 5-12 为不同开挖区域衬砌位移云图。结果表明，开挖 5m 后（正常围岩），衬砌拱顶处位移较大；开挖 38m 后（断层影响带），衬砌左右两侧出现最大位移；开挖 75m 后（断层破碎带），衬砌拱顶、拱底处位移较大；开挖完成后，78m 处衬砌最大位移出现在拱腰左上方。

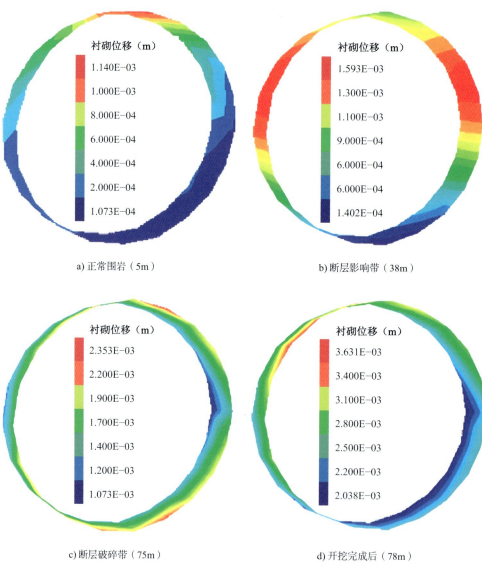

a) 正常围岩（5m）　　　　　　　　b) 断层影响带（38m）

c) 断层破碎带（75m）　　　　　　　d) 开挖完成后（78m）

图 5-12　不同开挖区域衬砌位移云图

图 5-13 为不同开挖区域衬砌最大弯矩云图。结果表明，开挖 5m 后（正常围岩），衬砌最大弯矩出现在左拱腰处；开挖 38m 后（断层影响带），衬砌最大弯矩出现在右拱腰处；开挖 75m 后（断层破碎带），衬砌最大弯矩出现在拱顶、拱腰右上方和拱腰右下方；开挖完成后，78m 处衬砌最大弯矩出现在拱腰右下方。上述数值模拟结果表明，仅采用混凝土衬砌支护对断层破碎带围岩径向位移控制效果不明显。

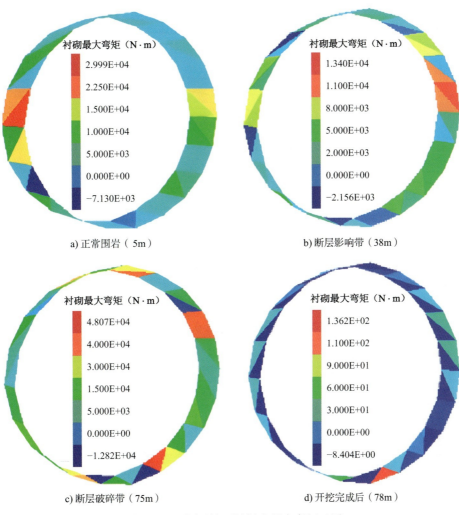

图 5-13 不同开挖区域衬砌最大弯矩云图

（2）钢拱架支护效果

为厘清钢拱架间距对围岩变形的控制效果，模拟了间距为 0.6m、0.8m、1.0m、1.2m 和 1.4m 五种工况。钢拱架力学性质见表 5-7。

钢拱架力学性质　　　　表 5-7

力学性能指标	数值
密度（kg/m³）	7866.24
弹性模量（GPa）	206
泊松比	0.3
截面积（m²）	0.00314
惯性矩（m⁴）	10.33×10^{-6}

图 5-14 为开挖完成后隧道顶部、底部纵向沉降和左帮、右帮横向收敛随钢拱架间距的变化规律。结果表明，开挖完成后，围岩径向位移随钢拱架间距的增大而逐渐增大。

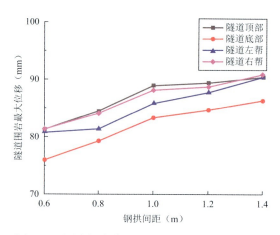

图 5-14　围岩径向位移随钢拱架间距的变化规律

不同钢拱架间距围岩径向位移分布情况如图 5-15 所示。结果表明，正常围岩中，围岩径向位移分布较为平均，主要集中在拱顶；断层影响带和断层破碎带中，钢拱架间距对围岩径向位移的影响较小；开挖完成时，钢拱架间距 1.4m 时围岩位移较大，0.6m 时围岩径向位移较小。根据数值模拟结果，钢拱架间距建议设置为 0.6m。

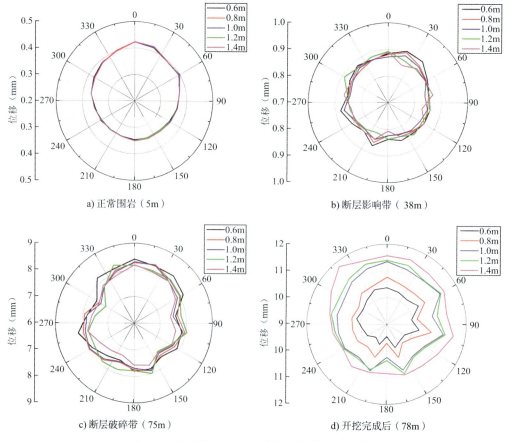

图 5-15　不同钢拱架间距围岩径向位移分布情况

图 5-16 为钢拱架纵向间隔 0.6m 布置时不同开挖区域钢拱架位移云图。在正常围岩和断层影响带中，钢拱架顶部位移最大；在断层破碎带中，最大位移出现在钢拱架的左上角；开挖完成后，最大位移出现在钢拱架的左上角。

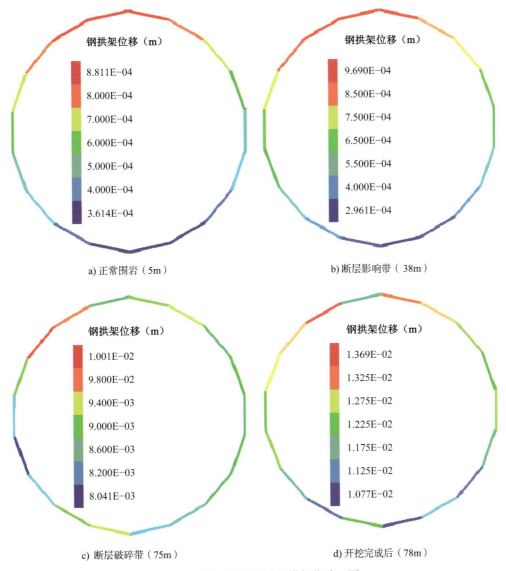

图 5-16　不同开挖区域钢拱架位移云图

图 5-17 为不同开挖区域钢拱架轴力云图。不难看出，钢拱架的最大轴力均出现在右侧，施工中应注意监测此位置的位移情况。

（3）锚杆支护效果

为验证不同锚杆长度和间距的支护效果，分别模拟了以下工况：锚杆长度为 2m、2.5m、3m、3.5m、4m；纵向和轴向锚杆间距分别为 0.5m、1m、1.5m、2m、2.5m。锚杆的力学性质和影响参数见表 5-8、表 5-9。

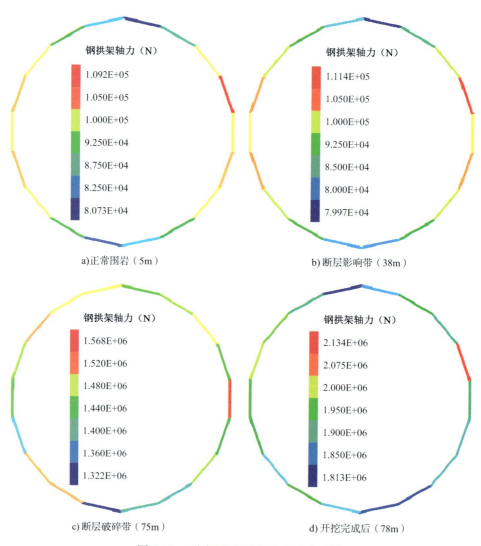

图 5-17　不同开挖区域钢拱架轴力云图

锚杆力学性质　　　　　　　　　　　　　　　　　　　　　　表 5-8

弹性模量 （GPa）	横截面积 （m²）	屈服强度 （kN）	黏结刚度 （MPa）	黏结强度 （kN/m）	长度 （m）	间距 （m）	方向 （°）
200	4.9×10^{-4}	400	200	300	3	1.5	240°

锚杆影响参数　　　　　　　　　　　　　　　　　　　　　　表 5-9

锚杆长度（m）	2	2.5	3	3.5	5
锚杆间距（m）	0.5	1	1.5	2	2.5

图 5-18 为开挖完成后隧道顶部、底部纵向沉降和左帮、右帮横向收敛随锚杆长度（锚杆间距为 1m）的变化规律。结果表明，围岩径向位移基本不随锚杆长度的变化而变化。不同锚杆长度下隧道底部纵向沉降均稳定，且均高于隧道顶部的纵向沉降。当锚杆长度超过 2.5m 时，

隧道顶部纵向沉降略有增加。

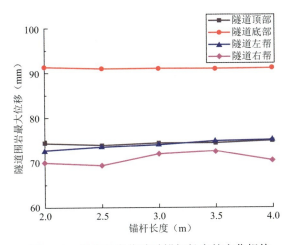

图 5-18 围岩径向位移随锚杆长度的变化规律

为进一步说明围岩的径向位移情况，绘制了不同锚杆长度围岩径向位移分布情况的极坐标图，如图 5-19 所示。第 1、2 个监测位置的位移主要分布在隧道顶部，而另外 2 个监测位置的位移则多分布在隧道底部。顶部和底部的最大位移分别为 74.9274mm 和 91.0916mm。相应地，在顶部和底部的收敛率分别为 29.02%和 2.83%。结果表明，仅增加锚杆长度对围岩径向位移的控制效果并不显著，主要是由于断层破碎带力学性质较差，围岩塑性区范围较大，长锚杆未能将应力有效地传递到塑性区以外的围岩中，且锚杆对局部块体围岩的加固作用在计算中未能体现，故模拟中锚杆对围岩径向位移的控制效果低于实际工程。

为厘清锚杆间距的支护效果，分别模拟了 4m 锚杆长度和 0.5m、1m、1.5m、2m、2.5m 五种锚杆间距。图 5-20 为开挖完成后隧道顶部、底部纵向沉降和左帮、右帮横向收敛随锚杆间距的变化规律。围岩径向位移随锚杆间距的增大而增大，隧道顶部纵向沉降由 62.93mm 提高至 86.21mm，左右两帮横向收敛由 61.4mm 和 59.19mm 提高至 86.86mm 和 82.37mm。

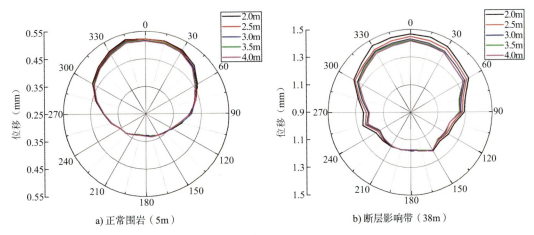

a) 正常围岩（5m）　　　　b) 断层影响带（38m）

图 5-19

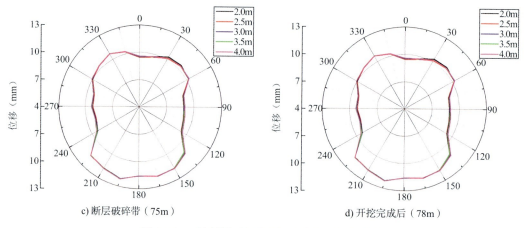

c) 断层破碎带（75m）　　　　　　　d) 开挖完成后（78m）

图 5-19　不同锚杆长度围岩径向位移分布情况

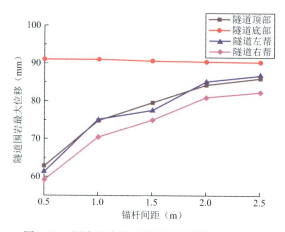

图 5-20　围岩径向位移随锚杆间距的变化规律

由图 5-21 可知，在正常围岩和断层影响带中，围岩位移主要集中在拱顶，在断层破碎带中，围岩径向位移主要集中在拱底。

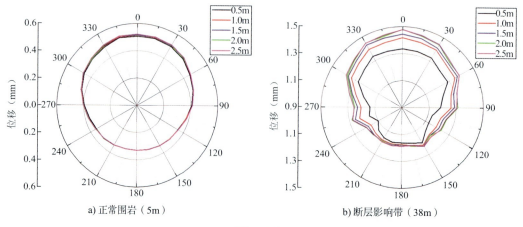

a) 正常围岩（5m）　　　　　　　　b) 断层影响带（38m）

图　5-21

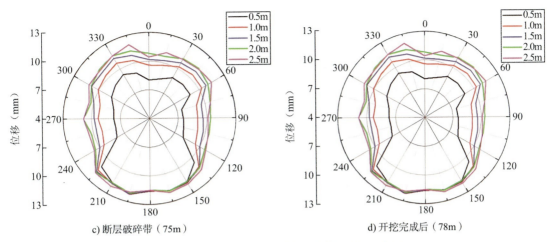

c) 断层破碎带（75m）　　　　　　　d) 开挖完成后（78m）

图 5-21　不同锚杆间距围岩径向位移分布情况

综合上述模拟结果可知，对于本节所选取的锚杆参数，减小锚杆间距对围岩径向位移的控制效果优于增加锚杆长度对围岩径向位移的控制效果。仅采用锚杆支护时，锚杆长度 4m、锚杆间距 0.5m 为控制围岩径向位移的锚杆最优影响参数。

图 5-22、图 5-23、图 5-24 分别为不同开挖区域锚杆轴力、轴向应变和轴向位移云图。由图 5-22 可知，锚杆轴力沿锚固点远端向隧道边界逐渐增大。远端节点黏结状态良好，随着 TBM 不断向前开挖掘进，除隧道边界节点外，远端节点沿锚杆长度方向发生损伤破坏。锚杆的轴力主要集中在隧道顶部、左下方和右下方，而锚杆沿长度方向的最大轴力出现在锚杆中部、靠近隧道边界节点。锚杆中部轴力分布比较均匀，锚杆的损伤分布也比较均匀。由图 5-23 和图 5-24 可知，靠近隧道边界节点的轴向应变和轴向位移均大于围岩内部。隧道边界附近锚杆黏结状态均匀。当锚杆长度为 4m 时，锚固点远端锚杆轴力、轴向应变和轴向位移的分布规律与锚杆长度为 2m 时基本一致。除隧道边界节点外，整个锚杆长度节点均发生破坏。因此，锚杆长度对控制围岩径向位移没有显著影响，而锚杆间距对围岩径向位移的控制效果相对较大。

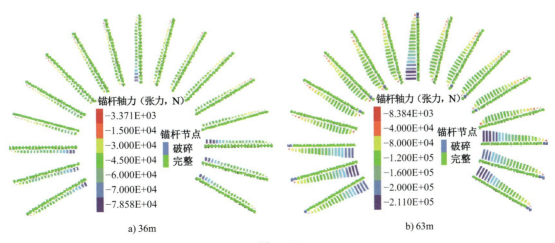

a) 36m　　　　　　　　　　　b) 63m

图　5-22

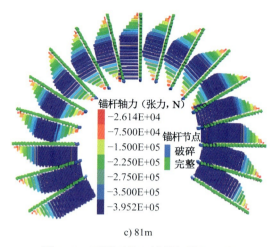

c) 81m

图 5-22 不同开挖区域锚杆轴力云图

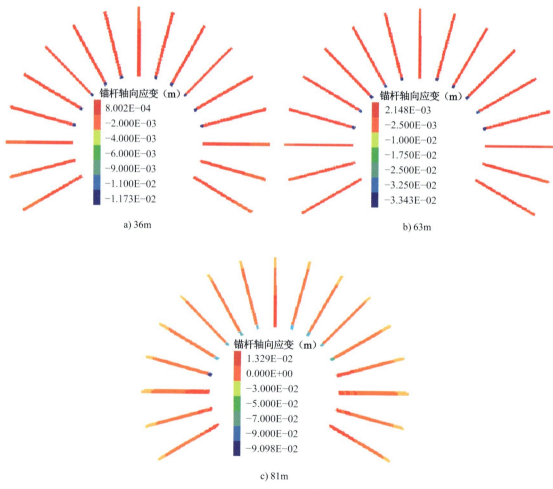

c) 81m

图 5-23 不同开挖区域锚杆轴向应变云图

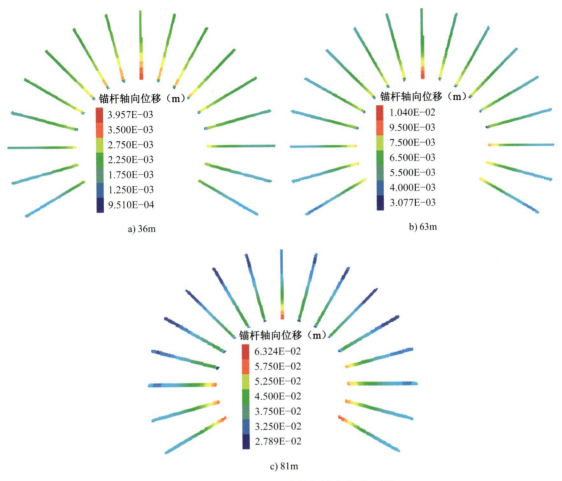

图 5-24 不同开挖区域锚杆轴向位移云图

（4）衬砌+锚杆联合支护效果

当隧道分别采用衬砌和锚杆支护方式时，隧道顶部围岩最大位移分别减小到 71.4301mm 和 62.9278mm；右帮最大位移分别减小到 70.7573mm 和 59.189mm。当隧道采用衬砌和锚杆联合支护时，隧道顶部和右帮围岩最大位移分别减小到 6.19365mm 和 5.59193mm，衬砌和锚杆联合支护的围岩变形控制效果远大于单独使用衬砌或锚杆支护。

图 5-25 为衬砌弹性模量 60GPa、衬砌厚度 0.3m 条件下衬砌位移和最大弯矩云图及锚杆长度 4m、锚杆间距 0.5m 条件下锚杆轴力和轴向应变云图。由图 5-25a）、图 5-25b）可知，衬砌拱顶处位移和弯矩略大于其他部位；衬砌的上半部分黏结完好，下半部分断裂。由图 5-25c）、图 5-25d）可知，锚杆轴力从围岩内部沿锚杆延伸方向逐渐增大，所有锚杆节点沿远离隧道边界面方向断裂，锚杆远端应变略低于锚杆其他位置应变。衬砌和锚杆联合支护时，衬砌位移和最大弯矩明显增大，增幅分别为 49.56% 和 35.89%。

（5）衬砌+锚杆+钢拱架联合支护效果

衬砌、锚杆和钢拱架联合支护模拟中考虑了衬砌、锚杆和钢拱的最佳参数，以便与单支护结构进行比较。其中衬砌的最佳厚度为 30cm，弹性模量为 60GPa，锚杆长度为 4m，锚杆间距为 0.5m，钢拱间距为 0.6m。在上述支护条件下，围岩的最大位移在顶部减小为 5.73647mm，在右帮减小为 5.36846mm，分别小于采用衬砌和锚杆联合支护时的 6.19365mm 和 5.59193mm。

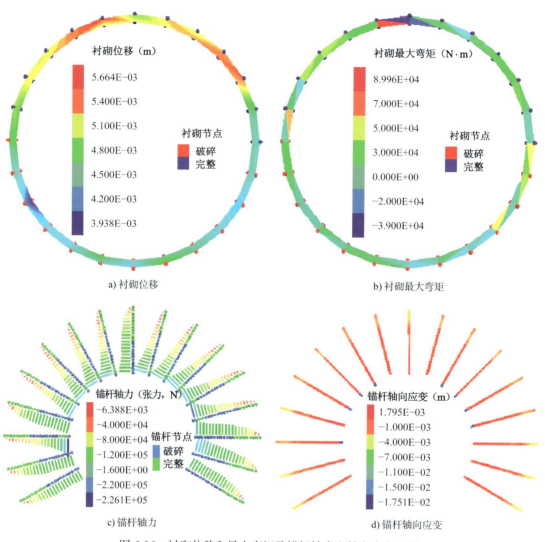

图 5-25 衬砌位移和最大弯矩及锚杆轴力和轴向应变云图

衬砌、锚杆和钢拱架联合支护时，支护单元的位移、弯矩和轴力云图如图 5-26 所示。锚杆和衬砌的内力和位移在上述三种支护体系中均为最低值。衬砌的最大弯矩和位移分别为 187kN·m 和 5.2742mm，分别小于锚杆和衬砌联合支护时的最大弯矩 196.38kN·m 和位移 5.6641mm。最大位移出现在衬砌的左上方和右上方。衬砌的上半部分黏结完好，而下半部分断裂。锚杆最大轴力为 203.25kN，最大轴向应变为 1.6398×10^{-2}。锚杆在围岩内部被破坏。钢拱架轴力由 2134.2kN 减小到 966.48kN，位移由 13.749mm 减小到 6.0329mm。钢拱架的最小轴力出现在隧道底部，最大轴力和位移出现在隧道左上方。

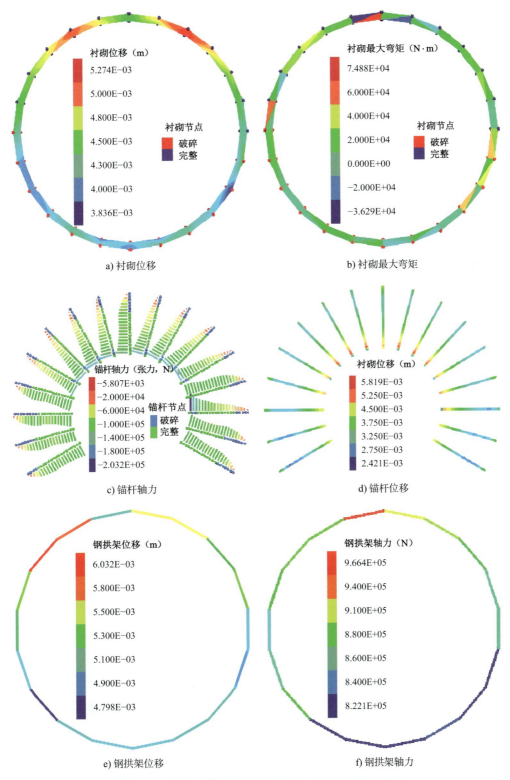

图 5-26 衬砌、锚杆和钢拱架位移、弯矩和轴力云图

3）支护方案优化分析

五种支护体系下围岩径向位移如图 5-27 所示。单一支护措施对围岩径向位移的控制效果不明显，采用衬砌、锚杆和钢拱架联合支护时，围岩径向位移最小。锚杆和衬砌联合支护也表现出了较好的围岩径向位移控制效果。围岩径向位移除锚杆支护外均为对称分布，由于隧道拱底没有设置锚杆，底部围岩径向位移较大。

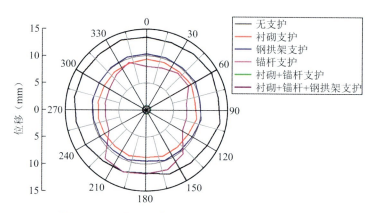

图 5-27　五种支护体系下围岩径向位移分布情况

五种支护体系下隧道顶部围岩径向位移减小率分别为 23.09%、30.4%、40.37%、94.44%、94.87%。开挖完成后，围岩最大主应力云图如图 5-28 所示。由于围岩开挖应力释放，隧道边界处应力小于距离隧道边界较远处应力，远离隧道洞口处应力集中程度有所降低。当围岩径向位移较大时，应力减小。衬砌、锚杆和钢拱架联合支护时，应力最大，在围岩径向位移较小的隧道边界处应力更集中。

支护结构对围岩径向位移的控制效果可通过围岩径向位移、支护结构轴力和轴向应变反映。衬砌支护时，围岩径向位移和衬砌弯矩均小于衬砌 + 锚杆组合支护和衬砌 + 锚杆 + 钢拱架组合支护。衬砌、锚杆和钢拱架联合支护时，钢拱架变形和轴力均有较大下降。

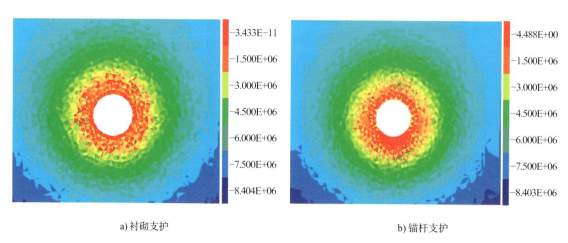

a) 衬砌支护　　　　　　　　　　　　b) 锚杆支护

图　5-28

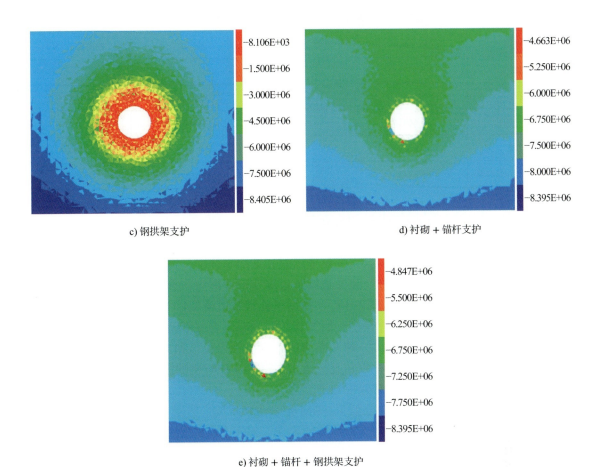

图 5-28 五种支护体系下围岩最大主应力云图（单位：Pa）

五种支护体系下不同开挖区域围岩最大径向位移、支护结构最大内力、应变和位移见表 5-10 和表 5-11。结果表明，锚杆与衬砌组合支护对控制围岩位移具有显著作用，但由于衬砌和锚杆限制了围岩径向位移，承担了围岩荷载，相应的支护结构内力会显著增加。

在五种支护体系下不同开挖区域围岩最大径向位移（单位：mm）　　表 5-10

支护类型	开挖区域			
	正常围岩	断层影响带	断层破碎带	开挖完成后
无	3.3880	6.4336	31.76	118.47
衬砌	3.3144	7.2270	72.978	81.082
锚杆	3.96008	10.4599	62.9278	62.9278
衬砌 + 锚杆	2.28555	3.56589	6.5425	6.5425
钢拱架	3.7309	7.6822	69.964	90.777
衬砌 + 锚杆 + 钢拱架	2.18149	3.3624	6.1303	6.1303

五种支护体系下支护结构最大内力、应变和位移　　　　表 5-11

支护类型	位移（mm）	弯矩（kN·m）	轴向应变	轴向力（kN）
衬砌	3.6312	99.052	—	—
锚杆	64.180	—	2.0297×10^{-2}	-398.86
衬砌 + 锚杆	5.6641	196.38	-1.7597×10^{-2}	-228.47
钢拱架	13.749	—	—	2134.2
衬砌 + 锚杆 + 钢拱架	5.2742	187	-1.6398×10^{-2}	966.48

5.2.3 TBM 穿越断层最优支护时机

当开敞式 TBM 穿越断层、围岩大变形地层时，支护安装过早将导致支护中的负载过大，造成支护破坏。相反，支护安装过晚将导致隧道过度变形或坍塌，诱发 TBM 护盾卡机。TBM 最佳支护时机的研究主要集中在理论分析、模型试验和数值模拟。本节将借助三维离散元软件，建立 TBM 穿越断层数值计算模型，研究支护时间对围岩变形特征、TBM 护盾摩擦阻力和支护结构受力的影响规律，提出一种考虑 TBM 卡机临界位移和支护极限受力的最优支护时机确定方法，明确断层区支护参数和支护体系对最优支护时机的影响规律，为 TBM 穿越断层的支护设计和安全施工提供有效指导。

支护越及时，围岩变形越小，降低了 TBM 护盾卡机风险。然而，更快的支护速度会对支护造成更大的应力，从而增加了对支护结构的要求。对于 TBM 开挖隧道，有必要保证 TBM 施工中不发生卡机，且支护结构受力不超过其极限应力。因此，提出了提出一种考虑 TBM 卡机临界位移和支护极限受力的最优支护时机确定方法（图 5-29）：

$$\begin{cases} T = T_1 \cap T_2 \\ T_1 = [D_1, D_3] \\ T_2 = [D_2, D_3] \end{cases} \tag{5-1}$$

式中：T——最优支护时机的取值范围；

T_1——由支护材料 1 极限受力时围岩位移和 TBM 卡机临界位移确定的取值范围；

T_2——由支护材料 2 极限受力时围岩位移和 TBM 卡机临界位移确定的取值范围；

D_1——支护材料 1 极限受力时对应的围岩位移；

D_2——支护材料 2 极限受力时对应的围岩位移；

D_3——TBM 卡机时围岩的临界位移。

提出的最优支护时机确定方法主要流程如下：首先，研究围岩不同位移释放率条件下的变形特征，确定不同位移释放率条件下 TBM 护盾摩擦阻力；其次，依据围岩纵向变形曲线（LDP 曲线）和 TBM 护盾卡机判据，确定 TBM 护盾卡机时围岩的临界位移，并将 TBM 卡机临界位移作为最优支护时机的上限；然后，分析不同位移释放率条件下的支护受力特征，确定支护极限受力时的围岩位移；最后，根据 TBM 卡机临界位移和支护极限受力时围岩位移确定最优支护时机的取值范围。

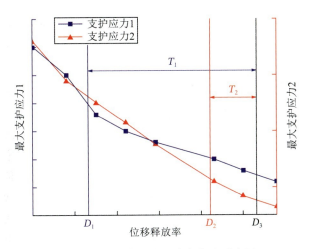

图 5-29 最优支护时机确定方法示意图

（1）围岩变形特征

隧道开挖是围岩应力释放与位移累积的过程，为研究围岩在开挖后不同阶段的变形特征，引入了位移释放率概念。位移释放率指隧道围岩测点在开挖过程中某阶段的位移数值与该点在开挖达到稳定状态后位移的比值，主要研究某一个测点的围岩位移演变过程。隧道开挖后围岩测点的位移释放率定义为R，计算公式为：

$$R = \frac{d_c}{d_f} \times 100\% \tag{5-2}$$

式中：d_f——隧道开挖后测点达到稳定状态的最终位移；

d_c——隧道开挖后测点某阶段的位移。

（2）TBM 护盾卡机围岩临界位移

TBM 隧道开挖过程中，当围岩的变形量超过 TBM 护盾与围岩的间隙时，围岩与护盾相接触并产生挤压应力，进而对 TBM 前进产生较大的摩擦阻力。由于隧洞内空间狭小及护盾观察窗视野有限，TBM 护盾的接触力难以监测，因此数值模拟成为研究 TBM 护盾与围岩相互作用机制的重要手段。当使用三维离散元软件模拟 TBM 护盾与围岩之间的相互作用，TBM 护盾所受的围岩摩擦阻力F_f计算公式为：

$$F_f = \mu \sum_{i=1}^{N} F_i \tag{5-3}$$

式中：F_i——TBM 护盾与围岩之间接触的法向力（图 5-30）；

N——TBM 护盾和围岩之间产生的子接触单元数量；

μ——TBM 护盾表面摩擦系数，本书取 0.3。

TBM 护盾卡机的理论判据为当 TBM 护盾所受摩擦阻力大于液压缸的最大推力时，TBM 则发生卡机。定义 TBM 护盾卡机时围岩的变形为临界变形。如图 5-31 所示，根据 TBM 卡机判据，可以获取 TBM 护盾卡机时的围岩位移释放率，结合围岩 LDP 曲线，可以确定 TBM 护盾卡机时围岩的临界变形。

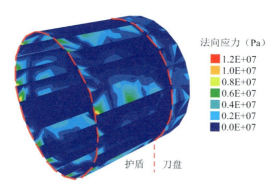

图 5-30 TBM 护盾与围岩之间接触的法向力

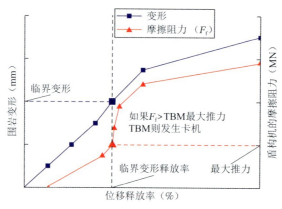

图 5-31 TBM 护盾卡机时围岩临界位移

（3）支护极限受力时围岩位移

支护受力随围岩位移的变化趋势如图 5-32 所示。可以看出，支护越及时，其所受应力越大，支护受力随围岩位移的增大不断减小。当支护的受力达到其极限应力时，可以确定此时的围岩位移。如果在该位移前施加支护，支护将会破坏。反之，如果在该位移后施加支护，支护将处于安全状态。

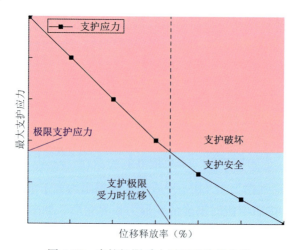

图 5-32 支护极限受力时围岩临界位移

根据获得的 TBM 卡机时围岩临界位移和支护极限受力时围岩位移，按照提出的最优支护时机确定方法，可以确定 TBM 隧道围岩最优支护时机的取值范围。在最优支护时机内施作支护不仅可以减少围岩变形和 TBM 护盾卡机风险，还可以保障支护结构的安全。

5.3 TBM 卡机防控与脱困技术

TBM 穿越断层破碎带时，塌方、围岩大变形、突水突泥等地质灾害频发，极易诱发卡机事件。本节将根据 5.2 节的计算结果，着重阐述 TBM 穿越断层破碎带卡机防控与脱困技术，并结合 TBM 卡机地质判识和风险评估，提出 TBM 穿越断层破碎带的前摄性减灾方案、掘进防灾建议和卡机治灾措施，为 TBM 隧道穿越不良地质安全施工提供借鉴。

5.3.1 塌方型卡机防控与脱困技术

无论是敞开式 TBM 还是护盾式 TBM，穿越断层破碎带时，掌子面前方围岩基本无法自稳，刀盘前方及上方坍塌，大块岩石掉落导致刀盘无法破碎出渣，转动受阻，扭矩持续增大直至刀盘被卡无法转动。本节针对塌方引起的 TBM 卡机，提出了以"固结灌浆＋开挖导洞＋塌腔处治＋超前支护"为主的卡机防控与脱困技术。

（1）固结灌浆。在 TBM 护盾与刀盘上方施作超前导管，对前方部分软弱围岩固结灌浆，注浆材料通常选用化学注浆材料或水泥砂浆材料，具体应视实际工程地质条件和成本而定。

（2）开挖导洞。在护盾上方开挖导洞至刀盘前方，根据现场条件封闭掌子面，随后回填灌浆，对导洞两侧扩挖，作为后续施作超前支护的工作间。

（3）塌腔处治。对于塌方后形成的塌腔，采用"人工清渣→初喷混凝土→预留注浆管及排气管→回填混凝土及轻型材料"的处治措施，施工人员不得进入或靠近裸露塌腔。

（4）超前支护。观察掌子面围岩情况，进行超前地质预报探测，同时打设超前探孔对掌子面前方围岩情况进行验证，根据最新地质预报成果及探孔揭示情况对超前支护方案进行调整和优化，确保掌子面前方围岩稳定。

在塌方处施工应根据地质情况及时调整贯入度和刀盘转速等掘进参数，防止出渣过快导致皮带输送机被压住。掘进过程中要坚持"低推力、低转速、低贯入度"的原则，尽量减少对围岩的扰动，尽可能连续掘进，减少非正常停机时间，掘进过程中宁进勿退。

根据 TBM 前方断层破碎带的规模及地质风险，若判断 TBM 穿越有重大安全风险或可能发生重大潜在安全事故的断层破碎带时，可选择开挖绕至 TBM 前方，采用钻爆法开挖断层破碎带并及时支护，然后 TBM 滑行通过。

5.3.2 围岩大变形型卡机防控与脱困技术

在高地应力条件下，TBM 是否卡机取决于围岩收敛速度、TBM 掘进速度和围岩稳定性。当围岩径向位移大于护盾与隧道开挖轮廓线之间的环向间隙时，围岩将与护盾接触，随着位移的持续增加，围岩将挤压护盾。本节针对围岩大变形引起的 TBM 护盾和刀盘被卡，提出了以"固结灌浆+软弱围岩换填+开挖导洞+超前导管+超前注浆"为主的卡机防控脱困技术（重复措施不再赘述）。

（1）软弱围岩换填。TBM 穿越拱底、边墙软弱洞段时，围岩遇水易软化膨胀，采取凿除软弱围岩，换填混凝土的针对性处治措施，并注水泥浆或双液浆加固底板，提高地层承载力，防止 TBM 刀盘、盾体下沉。

（2）增大扩挖间隙。根据围岩收敛速率适当增大扩挖量，以便护盾式 TBM 有充足的时间通过而不至于护盾抱死。

（3）减少刀盘喷水量。穿越膨胀围岩段时，应避免蒙脱石、伊利石及伊-蒙混层岩石遇水膨胀，施工中应减少刀盘喷水量，并及时喷射混凝土封闭围岩。

（4）使用润滑剂。护盾式 TBM 穿越围岩大变形段时，可在护盾外部涂抹膨润土以减小护盾与围岩之间的摩擦阻力，防止护盾被卡。

5.3.3　突水突泥型卡机防控与脱困技术

在地层软弱、地下水含量丰富且多有承压性的地层中施工时，由于掌子面前方围岩破碎，基本无自稳能力，围岩中可能存在的大量泥水、渣石涌入刀盘，使刀盘转动受阻，扭矩持续增大直至刀盘被卡无法转动。针对突水突泥引起的 TBM 刀盘被卡，提出了以"固结灌浆+加强排水+开挖导洞+塌腔处治+超前支护"为主的卡机防控脱困技术（重复措施不再赘述）。

（1）加强排水。积极开展超前地质预报工作，并根据涌水量的大小分别采取相应措施：①水量较小时，可利用 TBM 自身携带的排水设备排水；②水量较大时，应结合超前注浆封堵，防止大量涌水造成掌子面或者洞壁坍塌。

（2）超前探放水。超前探测得知刀盘前方含水量丰富时，可利用超前探孔放水，待出水量明显降低后，TBM 再恢复掘进。

（3）加强监测。对于岩溶和断层破碎带发育地段，掘进过程中应加强对涌水量的监测，防止重大突水灾害发生。

5.3.4　规避卡机的其他措施

（1）加强不良地质段超前地质预报工作。较常规钻爆法相比，TBM 需要更为准确的地质信息。因此，应加强超前地质预报，完善前期地质工作，必要时需尽可能配备相关地质勘探设备，如 TBM 上集成超前地质预报系统和超前地质钻机、钻孔探测系统。

（2）减少非正常停机时间。TBM 穿越不良地质前，应提前做好 TBM 的日常维修和养护工作，制定各项应急施工准备和相应组织措施，减少 TBM 穿越复杂地质的非掘进停机时间。

（3）提高管片安装效率。安装管片时应采取必要措施保证管片安装符合设计要求，避免因管片错台、接缝超标、管片棱角破损而拆除、替换管片带来的重复作业。另外，管片接缝应采用防水性能好的止水条，避免洞内渗水。

（4）控制 TBM 掘进姿态，调整掘进参数。TBM 施工过程中应严格控制掘进速度、刀盘转速、刀盘推力、刀盘扭矩、机身姿态等掘进参数，详细记录 TBM 穿越的地质条件，及时反馈地质条件变化情况。

表 5-12 结合 TBM 卡机地质判识和风险评估，提出了 TBM 穿越断层破碎带的前摄性减灾方案、掘进防灾建议和相应的治灾措施。

TBM 掘进前摄性减灾方案、掘进防灾建议和治灾措施　　　表 5-12

卡机类型	围岩特征	前摄性减灾方案	掘进防灾建议	治灾措施
塌方型	岩体软弱、松散碎裂	超前勘探 + 超前小导管注浆 + 超前管棚 + 卡机地质判识 + 风险评估	扩挖 + 低转速 + 大扭矩 + 短进尺 + 宁进勿退 + 停机开挖绕道	固结灌浆 + 开挖导洞 + 塌腔处治 + 超前支护（由超期预报结果确定）
围岩大变形型	高地应力、软弱围岩、遇水膨胀	超前勘探 + 超前锚杆 + 卡机地质判识 + 风险评估	扩挖 + 润滑剂 + 减少刀盘喷水量 + 封闭仰拱	固结灌浆 + 软弱围岩换填 + 开挖导洞 + 超前导管 + 超前注浆
突水突泥型	地层软弱，地下水含量丰富且多有承压性	超前勘探 + 超前探、放水孔 + 超前注浆 + 卡机地质判识 + 风险评估	低转速 + 低推力 + 大扭矩 + 加强排水	固结灌浆 + 加强排水 + 开挖导洞 + 塌腔处治 + 超前支护（由超前地质预报结果确定）

5.4　工　程　应　用

5.4.1　工程概况

我国西部某引水工程隧洞在里程 49+600～49+900 处与 F17 断层相交，隧洞埋深约 420m，岩性为变质黑云母斜长花岗岩，呈碎裂~碎块状结构。断层产状 15°～20°SE∠40°～70°，与洞轴线夹角为 57°～62°，隧洞地质剖面图如图 5-33 所示。受断层构造运动作用下，断层带岩石蚀变强烈，原岩中的部分长石矿物蚀变生成大量亲水性高岭土、蒙脱石等软岩矿物，岩石破碎且强度低，遇水膨胀大变形，多形成松散碎石塌落至护盾顶部。该段围岩岩体完整性差，不能自稳，围岩类别为Ⅴ类。

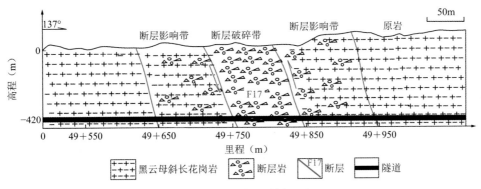

图 5-33　隧道地质剖面图

TBM 施工至里程 49+798 时，受断层影响，隧道拱顶沉降变形，区域围岩整体的承载力偏低，施工至里程 49+848 处，TBM 护盾右侧围岩整体收敛，沉降高差为 60cm，围岩大变形导致支护结构破坏（图 5-34），TBM 护盾卡死。

a) 拱顶下沉　　　　　　　　　　　　　　b) 支护破坏

图 5-34　里程 49+848 处围岩大变形

5.4.2　数值计算模型

根据现场隧道施工概况，采用三维离散元软件构建了 TBM 穿越断层破碎带数值计算模型，如图 5-35 所示。隧洞开挖直径 7.83m，模型高 80m、宽 80m、长 160m，隧道埋深 420m。根据隧道施工揭露情况，断层破碎带宽度约 14m，影响区范围约 20m。开挖采用敞开式 TBM（图 5-35），TBM 几何尺寸及各部件力学参数见表 5-13。施工中常规支护方案为：①采用 HW150 钢拱架，纵向间距为 1.0m；②使用 ϕ25mm，长度 3.0m 锚杆，间排距 1.0m；③使用 C30 喷射混凝土，厚度为 20cm。TBM 参数、围岩和结构面参数如表 5-13、表 5-14 所示。当 TBM 开挖至断层核心处，由于围岩破碎，支护措施进行了相应的修改。即衬砌参数修改为：厚度为 0.3m，弹性模量为 40GPa；锚杆参数修改为：长度为 6m，间距为 0.5m；钢拱架参数修改为：截面积为 63.53cm^2，惯性矩为 4720cm^4，间距为 0.6m。

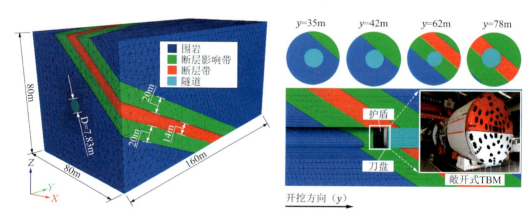

图 5-35　数值计算模型

隧道围岩本构模型采用 Mohr-Coulomb 模型，喷射混凝土采用 liner 单元模拟，锚杆采用 cable 单元模拟，TBM 系统的锚杆钻机工作范围为拱顶上方 270°，钢拱架采用 beam 单元模拟。模型左右及下部边界为位移约束边界，上表面为应力边界。考虑到模型精度和计算效率，采用内密外疏的网格划分方法。

TBM 各组成部位参数　　　　　　　　　　　　　　表 5-13

TBM 部件	参数	取值
刀盘	直径（m）	7.83
	长度（m）	1.5
	杨氏模量（GPa）	200
	压力（MPa）	0.35
护盾	直径（m）	7.77
	长度（m）	5.0
	杨氏模量（GPa）	200
	最大护盾推力（MN）	22

围岩及节理参数　　　　　　　　　　　　　　表 5-14

类型	密度（kg/m³）	弹性模量（GPa）	泊松比	黏聚力（MPa）	摩擦角（°）	抗拉强度（MPa）
基岩	2500	15	0.27	1.2	40	0.7
断层影响带	2200	8.25	0.335	0.675	32	0.35
断层带	1900	1.5	0.40	0.15	24	0
结构面	—	—	—	0.1	26	0

依据现场施工条件，开展了敞开式 TBM 穿越断层施工数值模拟。根据护盾后方位移监测，当围岩最大位移量达到 44mm 左右，支护体系施作完成。TBM 开挖至断层带隧道围岩的变形特征如图 5-36 所示。可以看出，隧道开挖至断层影响带和断层带时，围岩位移明显增大，当 TBM 护盾进入断层核心时，围岩位移达到最大值，此时为 TBM 护盾卡机的最不利条件。受断层位置及方位影响，隧道开挖方向的右上方围岩出现最大变形。数值模拟中，模型循环到平衡状态时，围岩最大位移为 61.7mm，与现场实测围岩最大位移（60mm）接近，证明了数值计算的合理性与有效性。

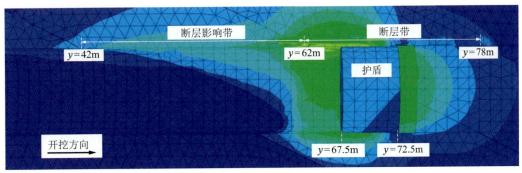

a)

图 5-36

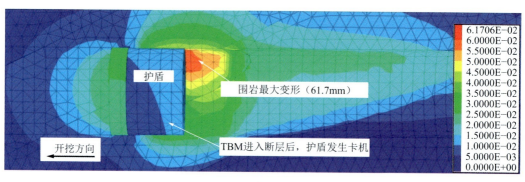

b)

图 5-36 隧道围岩变形特征

根据式(5-3)，此时 TBM 护盾摩擦阻力为 39.0MN。TBM 护盾摩擦阻力大于系统提供的最大护盾推进力（22MN），TBM 护盾发生卡机。针对断层带围岩大变形导致的支护破坏和 TBM 护盾卡机，现场将大变形拱架进行了替换，并采取开挖导洞的脱困措施，耗费了较大经济和时间成本。由于隧道围岩支护时机对于支护结构安全和 TBM 护盾卡机有重要影响，因此，研究围岩最优支护时机，对于 TBM 穿越断层的支护设计和安全施工具有重要的应用价值。

5.4.3 TBM 穿越断层最优支护时机

根据现场施工情况，当 TBM 进入断层带时，TBM 护盾发生卡机现象。因此，为研究 TBM 施工穿越断层时围岩的最佳支护时机，当数值试验中 TBM 开挖至断层核心处，设置 TBM 护盾后方 5m（断层带范围）为无支护条件，其他已开挖区域按照表 5-15 参数进行支护。通过数值计算分析围岩变形特征并获取 TBM 护盾摩擦阻力，探讨模型循环步数与围岩最大位移、TBM 护盾摩擦阻力间的关系，根据围岩 LDP 曲线和 TBM 卡机判据，获取护盾卡机时的围岩位移和模型循环步数，并以此位移作为围岩允许的上限位移。

支护参数　　　　表 5-15

支护类型	参数	取值
喷射混凝土	弹性模量（E_s）	40GPa
	泊松比	0.20
	摩擦角	60°
	黏聚力	4MPa
	厚度（T_s）	0.3m
锚杆	弹性模量	200GPa
	横截面积	$4.9 \times 10^{-4} m^2$
	屈服强度	200kN
	长度（L_b）	6m
	间距（S_b）	0.5m

续上表

支护类型	参数	取值
钢拱架	弹性模量	206GPa
	泊松比	0.3
	抗拉强度	230MPa
	横截面积（C_{sa}）	63.53cm²
	惯性矩（M_{sa}）	4720cm⁴
	间距（S_{sa}）	0.6m

以最大允许位移为基准，在围岩不同位移释放率条件下对 TBM 护盾后方 5m（断层带范围）安装支护，开展相应数值计算，分析不同位移释放率条件下断层带范围内的锚杆、衬砌、钢拱架结构受力。通过综合分析围岩变形特征、TBM 护盾卡机和支护结构受力，确定 TBM 施工穿越围岩大变形地层时围岩的最佳支护时机。

（1）围岩变形特征

分析了 TBM 护盾掘进至断层带核心位置围岩的变形演化情况，此时 TBM 不考虑扩挖，为 TBM 护盾卡机的最不利条件。模型循环至平衡阶段围岩的最大位移 d_f 为 74.8mm。TBM 护盾掘进至断层带核心位置，不同循环步数条件下围岩的最大位移和位移释放率如表 5-16 所示。可以看出，围岩的最大位移和位移释放率随着循环步数的增大而增大。监测断面的最大位移演化曲线如图 5-37 所示，随着模型循环步数不断增大，围岩最大位移增长速率前期稳定，后期逐渐减小。

不同循环步数条件下围岩的位移释放率　　　　表 5-16

模型循环步数	d_c（mm）	d_f（mm）	R（%）
50	6.2	74.8	8.3
100	11.5		15.4
200	21.4		28.6
300	31.9		42.6
340	36.4		48.7
370	39.9		53.3
380	41.1		54.9
400	43.5		58.2
500	56.7		75.8
700	65.3		87.3
1000	65.6		87.7

（2）TBM 护盾摩擦阻力

隧道开挖后，随着围岩位移释放率的增大，围岩与 TBM 护盾不断挤压。根据公式(5-3)，不同围岩位移释放率条件下的 TBM 护盾摩擦阻力如图 5-37 所示。当围岩位移释放率较小时，由于围岩和 TBM 护盾之间存在间隙（30mm），此时围岩与 TBM 护盾间未接触，护盾摩擦阻力为 0。随着围岩位移释放率不断增大，围岩与 TBM 护盾逐渐接触，护盾摩擦阻力急剧增加。值得注意的是，当围岩位移释放率大于 55.3% 时（step 370），TBM 护盾摩擦阻力大于系统提供的最大护盾推进力（22MN），即发生 TBM 护盾卡机，此时，围岩最大位移为 39.9mm，为 TBM 护盾卡机卡机围岩的临界位移。因此，为防止 TBM 护盾在断层带中发生挤压卡机现象，应在围岩位移释放率 53.3%（39.9mm）之内完成支护，TBM 进入下一掘进循环工作。

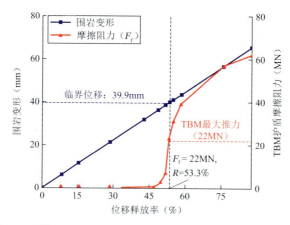

图 5-37 模型不同循环步数下围岩位移及护盾摩擦阻力演化

（3）支护结构受力分析

开展围岩不同位移释放率条件下的数值计算，分析锚杆、衬砌、钢拱架最大受力。衬砌的薄膜应力和破坏状态如图 5-38a）、图 5-38d）及表 5-17 所示，随着围岩位移释放率的增大，衬砌最大薄膜应力基本不变，但由图 5-38a）及图 5-38d）可以看出，由于断层带围岩的位移较大，衬砌已成破坏状态，鉴于软件的计算规则，衬砌并未开裂。锚杆的轴力分布和大小如图 5-38b）、图 5-38e）及表 5-17 所示，锚杆最大轴力出现在隧道右上方靠近断层处，随着围岩位移释放率的增大（0~27%），围岩应力不断释放，支护结构所受荷载减小，导致锚杆的轴力逐渐减小。然而，随着围岩位移释放率继续增大（27%~56%），锚杆的轴力又开始增大。结合钢拱架轴力进行分析（表 5-17），随着围岩位移释放率的增大，钢拱架的轴力逐渐减小，此时围岩的变形荷载一部分由锚杆承担，导致锚杆的轴力在减小后又有开始增大。钢拱架的轴力分布和大小如图 5-38c）、图 5-38e）及表 5-17 所示，钢拱架最大轴力出现在隧道右上方靠近断层处，且随着围岩位移释放率的增大和围岩应力释放，钢拱架轴力逐渐减小。

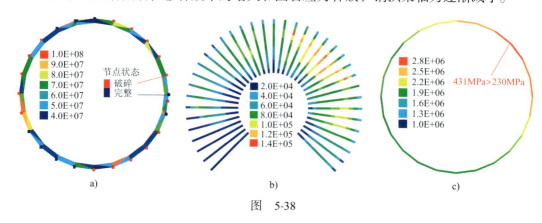

图 5-38

图 5-38 支护结构受力图

支护结构受力　　　　　　　　　　　　　　　　　表 5-17

循环步数	位移释放率	支护结构最大受力		
		衬砌最大薄膜应力（MPa）	锚杆最大轴力（kN）	钢拱架最大应力（MPa）
0	0	152	292	720
50	8.3%	126	259	582
100	15.4%	101	177	502
150	21.9%	106	148	431
200	28.6%	105	130	354
250	36.2%	108	131	304
300	42.6%	109	139	222
350	50.2%	111	157	170
400	58.2%	101	179	153

依据现场支护材料参数，锚杆最大轴力为 200kN，钢拱架最大应力为 230MPa

（4）最佳支护时机确定

基于表 5-17 支护结构在围岩不同位移释放率条件下的受力数据，图 5-39 显示了 TBM 护盾掘进至断层带核心后支护结构受力随围岩位移释放率的变化曲线。该图可用于定量分析支护结构的最佳施作时间。根据上述结果分析，隧道围岩位移释放率上限为 53.3%（D_3）时可以确保 TBM 护盾不会发生卡机。且由于衬砌支护在断层带围岩大变形区域均发生破坏，因此最佳支护时机不考虑衬砌支护结构受力。依据现场支护材料参数，锚杆最大轴力为 200kN，此锚杆轴力条件下围岩位移释放率为 13%（D_1），钢拱架最大应力为 230MPa，此钢拱架应力条件下围岩位移释放率为 42.2%（D_2）。因此，T_1 和 T_2 可以如图 5-39 所示确定，最佳支护时机取交集，即根据 T_2 确定。本次数值模拟中，T_2 为 42.2%~53.3%，相应的围岩位移范围为 31.6~39.9mm。

在实际工程中，应针对具体的地质条件和监测数据修正数值模型，并运用上述流程确定围岩最优支护时机；然后根据现场围岩表面位移的实际观测结果，当围岩变形量处于最佳支护时间内完成支护，TBM 进入下一掘进循环工作。值得注意的是，当隧道围岩对于初期支护的容许位移有明确规定时，应结合最佳支护时机的围岩位移范围确定 TBM 是否扩挖。

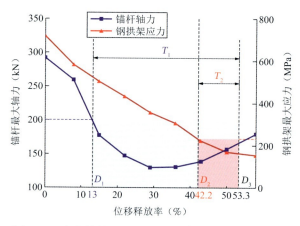

图 5-39 支护结构受力随围岩位移释放率的变化曲线

5.5 本章小结

本章针对 TBM 穿越断层破碎带的卡机事件，构建了卡机防控数值计算模型，明确了多种支护形式条件下围岩位移特征、围岩塑性区分布特征，揭示了围岩-护盾相互作用机制，提出了考虑 TBM 卡机临界位移和支护极限受力的最优支护时机确定方法。并结合 TBM 卡机地质判识和风险评估，提出了 TBM 穿越断层破碎带的前摄性减灾方案、掘进防灾建议和卡机治灾措施。主要结论如下：

（1）增大衬砌厚度对围岩位移的控制效果优于增大衬砌刚度，减小锚杆间距对围岩位移的控制效果优于增加锚杆长度，施作小间距锚杆、大厚度衬砌可有效降低围岩位移。

（2）TBM 穿越断层破碎带时，仅采用锚杆支护无法有效控制围岩变形，采取衬砌+锚杆或衬砌+锚杆+钢拱架的联合支护，可获得围岩变形的最佳控制效果。

（3）支护时间对 TBM 护盾摩擦阻力和支护结构受力影响显著。支护及时，围岩变形破坏和 TBM 护盾卡机风险越小，然而，支护结构将承受更大应力。支护延后，隧道围岩过度变形，诱发 TBM 护盾卡机。根据 TBM 卡机临界时围岩临界位移和支护极限受力时围岩位移，确定了最优支护时机的取值范围，在最优支护时机内施作支护不仅可以减少围岩变形和 TBM 护盾卡机风险，还可以保障支护结构的安全。

第6章　TBM 卡机防控与处治典型案例分析

本章遴选了山西中部引黄工程、新疆某引水工程和云南大瑞铁路高黎贡山隧道的 TBM 卡机灾害防控与处治实例，详细阐述了 TBM 卡机里程的地质条件、卡机孕灾模式、致灾机理与卡机脱困措施等。本章的 TBM 卡机防控与处治实例均来自作者团队亲历的工程实践，力求面向国家重大工程建设需求，理论结合实际，为在建和待建的类似工程卡机防控与处治提供可借鉴的解决方案和应对策略。

6.1　山西中部引黄 TBM 2 标隧洞工程卡机案例

山西中部引黄工程 TBM 2 标隧洞位于山西省吕梁市临县木瓜坪乡境内，主洞长 20.328km，洞底埋深 255～589m，属特长深埋隧洞。隧洞起讫里程 118+395.8～98+070.2，地面高程 1247～1580m，坡度 1/3000～1/2500，采用双护盾 TBM 掘进。里程 118+395.8～102+370.9 段洞轴线方向为 N7.6°E，里程 102+370.9～98+070.2 段洞轴线方向为 N23.2°E。进洞支洞长 3641.21m，纵坡 6.5%，其中土质段长 608m，采用人工开挖，其余 3033m 采用 TBM 掘进；25 号支洞（TBM 通风支洞）长 1901m，采用钻爆法开挖，纵坡 20.08%。主洞开挖直径 5.06m，施工断面为圆形。衬砌外径 4.8m、内径 4.3m、厚度 25cm，每环衬砌由 4 个 C45 混凝土预制成的管片组成，管片为六边形蜂窝状结构。衬砌管片与围岩之间留有空隙，采用豆砾石充填防止隧洞收缩，随后通过灌浆口进行回填灌浆。

6.1.1　工程地质

山西中部引黄工程 TBM 2 标 TBM 掘进面临的难点为：坡度大、埋深大、掘进距离长与地质风险突出。TBM 2 标主洞段岩性特征见表 6-1。

主洞段岩性特征表　　　　　　　　　　　　　　　　　表 6-1

里程	长度（m）	地层岩性
118＋398～118＋048	350	黑云钾长片麻岩、黑云变粒岩
118＋048～113＋498	4550	浅灰色钾长黑云斜长片麻岩、花岗质片麻岩、花岗伟晶岩等
113＋498～112＋798	700	灰白色中厚层含钙和白云质中细粒石英砂岩、深灰色白云岩
112＋798～112＋448	350	泥质条带灰岩、深灰色白云岩
112＋448～112＋098	350	白云质泥灰岩
112＋098～110＋348	1750	泥质条带灰岩、白云质灰岩
110＋348～108＋598	1750	黑红色泥岩、砂质泥岩、青灰色竹叶状灰岩、青灰色白云岩
108＋598～107＋898	700	灰中～巨厚层鲕状灰岩、泥质条带灰岩夹薄板状泥质灰岩、细～中粒石英岩状砂岩
107＋898～105＋098	2800	细～中粒石英砂岩、黑云钾长片麻岩、夹细石英岩脉
105＋098～101＋598	3500	紫灰色绢云石英片岩、二云石英片岩、浅灰白色石英岩
101＋598～100＋198	1400	薄层白云质灰岩、白云质泥灰岩、浅灰色白云岩

本节遴选了中部引黄工程 TBM 2 标的 4 次典型卡机处治案例。卡机发生段落的工程地质特征如下：

（1）主洞 101＋829.737～101＋214 段

里程 101＋829.737 处，围岩为元古界黑茶山群变质石英砂岩，掌子面岩体较完整，掘进过程存在线状涌水。里程 101＋520 处存在 F11 断层，断层为逆断层，上盘为黑茶山变质石英砂岩，地下水为变质石英砂岩裂隙水，具有承压性，水位 1240.5m，在勘探时地下水涌出地表；下盘为奥陶系灰岩，地下水为碳酸盐岩岩溶水。由里程 101＋214 处的钻孔 ZK12ZT-16 可知，隧洞沿线附近未见地下水，而里程 99＋520 处的钻孔 ZK12ZT-10 岩溶水水位 1083m，两钻孔之间为碳酸岩储水的向斜构造。F11 断层是变质石英砂岩裂隙承压水与碳酸盐岩岩溶水的隔离带，也是承压水的储水带。

（2）主洞 106＋410～106＋391.8 段

里程 106＋410 处围岩开始发生变化，掌子面原岩层为寒武系中统张夏组白云质石灰岩，其左侧出现绿泥石化伟晶花岗岩、黑云斜长片麻岩、石墨化碎裂角砾岩；到里程 106＋405 时，其左侧变质岩和角砾岩均有增加的趋势；到里程 106＋391.8 时，掌子面大部分为石墨化碎裂角砾岩，其右侧局部为黑云斜长片麻岩，岩体整体松散。

（3）进洞支洞 2＋217.02～2＋725.72 段

地层为奥陶系下统及寒武系上统凤山组，奥陶系下统地层岩性为浅灰色、深灰色中～厚层白云岩，底部为约 2m 厚的钙质页岩；寒武系上统凤山组地层岩性为灰白色、深灰色厚层中～粗粒白云岩。推测里程 2＋288.02～2＋725.72 岩溶地下水位位于洞顶以上 0～130m，隧洞开挖时可能出现涌水或突水。

（4）斜井 XJ3＋355～XJ3＋551 段

地层为太古界界河口群奥家滩组，岩性为黑云钾长片麻岩、黑云变粒岩、黑云石英片岩、斜长角闪岩等。岩体受混合岩化与区域变质作用影响，各类岩层交互混杂出现，互为消长，岩脉穿插不同岩层，具有混合岩化特征。由于钾长片麻岩类为中硬～坚硬岩，而片岩类为软～中硬岩，在构造运动作用下，片岩类岩层结构面上多片状和针状矿物，呈定向排列，形成层间软弱带，易发生坍塌，对洞室稳定性不利。岩层产状陡立倾角60°～70°，隧洞与岩层走向小角度斜交，岩体密集的劈理和节理裂隙发育。节理主要有两组，一组为横切岩层走向，另一组为平行岩层走向，节理与岩层倾向相反，形成X形节理，将岩层切割成三角形碎裂块体。各类结构面的不利组合，加剧了对洞室稳定性的不利影响。隧洞埋深达460m，地应力较大，岩体出现多条裂缝，具有发生岩爆的可能性；TBM掘进与运输车运行过程中产生振动波，裸露洞段受振动波影响，临空面内原有裂隙具有增大的趋势，边墙较软岩类处会出现脱落掉块和鼓凸变形现象。

6.1.2 卡机案例

（1）进洞支洞 2+456～2+428 突涌水诱发卡机

2015年10月23日，进洞支洞 2+456 处发生突涌水，涌水量约220m³/h，经突水抢险救灾后，11月8日恢复掘进。TBM掘进至桩号 2+447 时，掌子面10点钟方向发现有透水，透水点直径20mm，呈径流，水压偏低（图6-1）。TBM掘进9m后，掌子面涌水变大，水位很快上升，最高水位可达2m。该里程段落为突涌水类型TBM卡机。

图 6-1 进洞支洞 2+456 处突涌水

（2）斜井 XJ3+355～XJ3+533 塌方诱发卡机

2016年1月17日，洞内工业广场建筑施工掘进至桩号 XJ3+551 时，桩号 XJ3+519 隧洞右侧边墙发生塌方，塌方量约2m³；7h后，桩号 XJ3+519～XJ3+533 隧洞右侧拱顶、边墙发生较大面积坍塌，塌方量约100m³，造成TBM部分设备（液压管路、液压设备、电气设备、机头皮带机等）损坏，随后桩号 XJ3+510～XJ3+519（TBM操作室液压安置点）隧洞右侧拱脚、桩号 XJ3+355～XJ3+533 左右两侧拱脚均发生坍塌。

（3）主洞 106+402.8 处围岩大变形诱发卡机

2017年10月26日，TBM掘进至桩号 106+402.8 时，洞壁左上方围岩收敛变形超过了围岩与护盾的间隙，将机头护盾卡死。多次大推力脱困尝试失败后，打开伸缩盾，从洞壁左侧扩挖小导洞，于11月3日上午成功脱困。11月4日凌晨，恢复掘进11m后，刀盘被压，打开伸缩盾后观察发现，左侧前、后护盾均被塌方体紧紧抱死，其中左侧护盾 10 点至 11 点方位破碎严重，发生坍塌，塌方空腔深 5m 左右；8 点半至 10 点方位松散破碎，左侧前、后护盾均被岩石紧紧抱死，11 点至 2 点方位膨胀岩石突入护盾内，方位围岩较完整，紧贴护盾，3 点至 5 点间护盾与围岩间存在 1cm 缝隙。

（4）主洞 101＋829.737 突水突泥诱发卡机

2018 年 7 月 23 日 0 时 05 分，TBM 正常掘进至桩号 101＋829.737 时，掌子面突发涌水，涌水量约为 800m³/h，水质较清澈，且涌水量逐渐增加，被迫停止掘进后，施工人员紧急撤离至安全区域；1 时 05 分，机尾高压接线箱进水导致 20kV 线路跳闸；上午 10 时 40 分，涌水量突然增大到 1700m³/h 左右，水质浑浊且伴有大量泥沙和卵石涌出，护盾内及后配套台车上水位迅速升高；下午 4 时左右，涌水量减小到 1467m³/h 左右；24 日下午 4 时左右，涌水量减小到 830m³/h 左右；25 日，涌水量减小到 650m³/h 左右，水质较清澈；8 月 4 日后涌水量减小到 300m³/h 左右，且趋于稳定，水质清澈。此次突水、突泥，造成护盾内泥沙堆积 2.3m，TBM 及配套设备、通信设备、供电设备等被水淹、沙埋，进洞支洞和 25 号支洞排水设备淹没烧损，洞内胶轮车、小火车被水淹没损坏（图 6-2）。

图 6-2　山西中部引黄工程 TBM 2 标主洞 101＋829.737 处突水突泥诱发卡机现场情况

6.1.3　TBM 卡机处治措施

1）进洞支洞 2＋456～2＋428 突涌水卡机案例处治措施

（1）排水措施

加强现场排水作业能力。增加部署包含 5 级泵站、9 个水箱及数条排水管组成的多级排水系统。为保障 5 级泵站正常供电，增设 2 台 10kV/200kV·A 变压器、1 条 50mm² 高压电缆；同时增设一套光纤传输电话、视频监控系统，用以保障 5 级排水泵站通信。

（2）地下涌水封堵措施

根据进洞支洞地质情况和涌水、透水点的位置、涌水量、涌水压力大小采用以下堵水方法：

①掌子面出现裂隙岩溶水、涌水点（孔）

a. 当掌子面出现涌水点且施工人员能够进行操作时，在裂隙周围用手风钻进行钻孔，钻孔直径 25mm，钻孔深度 50～80cm，埋设 DN20 钢管（带球阀门）进行泄压和导水（同时也是灌浆管），埋设距离和数量根据现场确定，一般采用 50～80cm 间距。

b. 对岩面裂隙进行封堵，待封堵材料达到强度 30MPa（1.5～2.5h），采用 DS 化学浆液、P·O 42.5 水泥浆，用液压双液注浆泵依次进行注浆封堵（注浆压力 0.5～2MPa），封堵结束后（约 3h）拆除外露钢管。

②隧洞壁涌水、透水

A. 用手工水钻按孔距 60cm、直径 20mm、双排梅花形布置钻孔，采用双液高压灌注机将化学灌浆材料（A、B 组分）依次注入，形成 1～1.2m 宽的封闭环（如管片后豆砾石因水冲流失，封闭环应加宽），将涌水段进行分段阻隔，阻隔长度视涌水量大小确定（一般应控制在 6～10 环）。

B. 钻孔埋设灌浆管，管径 38mm，管长 60cm，间距 1.75m×1.4m，管道安设球阀。

C. 待封闭环达到强度 1～1.5MPa（2.5～3h）后，将水、水玻璃（水玻璃无效时采用 DS 化学浆液）、P·O 42.5 水泥浆按照 1∶1∶1 的比例配置注浆材料。采用液压双液注浆泵依次进行注浆封堵（注浆压力 0.5～1MPa），封堵结束后（约 2.5h）拆除外露钢管。

针对隧洞洞壁涌水量大且涌水压力大区段，须调整上述封堵措施的部分施工参数：

a. 加宽封闭环宽度至 1.6m；

b. 将水、硫铝酸盐 52.5 水泥和絮凝剂按照 0.5∶1∶0.03 的比例配置注浆材料；

c. 使用 JRD300B 灌浆泵按照底管片、后侧、顶管片的顺序进行注浆封堵，注浆压力 0.5～1MPa。

③化学灌浆处理

对已进行注浆封堵段处理后仍有渗、滴、冒水现象的，进行二次灌浆或进行化学灌浆处理。

（3）易发生突涌水区段防控措施

进洞支洞 2+966.62～3+066.62 段处于 F3 断层破碎带及影响带，带内岩石破碎，岩体完整性差，围岩极不稳定，不能自稳，变形破坏严重，且地下水位处于洞顶以上 160～212m，隧洞开挖时可能发生涌水或突水。此洞段在 TBM 掘进施工中容易发生塌方，甚至突发性涌水，涌水量大，水头压力高，威胁 TBM 施工安全，对此采用下列施工方案：

①加强地质预报，尤其是中、短期预报，综合利用地质雷达和超前地质钻机探孔等方法获得准确的地质预报，指导施工。

②在 TBM 掘进至桩号 2+916.62 时（即该特殊地质洞段前 50m 处），对 TBM 设备电气、液压、机械、灌浆等系统进行维护保养，使 TBM 以最佳状态通过不良地质洞段。

③通过观察尾护盾裸露岩石、皮带机出渣料变化，停机时进入掌子面观察围岩，以及采用超前钻机对前方围岩探测等措施作出正确判断。

④如遇到不良地质段导致出渣量特别大的情况，必要时对刀盘进料口进行封堵，以减小出渣量，保证 TBM 施工顺利进行。

⑤如超前钻探时遇到大量涌水情况，应通过超前钻孔进行有序泄水、泄压，待出水量稳定或降低后，确定是否要进行灌浆和地质处理。

⑥对该断层影响带施工时，如果利用超前地质钻机探测发现有软岩地层、涌泥、软质岩变形、断层带引起的掉块、坍塌时，首先利用超前钻机钻孔，进行固结灌浆处理，涌（突）水段用化学灌浆处理，用手持式喷射混凝土设备快速封闭岩面，及时对破碎洞段进行固结灌浆。材料采用及比例为水∶水泥∶水玻璃=1∶1∶1。

2）斜井 3+355～3+533 塌方卡机案例处治措施

（1）抢险与排险

①排险施工人员按规范佩戴防护用具，采用保持足够安全距离的施工机具，在确保安全的位置上进行作业，并选择好安全避险通道，以便紧急避险。排险时安全员应全程监控。

②对悬石、孤石等要采用先上后下的顺序进行作业，预估落石点位置并采取安全保护措施，重点了解区域内悬石、碎石、孤石及不稳定岩壁裂隙情况。

③对不稳定岩壁和有裂隙的岩壁应首先采用圆木进行支撑，在确保安全的条件下进行锚固处理，锚固锚杆长度为 2～4m。

④在坍塌区附近设立收敛变形观测点，按规范进行观测、计算、分析与记录，掌握围岩变形情况。

⑤塌方区处理原则：喷护素混凝土—随机锚杆固定危石—清理坍塌渣体，清理一榀支护一榀钢拱架，确保作业人员人身安全，循序渐进地支护坍塌区。

（2）隧洞一次支护

针对本隧洞裸洞段（桩号 XJ3+355～XJ3+551），采用加强一次支护进行施工。

①先行对桩号 XJ3+510～XJ3+519 段进行支护，采用 I20a 型钢钢拱架 270°环向落根，间距 1～1.2m，锚杆锁固（锚杆采用 ϕ25mm 螺纹钢，长 2m，锚固剂固结，锚固剂的直径为 32mm，长度为 25cm，用量为每米锚杆 4 根，锚杆数量按现场围岩情况确定），参照土洞段支护设计用 ϕ22mm 螺纹钢纵向焊接连接，挂钢筋网（钢筋直径 8mm，网格尺寸 15cm×15cm），喷护 C20 混凝土，厚 100mm。

②桩号 XJ3+519～XJ3+536.5 段已坍塌区域，采用 I20a 工字钢钢拱架 270°环向落根支护，间距 0.5～0.7m，钢拱架环间采用 I20a 工字钢焊接连接，间距 1～1.2m，中间用 ϕ22mm 螺纹钢焊接连接，锚杆锁固拱架，长度 2～4m，挂钢筋网，喷射 C20 混凝土，厚度 200mm。

③针对桩号 XJ3+536.5～XJ3+551 段，采用设计的预制混凝土 D2 型管片支护，豆砾石回填灌浆。

④对坍塌区空腔采用双液化灌浆材料充填，充填要求密实，具体钻孔位置、伸管长度、发泡时间视现场情况确定。

⑤桩号 XJ3+332～XJ3+519 裸洞段进行系统锚杆固结，并结合围岩地质条件适时挂钢筋网喷射 C20 混凝土支护。系统锚杆采用 ϕ25mm 螺纹钢，长度 2～3m；钢筋网规格：钢筋直径 8mm，钢筋网格尺寸 15cm×15cm；喷射混凝土厚度 100mm。

⑥坍塌体渣石处理与一次支护相配合进行，按照清理一榀支护一榀的原则循序渐进，自上而下分解、清理坍塌渣石，确保安全作业。对坍塌体渣石处理采用 HSCA-II 型高效无声破碎剂，结合风钻、风镐人工进行。渣石破碎后人工装入编织袋或人工搬运至平板车中，利用胶轮车牵引出洞弃置渣场。在隧洞塌方段一次支护结束后，在 XJ3+536.5 处安装起始环。为了保证 TBM 掘进所需推力，在起始环尾部安装反力环，根据现场围岩完整情况采用 ϕ30mm、长度 1.6m 化学材料锚杆固定；或用 ϕ25mm、长度 2m 的螺纹钢，锚固剂固定。

（3）TBM 维修

对受损 TBM 零部件进行清查鉴定，并列出受损部件清单，编制分析报告，组织检修班、机修车间、掘进处进行维修，确保及时修复 TBM、恢复掘进。

（4）施工程序及方法

①支护在确保作业人员安全的原则下，按设计要求，先排险，从坍塌区段两端未坍塌区开始支护，循序渐进地向坍塌区支护，清理一榀支护一榀，支护一段喷护一段。本支护所需用锚杆采用先注锚固剂后插锚杆的方法进行，其施工工序为：清除危石→初喷素混凝土→造孔→注锚固剂→安锚杆→待凝。钢筋挂网喷混凝土施工工序为：岩面初喷混凝土→锚杆→挂钢筋网→喷混凝土至设计厚度。钢拱架支撑施工工序为：根据洞形在加工厂放样并分段加工→钢拱架拼装→钢拱架锚杆固定。

②各项目具体施工方法：进行锚杆支护时，锚杆材料采用Ⅲ级螺纹钢筋，直径 25mm，长度 2～4m，采用普通锚固剂，按所需锚杆长度用锚固剂 4 节/m；进行锚杆施工时，本支护所需锚杆根据围岩情况布置孔位，用 YT-28 气腿式风钻钻孔，钻孔时要控制孔位、孔向、孔深等符合设计要求，钻头直径要大于锚杆直径 15mm 以上；系统锚杆孔向应尽量垂直于岩石面，局部加固锚杆孔向应与可能滑动面的倾向相反，其与滑动面的交角应大于 45°，孔深偏差应小于或等于 50mm，造孔后将孔内岩粉和积水冲洗干净，注入锚固剂插入锚杆待凝。刚安装的锚杆在凝固前，不得敲击、碰撞和拉拔锚杆或在其上悬挂重物。

③挂设钢筋网：本工程钢筋网钢筋直径均为 8mm，Ⅰ级钢筋，钢筋网格尺寸为 15cm×15cm。在锚杆达到一定锚固强度后，即可进行钢筋网挂设。施工中，将钢筋沿围岩开挖轮廓面进行绑扎，使钢筋网与开挖岩面形状基本一致，并与锚杆焊接牢固，连成整体。

④喷混凝土施工：进行喷混凝土施工时，要进行施工准备及施工安排、混凝土拌和、混凝土喷射作业，使用材料时要进行水泥检验和外加剂检验，并进行水质检查和集料质量检验。外加剂应符合设计要求并经现场试验合格。现场使用的速凝剂初凝时间应不大于 5min，终凝时间应不大于 10min。

⑤钢拱架施工。

⑥坍塌空腔化学灌浆充填：由于坍塌区域空腔大，为了坍塌区段安全坍塌空腔必须充填密实，考虑到 C20 喷射混凝土施工时间长、回弹废料量大，会对 TBM 造成不良影响等因素，选用化学发泡浆液（封闭环用双组分化学浆液）进行空腔充填，并注意管预埋。支立钢拱架后及时预埋注浆管，注浆管间排距 1～1.5m，注浆管采用 ϕ10mm 聚氯乙烯（PVC）管，安装时，出浆管口距离岩面 10～20cm，将注浆管与钢筋网绑扎牢固后，用棉纱封堵注浆口。按自下而上、坍塌空腔较浅处向较深处的顺序进行灌浆；灌浆前先根据坍塌空腔体积、化学浆液膨胀系数等估算化学浆液用量，灌浆过程要严格按估算浆液量，防止浆液固结膨胀导致钢拱架变形；灌浆结束，及时封堵灌浆孔，清理外溢浆液。

3）主洞 106+402.8 围岩大变形卡机案例处治措施

（1）脱困方案

采取扩挖小导洞，挖除护盾及刀盘周边围岩，使护盾、刀盘脱困，从护盾两侧同时对前后护盾进行扩挖等措施。扩挖前及扩挖过程中，及时观察围岩稳定情况，如围岩破碎，难以自稳，则对围岩进行固结灌浆，确保扩挖人员安全。TBM 脱困成功后，可对掌子面前方围岩进行超前固结灌浆处理，防止再次卡机。

①护盾两侧扩挖

右侧伸缩护盾腰线以下通过人工使用风镐扩挖小导洞，同时向护盾前、后方向进行扩挖，直至刀盘。再从伸缩盾开始，对腰线以上护盾前后方向同时扩挖至 1 点钟方向。由于左侧围岩发生坍塌，围岩松散，不能自稳，为了确保扩挖人员安全作业，需对左侧坍塌空腔及围岩进行充填、化学材料固结灌浆。首先在尾护盾处腰线以下切割一个 1m 宽、1.5m 高的窗口，从窗口向前进行扩挖，至围岩破碎时停止，进行手风钻钻孔，化学材料固结灌浆，灌浆强度大于 10MPa 后，再进行小导洞扩挖。按化学材料固结灌浆—扩挖循环直至刀盘，每循环化学材料固结灌浆 3m、开挖 2.5m，待小导洞挖成后将重新卷制的同弧度同厚度瓦片焊接到原切割窗口上（由于护盾紧贴围岩，窗口护盾无法整体成形割除）。小导洞尺寸为宽 1m、高 1.5m，扩挖过程中及时采用方木、木板、工字钢等材料对导洞顶、侧部进行支撑、防护，防止落石伤人、导洞垮塌。同时必须有安全员现场旁站，监视围岩变化，发现有围岩松动、滑落可能时，及时撤出作业人员。

② 左侧空腔充填及围岩化学材料固结灌浆

因洞壁左侧尾护盾 8 点至前护盾 1 点方位上部有大量破碎岩石塌落形成的直径 3m 左右、深度 8m 以上的空腔，左侧下部导洞开挖时存在严重的安全隐患，容易导致更深部围岩的更严重垮塌，同时也会造成左上部压机，须及时进行处理。将塌落破碎岩石清除干净，用方木、木板在空腔口做支撑，并用加固型化学材料灌注固结支撑结构，再对上方的空腔进行快速充填密闭，防止冒落坍塌区域深部岩层的继续垮落，进而防止地层应力的集中冲击，避免左侧小导洞开挖时上部破碎岩石的垮落。

固结、充填材料采用加固型和充填发泡化学浆液。充填发泡化学浆液具有较大的快速膨胀特性和优异的压缩韧性，可以有效充填空腔。固结用化学浆液为 HCH-Ⅲ型双液树脂加固材料，是一种液态改良型有机高分子材料，通过双液注浆泵按照一定比例注入导洞周边松散岩体中，能迅速生成高强度、高韧性的聚合物，把松散不连续的岩层胶结成连续完整的受力体，达到加固和补强破碎岩体的效果，防止空腔深部围岩的继续垮塌。

从左侧尾护盾和伸缩盾 10 点方向两处，采用加固型化学材料固结灌浆 2m 厚支撑面，同时预埋设 4 根 DN15、长度 5m 左右的钢管，伸到空腔最深处的顶部，待化学材料固结强度大于 10MPa 时，利用空腔里埋设的钢管对空腔进行充填注浆。充填、固结灌浆用的化学材料使用前必须进行灌浆试验，以确定灌浆作业参数。参照材料的扩散性能，加固导洞上部 2m 左右的破碎体，设计一排注浆孔，孔间距 1.5m，钻孔长度及角度如图 6-3 所示。钻孔直径 42mm（如能成孔），或采用 D25 中空注浆锚杆（如不能成孔）。空腔化学充填后，再对即将开挖的小导洞周边围岩进行加固，以期控制小导洞的顶部及侧帮的稳定性，提高整体承载性，避免片帮落石状况，保证左侧小导洞的顺利扩挖。

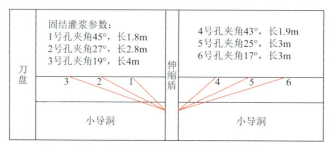

图 6-3 化学固结灌浆钻孔示意图

左右两侧小导洞开挖过程中，根据围岩松散情况，对小导洞周围岩体采取固结、开挖、再固结、再开挖的形式，边固结、边开挖，直至TBM脱困。

（2）脱困后施工方案

TBM脱困后，根据掌子面前方围岩破碎情况，采用以下方法掘进、固结围岩。

①对31～33号滚刀分别增加1～5cm厚的扩挖垫块，采用扩大开挖直径的方法，为围岩提供收敛空间，减少挤压强度，防止护盾被卡，以使TBM顺利通过断层；与建设单位协调，购置了一台/套主驱动电机及配套设施，以增加刀盘扭矩，应对后续不良地质条件下隧洞掘进；掘进时适当加大转速，必要时可拆除若干滚刀，以提高出渣能力；同时要求TBM连续掘进，避免停机，以减少刀盘的受阻力矩，避免被卡住。由于石墨化碎裂角砾岩遇水软化膨胀，机头刀盘喷水容易造成裹刀卡机，采用润滑液。

②通过超前钻机和刀盘间隙人工钻孔相结合，采用超前化学材料固结灌浆3m、水泥基灌浆12m循环进行的固结方法，对掌子面前方和前护盾上前方破碎围岩进行固结，形成岩壳，避免坍塌围岩卡住刀盘、护盾。具体施工方法为：

a.采用超前钻机超前固结，对掌子面前方进行注浆，注浆材料可采用化学材料浆液或者水泥基浆液；

b.由于刀盘空间有限，从刀盘滚刀仓处进行人工钻孔超前固结。

考虑前方围岩破碎易塌孔，采用中空玻璃钢自进式锚杆注浆，中空锚杆直径25mm，钻孔长度3m，角度为中间钻孔水平钻进，四周钻孔外倾与水平成30°夹角，共7个注浆钻孔，注浆后不需拆除注浆管，如图6-4、图6-5所示。

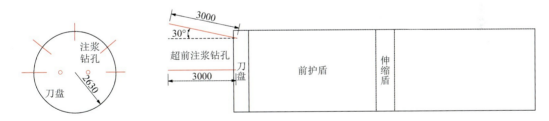

图6-4 刀盘前方超前化学固结灌浆示意图（尺寸单位：mm）

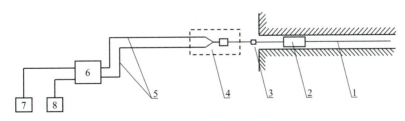

图6-5 注浆工艺简图

1-注浆管；2-封口器；3-快速接头；4-专用注浆枪；5-高压胶管；6-气动注浆泵；7-A组分；8-B组分

4）主洞101+829.737突水突泥卡机案例处治措施

（1）TBM维修

设备维修遵循原则为：清理一段泥沙、检查一段设备；修理为主、更换为辅；对关键的

主轴承、密封、齿轮箱清洗维修,采用不拆装的方式进行。具体维修措施如下:

①高压供电、电话、监控和照明恢复。更换机尾的高压接线箱,重新制作20kV高压电缆头,对高压线路、接线箱和2台高压开关柜做绝缘检测,恢复TBM上20kV线路供电;同步对TBM的电话和监控系统设备进行更换,恢复TBM通信系统;对20kV/0.4kV-1300kV·A变压器、2台20kV/0.69kV-1300kV·A变压器、400V主配电柜、照明配电柜进行检查修复,并进行耐压试验等;分区段恢复TBM照明及各处配电。

②低压电气系统检修。TBM主要电气设备集中在机头至12号台车区段内,该段也是被水淹、泥沙掩埋最严重的区域,在大面积清淤结束后,对该段电气部分进行集中清理、拆解、清洗、烘干。原则上不进行盘柜的整体更换,内部部件经检查、测试后,对损坏部件统一购置更换。对3号、5号主电机和液压系统泵站电动机进行现场清理、检查、烘干后,进行绝缘、耐压试验等,再进行空载试运行。大型电机进水后,绝缘电阻有掘进时烧损的可能。对于部分无法自行监测的大型部件,应及时返厂检测或邀请厂家委派技术人员到现场进行指导。

③液压设备修复。由于TBM主要液压设备集中在机头至2号台车区段内,在大面积清淤结束后,再对该段液压部分进行集中清理、拆解、清洗、烘干、更换。主驱动箱和液压油箱体内进水,润滑油乳化严重,全部更换新润滑油;对损坏的泵头、电磁阀、液压缸和滤芯进行更换。

④主驱动系统检修。主驱动系统,包括主轴承、内密封、外密封、大齿圈、减速机、主电机等,不做拆解维修,就现有条件进行清理、冲洗、检查等工作。对主驱动回油磁铁滤芯进行检查时,发现磁铁滤芯内底部沉积有较多泥沙,再根据润滑油系统进水严重乳化的情况(图6-6、图6-7),推测TBM主密封可能磨损比较严重,泥沙进入了主驱动箱体内,需对主驱动内部各部件进行彻底清洗,清洗次数根据箱体内泥沙留存量确定。清洗及维修过程为:将润滑泵站、管路等和主驱动箱体分离;排空已经严重乳化的润滑油;外接大压力、大流量油泵,对主驱动箱体内部各部件进行强制冲洗,前几次使用高品质柴油进行冲洗,后几次使用滤干净的旧润滑油进行冲洗;更换新润滑油。需要注意的是,按照以上方法对主驱动进行清洗后,仍无法保证完全清洗干净箱体内主轴承、齿轮等部件上边角、间隙等部位的泥沙,故在日后的长距离掘进过程中仍然存在由于泥沙导致主驱动各部件损伤进而引起主轴损坏的可能性。

⑤机械系统维修。对撑靴滑道进、管片安装器行走滑道、管片喂送器滑道、管片吊机大梁等进行清理维修。

a) 主驱动回油磁铁滤芯

b) 润滑油进水全部严重乳化

图6-6 主驱动回油磁铁滤芯和润滑油

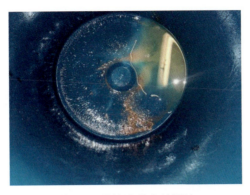

图 6-7 磁铁滤芯内的泥沙

经过上述方法处理后,TBM 恢复掘进条件,且设备抢修工作完成,各系统调试工作基本结束,刀盘试运转恢复正常。

(2)通过断层带掘进方案

① 涌水较小时的掘进方案

当掌子面涌水量在 200~300m³/h 时仍可缓慢掘进,此时对掌子面涌水通道不进行堵水,围岩不进行固结灌浆或化学灌浆,缓慢掘进通过断层。掘进时刀盘转速控制在 3~5r/min,掘进速度控制在 20mm/min 左右。每掘进 0.7m,按停机→退刀盘→观察掌子面围岩情况的方式循环进行。如果揭露出的掌子面围岩出现异常状况,围岩失稳、坍塌或机头下沉,则停止掘进,重新制订固结等处理方案并经批复实施后再继续掘进;如果涌水增大,则采取相关措施。

② 涌水较大时的堵水方案

根据瞬变电磁技术探测和振波超前探测结果,前方 70m 范围内岩体完整性极差,地下水丰富,掘进时必须采取有效的应对措施。当涌水量超过 300m³/h 时,掘进无法继续进行,必须停机,待封堵涌水后才能继续掘进。

在涌水空洞处插入堵水注浆导管(尽量插到最深处),在涌水空洞口处填塞自膨胀式堵水袋,然后用沙袋等物封堵涌水空洞口。自膨胀式堵水袋是一种高强度铝箔热封式简易包装袋,尺寸大小可以根据需要设计。包装袋的特点是一端装入快速堵水材料 A 组分,另一端装入快速堵水材料 B 组分,中间采用一个塑料插棒分隔开两种组分浆料。现场使用时,在需要封堵的渗漏水或涌水通道、空腔边,抽取堵水袋中间的塑料插棒,然后用手搓揉堵水袋 3~5s,使堵水袋中的 A、B 组分料基本混合一起,然后迅速塞入渗漏水涌水通道或空腔里,堵水袋会快速膨胀 10~20 倍体积。一次可以同时塞入几个堵水袋,从而有效快速地封堵渗漏水或涌水的空腔。此时立即通过插入的注浆管,注浆快速发泡堵水材料。该堵水材料的相对密度大于水的相对密度,不易被水分散或冲走,能够迅速反应膨胀进入涌水空洞里,并渗透到松散卵石围岩内,把松散围岩渗漏水通道基本充填并固结封堵住。施工工艺如图 6-8 所示,具体操作时需依据现场的情况,进一步细化调整。

③ 涌水量未发生明显增加时采取的措施

涌水得到控制恢复掘进后,向前掘进过程中,若涌水量未发生明显增大,对掘进影响不大时，暂不处理涌水。当涌水点露出护盾尾部（或者机尾）后，再进行灌浆堵水（堵水方案另行申报），降低管片承压风险。

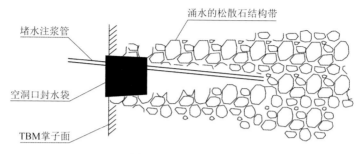

图 6-8 施工工艺图

④涌水量突增时采取的措施

涌水量突增时，停止掘进，退出刀盘，对设备做必要的防护，就地进入抢险状态；如果危及人身安全，则人员撤离。非必要的运输设备及其他设备迅速撤到洞外，排水运行人员就位；根据需要启动排水系统，准备应急通信设备。如果涌水量超过实际排水能力，立即向监理和建设单位汇报，申请向下游标段排水。

6.2 新疆某引水隧洞工程卡机案例

该引水工程由 3 段隧洞组成（表 6-2），隧洞总长 516.2km，设计流量 40m³/s，纵坡 1/2560。隧洞穿越的地层岩性以石炭系、泥盆系凝灰岩、凝灰质砂岩及华力西期侵入花岗岩为主，多为中~坚硬岩石，多属Ⅱ级和Ⅲ级围岩，成洞条件较好。隧洞穿越 5 条规模较大的区域性断裂带和 72 条次级断层构造，局部洞段围岩稳定性问题较突出。施工时，对完整性较好的围岩段局部采用锚喷支护的衬砌形式，Ⅳ级和Ⅴ级围岩段采用钢筋混凝土衬砌。

各分段隧洞概况   表 6-2

分段隧洞	隧道总长（km）	设备数量	隧洞直径（m）
XE 隧洞	139.04	5 台 TBM	7.8
KS 隧洞	283.27	11 台 TBM	7.0
SS 隧洞	92.15	2 台 TBM + 3 台盾构机	5.5

本案例 KS 隧洞采取以 TBM 为主、钻爆法为辅的施工方案。钻爆法开挖断面采用马蹄形，洞径为 6.64~7.4m，TBM 开挖断面洞径为 7.1m。由于沿线地形较为平坦，除进口洞段外，主洞施工进入通道均采用深长缓斜井或竖井。全线采用 11 台敞开式 TBM 掘进，布置 6 条缓斜井以改善施工条件，提高掘进效率；同时，在较大的断裂构造带和软岩地层洞段布置 5 条施工支洞，采用钻爆法掘进，以降低施工风险。

6.2.1 工程地质

KS 隧洞Ⅳ标主洞 KS63＋468～KS67＋077：隧洞埋深 190～260m，地形为剥蚀丘陵地貌，略起伏，多发育丘陵、小冲沟。岩性为泥盆系凝灰质砂岩，岩层产状 315°NE∠45°，与洞轴线夹角 22°，该段岩体裂隙发育，较破碎，围岩稳定条件较差，石英含量 5%～10%。TBM 卡机位于 KS64＋413 处，山东大学出具 KS64＋351～KS64＋451 段超前地质预报，推断解释如下：KS64＋376～KS64＋431 在反射图像上未出现明显的正负反射，推断该段落围岩较完整。KS64＋431～KS64＋451 在反射图像上局部存在明显的正负反射，推断该段落围岩破碎，节理裂隙较发育，易发生掉块（图 6-9、图 6-10）。

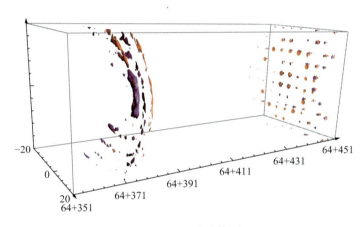

图 6-9 地震波成像图

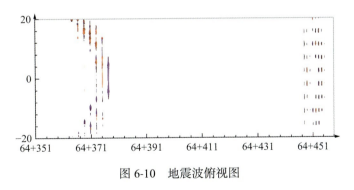

图 6-10 地震波俯视图

KS 隧洞Ⅳ标主洞 KS63＋305～KS63＋815：该段围岩设计为Ⅳ类围岩，未显示为断层带，属突遇性断层。KS63＋305～KS63＋815 段，围岩软弱、完整性差，裂隙密集发育，片理化强烈且短时间有塑性变形，已在现场对揭露岩石取样多次，均无法获得成型芯样。采用点荷载方法进行试验检测强度时，开始加压岩块即碎掉，且现场局部岩体用手可扣动，该段围岩属软质岩中的极软岩（$R_b < 5\text{MPa}$）。围岩收敛变形挤压护盾，且撑靴部位围岩软弱破碎，无法为撑靴提供反支撑力，致使 TBM 无法掘进。

6.2.2 卡机案例

（1）主洞 KS64+413 突水突泥诱发卡机

2019 年 9 月 5 日中午，KS64+410 处出现突涌水，涌水量约为 50m³/h，涌水携带前方断裂中的软弱夹层形成泥浆从刀盘检查口涌出，同时顶拱处形成超过 4m 的空腔。在涌泥趋势趋于稳定后，现场人员对主梁下方开展清淤工作，确定采取短进尺、强支护进行低速掘进的方案，并做好排水工作。施工方开始进行清淤、排水工作，并保持 TBM 低速掘进。截至 9 月 6 日，TBM 已具备 500m³/h 的排水能力。9 月 8 日，清淤工作结束，开始正常掘进，掘进了 17cm 开始支护拱架，拱架支护完成后再次掘进时发现刀盘无法转动，使用脱困模式仍无法启动，确认 TBM 卡机。现场勘察发现此次卡机为孤石涌入掌子面导致，此时出水量已经达到 100m³/h。

（2）主洞 KS63+813.82 塌方诱发卡机

2019 年 4 月 10 日，TBM3-1 掘进至 KS63+813.82 处时，拱顶上方出现塌腔，围岩较破碎，皮带上的渣量较大。掘进班组立即调整掘进参数，降低刀盘转速和推进速度，同时加强支护。掘进 1.12m 后，停机处理撑靴部位软岩，清渣，绑钢筋，支模浇筑早强混凝土。次日凌晨，撑靴混凝土具备强度条件，夜班掘进班组准备掘进。但因电机电流过高，刀盘转矩过大，刀盘无法正常启动。至此，刀盘已经完全被塌方渣土堆积覆盖，松散渣体已经充盈铲斗，刀盘前方和侧向不同程度被塌落渣土的大块体楔嵌，前方塌方情况和空腔大小不明，岩性为泥盆系的凝灰岩和炭质页岩，围岩松软、无水。

6.2.3 TBM 卡机处治措施

1）主洞 KS64+413 突水突泥诱发卡机案例处治措施

优先进行以侧导洞清渣为主思路的处理方案，促使掌子面尽快形成自稳临空面，若不能形成有效的自稳面，则立即优化方案，采取整体后退止浆墙施工的处理方案。

（1）侧导洞清渣脱困处理方案

侧导洞清渣具有快速、高效的处理脱困优势，拟优先采取此方案。具体施工流程如下：

① 清淤工作

使用铁锹、编织袋清淤。将编织袋集中至平板车，运输至升降平台，通过皮带输送机及平板车运出。

② 护盾周边围岩固结

a. 护盾周边处理：在护盾后方，间排距 1m，拱顶 120°范围打设两排 ϕ25mm×6m 中空锚杆，角度为 30°（与护盾夹角，尽量减小），锚杆尾部 1.5m 不设孔，余下部位开间距 1m、孔径 8mm 花孔。对已打设完成的两排中空锚杆，灌注 CG-P108 化学材料固结围岩。随 TBM 设备掘进，按此方式进行超前固结处理，通过本次破碎带。

b. 刀盘前方处理：于刀盘内部，向刀盘前方打设 ϕ32mm 纤维锚杆灌注 CG-P108 化学材料固结岩石，目的是防止导洞清理刀盘前方渣土时塌方，防止刀盘转动带动块状岩石卡住刀盘造成二次卡机。

c. 导洞固结处理：导洞开挖过程中伴随涌水及塌方，打设 3m 长 ϕ25mm 中空锚杆，对虚渣灌注化学材料固结，之后继续开挖。因围岩破碎不能成孔，在门架横梁下侧，打设 ϕ25mm 中空锚杆（6m），注砂浆（水泥浆），做超前管棚使用，尾部另立门架支点。

d. 探孔固结：清理刀盘前方，从护盾尾部拱顶向塌腔方向分别打设角度为 30°、45°、60° 的 3 个探孔，初步探测护盾前方塌腔的高度及形状，探孔探入虚渣后，灌注 CG-P108 化学材料固结岩石。

③清理刀盘前方渣土

进行护盾两侧导洞施工，从而清理刀盘前方渣土。导洞尺寸为 2.2m×1.8m，导洞内使用 HW150 型钢门架支护，门架间距不超过 0.25m；门架间使用 12 号槽钢连接，环向间距为 0.3m。侧导洞布置如图 6-11 和图 6-12 所示。

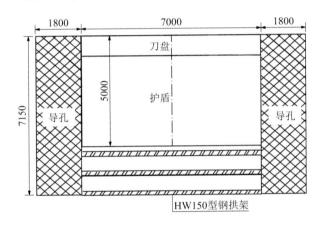

图 6-11 导洞平面布置图（尺寸单位：mm）

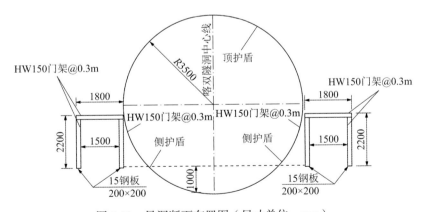

图 6-12 导洞断面布置图（尺寸单位：mm）

④TBM 整机后退

完成上述施工后使 TBM 具备整机后退条件，TBM 整机后退难点在于 TBM 操作姿态调整、围岩收敛变形的工况应对及在后退过程中各工序人员配合值守。

a. TBM 姿态调整：TBM 通过主推液压缸有杆腔进油回缩液压缸，拉动主梁及刀盘使 TBM 主机后退。TBM 刀盘整机后退力为 4914.7kN。TBM 整机空推力为 3000kN，即整机与洞室间的摩擦力 f_μ = 3000kN，TBM 整机后退克服刀盘及护盾的后退力最大为 4914.7kN − 3000kN = 1914.7kN，该计算值要求 TBM 撑靴撑紧力不可低于 8000kN。若 TBM 后退力不满足 TBM 整机后退要求，则操作手需根据 TBM 整机姿态，实时调整扭矩液压缸与撑靴液压缸位移，实现刀盘与护盾的上下左右微调整，减少前方渣土楔嵌刀盘的力，实现 TBM 整机后退。

b. 各工序施工人员配合：TBM 整机后退过程中，操作手需时刻观察洞室轴线偏差值，尽量按照原路线退回，掌控整机后退姿态及所有动作的连续性。TBM 护盾后方、撑靴部位、主梁上部、后配套轨道、风筒储存仓处、移动尾端皮带支架部位、供排水管路及高压电缆等部位均需有人看守，看守人员均手持对讲机，与操作室及时沟通，紧急情况下直接关闭急停开关，以停止 TBM 的后退动作。

⑤管棚施工

管棚施工采用已安装完成的超前钻机。管棚材料为 ϕ57mm × 3.5mm 的无缝钢管，单根长度为 30m，倾角 3°～5°，环向间距为 20cm。管棚安装完成后采用模具复核，管棚布置范围为顶拱 120°。钻孔过程中如发现卡钻应降低推力提高转速（图 6-13）。

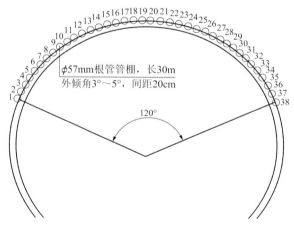

图 6-13　管棚施工断面图

ϕ57mm 管棚在护盾与刀盘上部部位的 10m 处不设孔，10～29.8m 段设溢浆孔，孔径 6mm，每环设 2 个孔，环间距 50cm，梅花形布置，管棚内设置一根 3 × ϕ16mm 钢筋束进行补强。采用锚固剂封堵管棚与导向管（岩壁）间的空隙，封堵长度不得小于 50cm。待封堵的锚固剂达到终凝后，连接注浆设备对施工完成的管棚进行注浆，安设管棚施工采用隔孔施作。管棚注浆时在内部设置排气管（兼做洗孔管、射浆管），排气管外径为 20mm，深入管棚内 29.5m，距孔底 50cm（图 6-14）。

管棚注浆浆液为 CG-P106 化学材料，孔口注浆压力为 0～2MPa，终压 2MPa。注浆施工采用管内大循环施工工艺，孔口压入式注浆，利用排气管进行洗孔、排气、回浆、射浆。当通过注浆管注浆，回浆管内有大量的稀浆浆液流出时不要关闭回浆阀，继续通过注浆管进行注浆，回浆管有浓浆流出时关闭回浆阀；当通过注浆管注浆，注浆压力增大且吃浆量较小时，排气管无浆液流出，通过排气管进行压入式注浆，消除注浆不充分问题。注浆结束标准为：注浆终压达到 2MPa 或者回浆压力达到 0.3MPa，并稳压 4～7min，且吸浆量小于 3L/min。满足以上标准时方可停止注浆，完成该根管灌浆。注浆过程中安排专人对护盾尾部与刀盘内漏浆情况进行观察，发现漏浆及时进行封堵，并对刀盘内浆液进行清理。

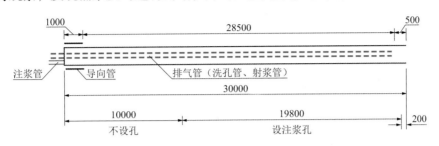

图 6-14 管棚注浆管布置图（尺寸单位：mm）

⑥清理孤石

掌子面处孤石由刀盘转至侧导洞口，人工破碎、运输至平板车。刀盘应低速转动。当孤石位于掌子面右侧时，应正转刀盘使孤石落于右侧导洞口；反之，应反转刀盘使孤石落于左侧导洞口。人工破碎孤石时应采用洋镐、风镐、电镐等振动小的工器具，不宜采用爆破法破碎。

由于刀盘前塌方严重，孤石及虚渣无法清理干净，且继续清理存在较大风险，故暂停该方案。经对比分析，选用整机后退止浆墙方案进行后续施工。

（2）整机后退止浆墙方案

①后退前准备

本次 TBM 预计后退 20m，后退工作具体如下：

A. 主梁下清渣

为保证在后退过程中不出现卡底护盾的现象，对 KS64+407.7～KS64+387.7 段进行清渣工作，清理至原设计断面，保证 TBM 在后退过程中不出现底护盾受卡现象。

B. 嵌入式拱架安装

KS64+387.7～KS64+407.7 段为Ⅳ类围岩，该段已施工了 22 榀全环 HW150 型钢支撑，为保证 TBM 顺利后退，该段型钢支撑需要全部拆除。同时考虑到该段围岩自稳能力差，采取开挖凹槽，安装嵌入式拱架的方式。

开挖凹槽：使用风镐、电镐等小型工机具在现有钢拱架之间剔 30cm（深）×45cm（宽）的凹槽，槽间距为 45～90cm；初始考虑槽间距为 90cm，在原拱架拆除后，若围岩自稳能力差，则将间距调整为 45cm。

嵌入钢拱架、支模、浇筑混凝土：采用 HW150 型钢钢拱架嵌入凹槽，拱架分为 5 节制作，节与节之间使用螺栓连接，嵌入式拱架的内径为 7040mm。凹槽模板采用 3mm 厚铁皮制作。安装时使用木楔、钢管斜撑等进行加固，泡沫板填缝，防止浇筑混凝土时出现涨模、跑模、漏浆等问题。模板安装时应嵌入凹槽 1cm，防止混凝土凸出岩面，影响 TBM 后退。模板安装完成后，使用 SPM715 输送泵浇筑 C30、W10 细石混凝土，坍落度 200mm±20mm，并使用插入式振捣棒辅以人工敲击的方式进行振捣。浇筑过程技术人员全程旁站，出现漏浆、跑模、涨模现象时，立即停止浇筑，重新加固模板。

C. 围岩固结

考虑到该段围岩自稳能力差，局部部位围岩破碎，为避免原拱架及钢筋排拆除时出现围岩掉块，甚至出现塌方灾害，提前对该段护盾范围顶拱 180°范围和钢拱架置换区 180°范围采用 CG-P108 化学材料进行灌浆固结，有机化学浆液对松散体胶凝固化，使其形成封闭整体。使用 YT28 钻机，在盾尾打设 2 排φ32mm 玻璃纤维锚杆，锚杆间排距为 0.4m，长度为 3m/6m，第一排锚杆外插角为 15°，第二排锚杆外插角为 30°。玻璃纤维锚杆除去尾部 0.5m 外，其余部位开φ6mm 溢浆孔，梅花形布置，间距为 0.5m，灌注 CG-P108 化学材料（图 6-15）。

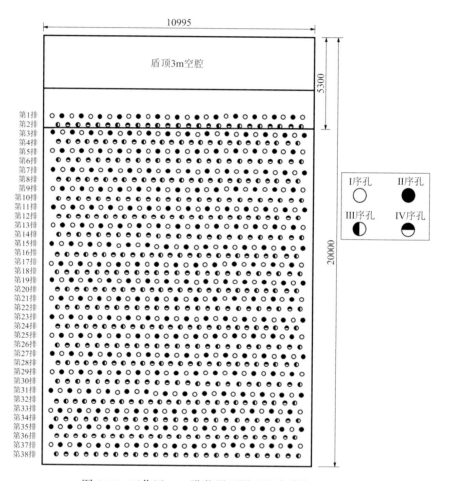

图 6-15　工作区 180°孔位展开图（尺寸单位：mm）

D. 拆除初期支护作业

拆除初期支护作业包括拆除钢筋排、拆除钢拱架、切除锚杆外露端头及拆除钢筋网片。

a. 拆除钢筋排：拆除钢筋排由拱脚向拱顶进行，在拱脚处开设 0.5m×0.5m 的天窗作为溜渣口，人工将上方渣土全部清除完成排险。在排险完成后，将钢筋排 S 形切断，尽量将钢筋排插回护盾 Macnally 孔中，不能插回护盾 Macnally 孔中的钢筋排采用小段割除的方式拆除。

b. 拆除钢拱架：近邻护盾的钢拱架在连接板部位进行断开后，与护盾连接成为一个整体，在护盾后退时整体移动。将近邻护盾的钢拱架与护盾底部进行固定连接，以确保在主机后移过程中支护钢筋排的有效支护功能。近邻护盾的钢拱架与护盾底部使用两根 HW150 型钢焊接连接，以确保近邻护盾的钢拱架与主机同步移动（在此状态下，该拱架变为移动式拱架），如图 6-16 所示。

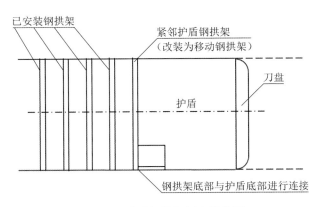

图 6-16　移动钢拱架固定结构图

c. 移动作业：在主机后退之前，进行分散布置连接底护盾与钢拱架底部时，应清除洞室底部渣土等影响主机后退的障碍物。在主机后移过程中，应观察钢筋排的变形情况。当变形量过大影响主机后退时，需清理相应钢筋排上方的渣土；当移动钢拱架后退到与近邻固定钢拱架平齐时，要割除移动钢拱架，将钢筋排全部割断并从护盾中抽出，进入下一段钢筋排的后退工作。护盾继续后退，尽量将割断的后边钢筋排插入护盾 Macnally 孔中，不能插入的及时割除。

E. 拆除作业

TBM 整体后退前将 DN150 供水管路及 DN200 排水管路的钢管部分拆除，并将软管重新接好。在 TBM 整体后退过程中安排专职人员通过 11 号台车上两部供排水缆卷筒将供排水软管转回仓；对影响后退的火车轨道和 TBM 轨道进行拆除，为 TBM 后退让出空间，轨道拆除后及时清理积渣并排水；将多余皮带入仓并时刻保持皮带张紧，保证皮带储存仓绞车正常运行。安排专职人员在移动尾端上托辊与扶手架安装区内拆除上托辊及扶手架，下托辊与三角支架可在移动尾端前方以 4.5m 单位长度为一副进行拆除；将已延伸的风带在 11 号台车尾部人工装回风筒储存仓；将已延伸的 20kV 高压电缆回收至电缆卷筒内。

F. 延伸 TBM 后退轨道

TBM 整体后退前，利用 TBM 大头枕在 TBM 后配套轨道尾端重新铺设轨道，以满足 TBM 整体后退轨道要求。

G. 侧导洞回填

TBM 整体后退前，检查确认 TBM 刀盘可以转动后，回填两侧导洞。先使用 3mm 钢板封堵导洞两侧洞口，再回填 C30W10 细石混凝土。

H. 松散体预固结

为防止整机后退过程中刀盘前方松散体滑塌严重，应适当增加松散体之间的摩擦力。所以整机后退前，需从刀盘内用$\phi 32\text{mm}\times 6\text{m}$的纤维锚杆向前方松散体灌注适量的CG-P108化学材料浆液。灌注过程浆液不得流入刀盘，以防止化学材料浆液固结刀盘。

②整机后退

整机后退采用 TBM 姿态调整和各工序施工人员配合同侧导洞清渣脱困处理方案，后退过程中要注意围岩收敛变形的工况应对。

③止浆墙施工

混凝土止浆墙从高度上分三层浇筑完成，第一层浇筑高2.5m，第二层浇筑高2.0m，第三层浇筑高2.5m，台阶宽度均为2.8m。具体施工流程如下：

a. 支模

待 TBM 整机后退至安全区域后，根据塌方体坡脚实际情况，确定止浆墙具体位置。利用刀盘作为模板支撑，采用5cm厚木板作为模板，周边打设插筋，$\phi 48\text{mm}$钢管固定。木板采用台锯进行弧形边切割，弧形半径为3.5m。刀盘中心预留进物孔和观察孔（在混凝土回填施工过程中视情况进行封堵）。

b. 预留注浆管

为满足注浆墙施工期间及后期超前灌浆固结的要求，在止浆墙内预留 DN200、长度为6.0m的高密度聚乙烯树脂（HDPE）预留管，间排距为1.0m，梅花形布置，预留管一端（刀盘方向）接DN150钢管。预留管布置如图6-17所示。

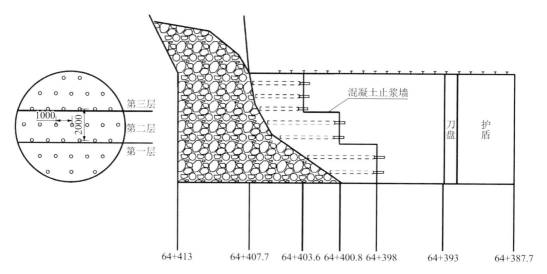

图6-17 预留孔剖面、断面布置图（尺寸单位：mm）

c. 喷射混凝土

为防止渣堆上散落的大块石滑塌造成人身伤害事故，在第一层止浆墙浇筑完成后对掌子面喷射20cm厚的C30混凝土，形成初步稳定壳体。

d. 混凝土浇筑

混凝土配合比（质量比）：水泥：粉煤灰：水：砂：豆石：减水剂 = 280：120：180：782：848：4，利用洞内HZS50拌和站进行拌料。使用TBM配套湿喷混凝土运输系统，轨行式小火车牵引U形罐车将混凝土由拌和站运输至TBM2号台车，通过混凝土泵垂直运输至刀盘前方仓号内。浇筑过程中混凝土表面泌水时安排专人进行清排，并对浇筑仓位的模板、支撑进行检查并随时进行调整和汇报。

④空腔回填及前进方向固结灌浆

A. 空腔回填

在第三层止浆墙等强后，开始进行塌腔部位回填。在第一层回填材料强度达标，可以承重后才能进行下一层回填，第二层止浆墙向前方塌腔施钻回填孔（图6-18）。回填材料采用水泥基材料或化灌材料，由现场实际情况确定，原则上出水量较大时选用化学材料浆液灌注（CG-P106），出水量较小时选用水泥基材料（水泥净浆、水泥-水玻璃双液浆、水泥砂浆或细石混凝土）。

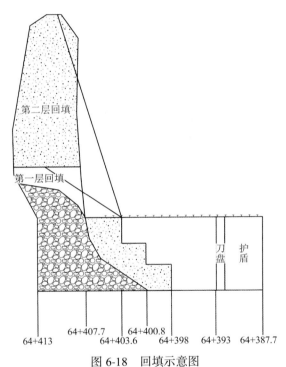

图6-18 回填示意图

B. 前进方向围岩固结

空腔回填时同步施工前进方向围岩固结工作，本次固结灌浆分两部分进行，第一部分为超前固结隧洞开挖周边270°范围岩石，第二部分采用冲孔的方式分段固结TBM前进方向的破碎岩石。

隧洞周边超前固结：在止浆墙位置，270°范围内打设$\phi 25\,\text{mm}$自进式锚杆，灌注化学材料浆液（CG-P106），超前固结前方破碎围岩，确保TBM脱困后能顺利通过不良地质段。

a. 钻孔埋管：采用YT28手风钻，钻头直径42mm，从止浆墙尾部向前方塌腔施钻超前灌浆锚杆孔，120°范围内打设3排孔，间排距为40cm，孔深为30m。锚杆除尾部3m外不打孔，其余部位均打$\phi 6\text{mm}$溢浆孔；每环打设2个溢浆孔，溢浆环间距20cm，梅花形布置。120°～270°范围打设2排，间排距为40cm，超前锚杆外插角控制在3°～5°，如图6-19所示。

b. 化学材料注浆：现场安装好气动注浆泵后，先进行试运行，检查气动二联件、空气凝结器、油雾化器等是否工作正常，检查进风软管是否干净，待各系统正常工作后方可开始灌浆。分别把 A 料缸和 B 料缸的进料管和出料管置于各自的料桶内，慢慢开启气动注浆泵进风控制阀，开始工作。此时 A、B（1∶1）两种液料分别在两个料桶中循环，尽量将 A、B 进料管中的气泡排净，检查进料系统和进料配比，确保整个系统正常。系统正常后停泵，按规定的连接方式组装枪头，管路连接混合器后，开始注浆。先低速注浆，工作面未出现跑、漏浆等异常情况时，根据实际情况提高灌浆速度，达到闭浆条件时再放低速度，直至闭浆停泵。所有化学材料应选用无毒、阻燃材料。

c. 技术要求：打孔、注浆分区进行，现场做好打孔及注浆记录。注浆时先注奇数排，再注偶数排；每排注浆时，先注奇数孔，再注偶数孔。自进式锚杆杆体设溢浆孔，孔径 6mm，每环设 2 个孔，环间距 20cm，梅花形布置。注浆结束标准：注浆达到 2MPa 或回浆压力达到 0.3MPa，注入率 ≤0.05L/min，并稳定压力保持 30min，或者稳压 4～7min 后达到胶凝。达到该标准即可结束该孔注浆。当发生单孔进浆量达到 $0.8m^3$ 仍无压力时，该孔采用间歇式注浆。

d. 掘进方向超前固结：为防止 TBM 脱困掘进后出现二次卡机，需对止浆墙前方围岩进行超前固结。回填材料由实际情况确定，原则上水流量较大处采用化学材料浆液注浆（CG-P106），水流量较小处选用水泥净浆、水泥-水玻璃双液浆，注浆方式为分段冲孔式。使用 YQ-100 潜孔钻机，钻头直径为 76mm，从止浆墙上的预留管中打入，初次打设长度为预埋管长度，进行注浆；之后每次增加 6m，进行注浆，直至打设到 30m，如图 6-20 所示。

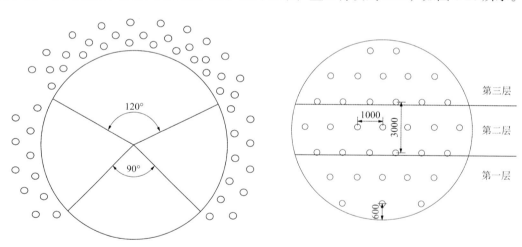

图 6-19　钻孔布置图　　　　图 6-20　掘进方向固结孔布置图（尺寸单位：mm）

⑤管棚施工

为使塌腔回填混凝土自稳性更佳，在空腔回填完成后，在顶拱 120° 范围内设置环向间距 0.3m（0.4m）、长度 30m、ϕ108mm 管棚，管棚内设置 ϕ20mm 小钢管 + 3×ϕ25mm 钢筋束进行补强。管棚回填材料采用水泥基材料或化灌材料，由现场实际情况确定，原则上出水量较大时选用化学材料浆液注浆（CG-P106），出水量较小时选用水泥基材料。ZSY-90 管棚钻机安装完成后进行管棚施工，管棚安装完成后进行注浆施工。

空腔回填及前进方向虚渣固结完成后方可开始进行管棚工作，同时采用 YT-28 钻机钻进 1m，通过钻头反复冲击岩体形成孔洞，安装 ϕ127mm 导向管，导向管长度为 1m，外倾角 10°，环向间距为 40cm，安装完成后采用模具复核，复核无误后采用锚固剂对孔壁与岩体周围的间隙进行充填。导向管与岩壁间充填物终凝后采用 ZSY-90 管棚钻机进行安设管棚施工，管棚布置范围为顶拱 120°，管棚为 ϕ108mm 根管管棚（钻头直径 108mm），管棚材料为外径 108mm 热处理调质管，管单根长度为 30m。其中顶拱 60°环向间距为 30cm，两侧 30°环向间距为 40cm，钻孔过程中如发现卡钻，应降低推力、提高转速。具体施工如图 6-21、图 6-22 所示。

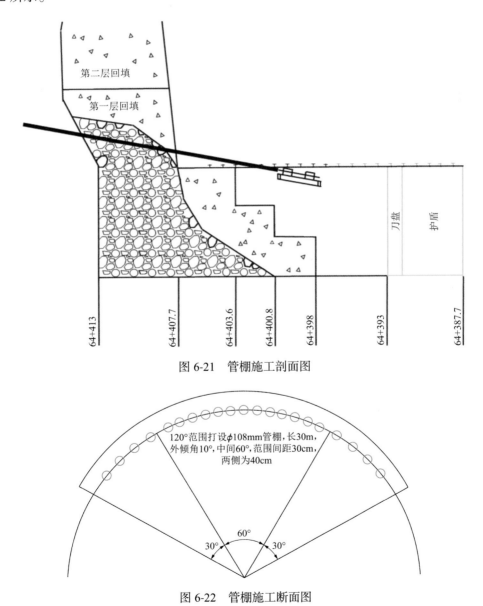

图 6-21　管棚施工剖面图

图 6-22　管棚施工断面图

ϕ108mm 根管管棚护盾与刀盘上部的 10m 不设孔，10～29.8m 段设溢浆孔，孔径 8mm，每环设 2 个孔，环间距 50cm，梅花形布置，如图 6-23 所示。

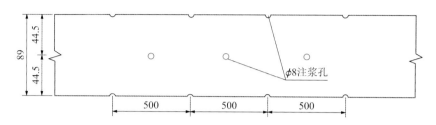

图 6-23 管棚注浆孔布置图（尺寸单位：mm）

管棚内设置 ϕ20mm 小钢管 + 3×ϕ25mm 钢筋束进行补强，如图 6-24 所示。

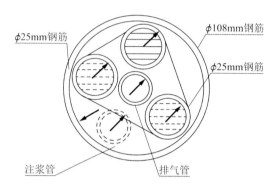

图 6-24 管棚钢筋束布置图

采用锚固剂封堵 ϕ108mm 管棚与导向管（岩壁）间的空隙，封堵长度不得小于 50cm。待封堵的锚固剂达到终凝后，连接注浆设备对施工完成的管棚进行注浆，安设管棚施工采用隔孔施作。

管棚注浆管布置、注浆施工同侧导洞清渣脱困处理方案。

⑥掘进、支护

掘进方向固结灌浆、空腔回填、管棚施工均完成后即可准备掘进。掘进前，需将刀盘前方清理干净，由于第一层止浆墙高度为 2.5m，导致刀盘紧贴第一层止浆墙，掘进受力面积较小，为防止掘进期间刀盘偏心受力，掘进前采用人工将第一层止浆墙拆除，使刀盘紧贴第二层止浆墙，保证刀盘受力面积 > 50%。

TBM 掘进时，后方拱架置换区应加强支护，HW150 型钢拱架由 90cm/榀加密至 45cm/榀，确保后期不出现掉块、塌方灾害。超前预支护完成后，TBM 掘进时应严密观察围岩变化情况，如果围岩没有好转迹象，掘进至超前预支护桩号前 3～5m 处应停止掘进，继续对前方围岩进行预固结处理及打设管棚，直至通过不良地质段。

2）主洞 63 + 813.82 塌方诱发卡机案例处理措施

TBM3-1 卡机位于 63 + 815 段，针对 63 + 805～63 + 865 段地质情况进行先固后掘的脱困处理。方案主要步骤为：护盾后 5m 范围拱顶固结灌浆→护盾体周围固结灌浆→塌腔内回填高强度轻型材料→超前管棚施工→纤维锚杆固结掌子面→整机后退脱困→不良地质段通过（图 6-25～图 6-31）。

第 6 章 TBM 卡机防控与处治典型案例分析

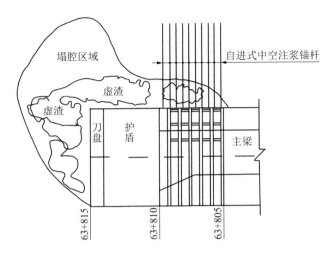

图 6-25 护盾后 5m 范围拱顶固结灌浆

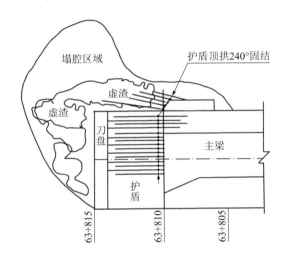

图 6-26 护盾体周围固结灌浆

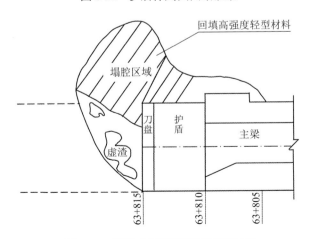

图 6-27 塌腔内回填高强度轻型材料

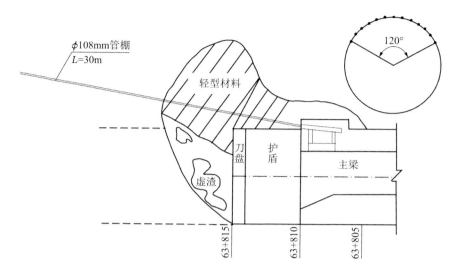

图 6-28　超前管棚施工

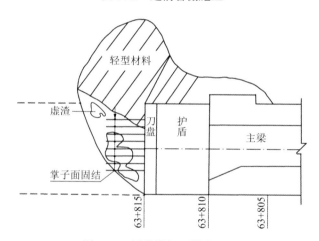

图 6-29　纤维锚杆固结掌子面

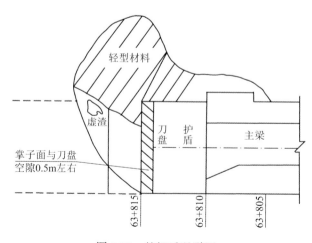

图 6-30　整机后退脱困

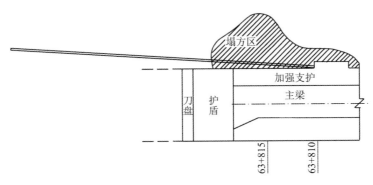

图 6-31 通过不良地质段

（1）护盾后拱顶固结灌浆

①施工准备

在护盾后 5m 范围内围岩化学灌浆前，准备好钻机、足够的钻头钻杆（防止卡钻，无法退出钻头钻杆）、化学浆液注浆机等主要施工设备，CG-P106 型、HC-106 化学注浆材料，自进式锚杆等施工主材，以及改装风钻、抽水机、浆液搅拌机、搅拌桶、方木、木板、闸阀、编织袋、铁锹、撬棍等辅助施工材料机具。

②护盾后 5m 注浆步骤

a. 护盾后 1m 范围止浆墙：采用 CG-P106 化学材料浆液注浆，预注浆深度为距护盾 5.378m，注浆锚杆后 1m 不开孔，前部 5m 开孔，开孔间距为 25cm，梅花形布置。锚杆长 6m，打设角度与锚杆钻机打设角度一致，锚杆纵向 3 排，间距 0.4m，梅花形布置，顶拱 180°范围布设，锚杆角度布置如图 6-32 所示。

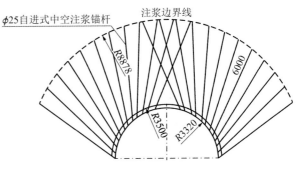

图 6-32 径向锚杆角度布置图（尺寸单位：mm）

b. 护盾后 1~5m 范围环向止浆墙：采用 CG-P106 化学注浆材料，预注浆深度为距护盾 1.107m，注浆锚杆后 1m 不开孔，前部 0.5m 开孔，开孔间距为 25cm，梅花形布置。锚杆长 1.5m，打设角度与锚杆钻机一致，锚杆纵向 5 排，环向间距 0.4m，排距 0.8m，梅花形布置，顶拱 180°范围布设，锚杆角度布置如图 6-33 所示。

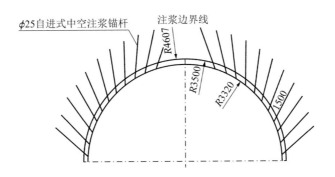

图 6-33 径向锚杆角度布置图（尺寸单位：mm）

c. 护盾后 1~5m 范围径向固结灌浆：采用 HC-106 化学注浆材料，预注浆深度为距护盾 5.378m，注浆锚杆纵向后 2m 不开孔、前部 4m 开孔，开孔间距为 25cm，梅花形布置。锚杆长 6m，打设角度与锚杆钻机一致，锚杆纵向 5 排，环向间距 0.4m，排间距 0.8m，梅花形布置，顶拱 180°范围布设。

盾尾止浆墙布孔分四序施工，环向止浆墙、径向固结灌浆分二序施工。护盾后 5m 孔位布置如图 6-34 所示。

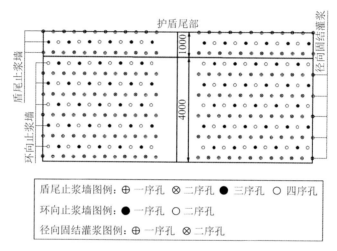

图 6-34 护盾后 5m 锚杆孔位布置平面展开图（尺寸单位：mm）

③锚杆打设施工

在护盾后 5m 区段拱顶 180°已喷混凝土范围，采用 YT-28 手风钻配合 TBM 自带锚杆钻机打设 $\phi25\text{mm}$ 自进式中空注浆锚杆，打设间排距 40cm，打设深度 6m。锚杆布置如图 6-35 和图 6-36 所示。

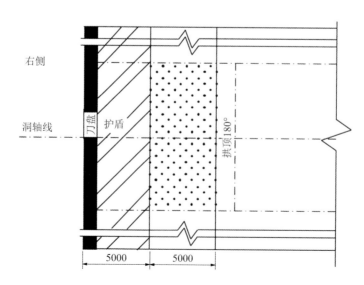

图 6-35 锚杆布置平面图（尺寸单位：mm）

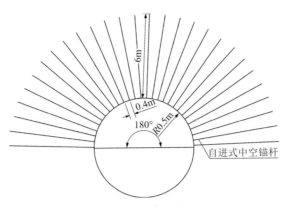

图 6-36 锚杆布置断面图

④注浆工艺

因注浆管距离护盾较近,注普通水泥浆凝固慢,且容易扩散到护盾和刀盘上使其与岩体固结在一起,因此施工时选用化学浆液注射灌浆。注浆管体在松散体内,不再进行注水试验,防止松散体泥化。注浆前用锚固剂将注浆管和孔口之间缝隙固结牢固,防止注浆时漏浆,注浆管口与闸阀焊接牢固,注浆终结时关闭,防止漏浆。安装好气动注浆泵后,先进行试运行,检查气动二联件、空气凝结器、油雾化器等是否工作正常,检查进风软管是否干净,待各系统正常工作后方可开始注射灌浆。

(2)钻机工作间扩挖及护盾顶检查孔施工

①扩挖换拱支护工艺流程

换拱采用先扩挖支护,后拆除原拱架的施工方式。整体流程为:破除已喷射混凝土→割除连接槽钢、钢筋排→扩挖至工作间断面→割除已施工锚杆外露部分→支立工作间拱架→铺设钢筋网片、焊接连接槽钢→拱架拱脚与下部未拆除原拱架连接→打设锁定锚杆→喷射混凝土封闭→拆卸原拱架(一榀)→下一榀换拱施工。

②扩挖施工

扩挖前,拆除护盾后 5 榀拱架,人工配合锚杆钻机对围岩进行扩挖,扩挖范围为 124°,扩挖半径为 4.18m,支护完成后内轮廓半径为 4.0m,扩挖长度为护盾尾部 3.5m,具体尺寸如图 6-37 所示。

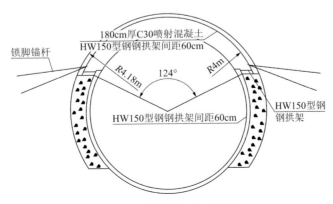

图 6-37 扩挖断面与支护图

③换拱施工技术要求

人工采用风镐（电镐）从工作间尾部开始扩挖施工，扩挖施工长度为已支立两榀拱架之间一空榀距范围，不得相邻两空同时扩挖。工作间采用HW150型钢钢拱架支护，榀距30cm；拱架分为两节，每节拱架两端焊接15mm厚连接板；两节钢拱架通过螺栓连接，连接方式与原拱架连接方式相同。钢拱架制作如图6-38所示，每榀拱架重量详见表6-3。

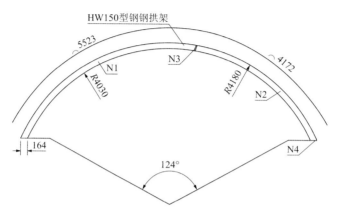

图6-38 工作间拱架（尺寸单位：mm）

工作间拱架每榀工程量 表6-3

编号	材料规格尺寸	数量	长度（mm）	重量（kg）
N1	HW150 型钢	1根	5523	176.184
N2		1根	4171	133.055
N3	150mm×150mm×15mm	2块		5.298
N4	150mm×164mm×15mm	2块		5.794
合计				320.331

拱架间采用10号槽钢连接，槽钢间距0.3m；工作间尾部第一榀拱架与后方相邻未扩挖拱架采用HW125型钢连接，连接型钢间距0.5m，如图6-39所示。

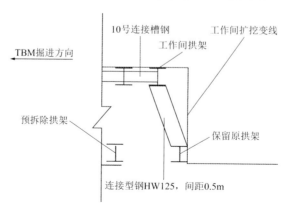

图6-39 工作间尾部加固

工作间拱架拱脚部位采用HW150型钢与原钢拱架连接。采用ϕ25mm锁定锚杆加固，锁定锚杆长度4.5m，与钢拱架呈L连接，锚固浆液采用HC-106化学浆液注浆材料，采用先注浆后插锚杆方式，每榀拱架锁定锚杆共计8根（图6-40）。工作间断面采用ϕ22mm@50mm钢筋排、C30喷射混凝土封闭支护。

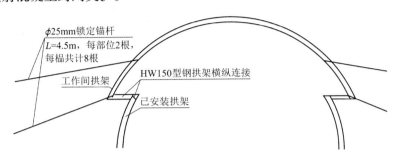

图6-40　工作间拱架拱脚加固

④护盾顶部检查孔施工

为明确顶护盾塌方虚渣厚度，防止回填塌腔注浆浆液流动至刀盘与护盾缝隙中，造成刀盘与主驱动固结，采用护盾顶部检查孔施工。由护盾尾部环向超前锚杆钻机多次打设探测孔得知，护盾尾部距离塌腔最近点部位约为顶拱中心环向右方1.5m处，在此部位进行检查孔施工。

检查孔技术要求如下：宽1.1m、高1.2m，门形，纵向长度视空腔位置确定；检查孔采用人工风镐（电镐）开挖，边开挖边支护；检查孔支护拱架采用HW125型钢紧挨焊接布设，拱架横梁与支腿采用焊接连接，支腿底部与顶护盾焊接牢固；第一榀拱架同最近工作间拱架采用HW125型钢焊接连接，整体受力（图6-41）。

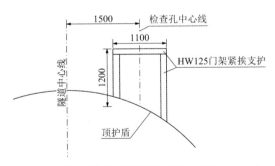

图6-41　检查孔布置断面图（尺寸单位：mm）

（3）护盾体周围固结灌浆

护盾周围自进式中空锚杆固结灌浆采用CG-P106型注浆材料，锚杆纵向3排，间排距0.4m，梅花形布置，顶拱240°范围布设，预注浆深度为距护盾4m。为保证注浆扩散效果，注浆采用四序。

第一排锚杆长度为7m，外倾角20°，打设起点为护盾后0.8m，注浆锚杆后1.5m不开孔，前部5.5m开孔，开孔间距为25cm，梅花形布置。

第二排锚杆长度为8m，外倾角30°，打设起点为护盾后1.2m，注浆锚杆后2m不开孔，前部6m开孔，开孔间距为25cm，梅花形布置。

第三排锚杆长度为6m，外倾角40°，打设起点为护盾后1.6m，注浆锚杆后3m不开孔，前部3m开孔，开孔间距为25cm，梅花形布置。

注浆孔布置如图6-42所示，护盾周围注浆锚杆角度范围如图6-43所示。

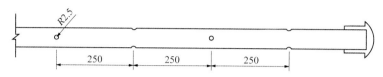

图6-42 自进式锚杆注浆孔布置图（尺寸单位：mm）

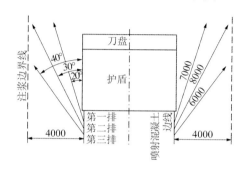

图6-43 护盾周围注浆锚杆角度（尺寸单位：mm）

为保证注浆扩散效果，防止孔间串浆，护盾周围注浆布置采用四序孔施工，锚杆孔位如图6-44所示。

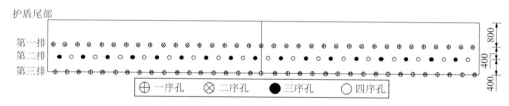

图6-44 护盾周围注浆锚杆孔位布置平面展开图（尺寸单位：mm）

径向固结范围为盾体外2m，自进式锚杆长度3～7m，如图6-45、图6-46所示。

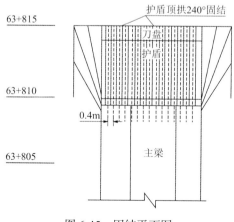

图6-45 固结平面图

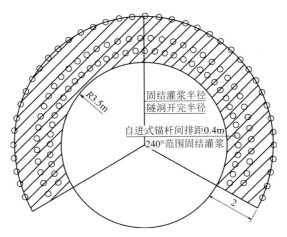

图 6-46 孔位布置断面图

（4）塌腔回填及超前管棚施工

①管棚钻机安装

护盾周围固结灌浆完成后，安装管棚钻机合架与 ZSY-90 管棚钻机。管棚钻机通过托板及 U 形螺栓固定在前后两个弧形梁上，移动时钻机前部脱离前部弧形梁，固定在悬臂梁上面，通过拱架拼装器旋转悬臂梁，带动钻机旋转，完成洞室上部 120°范围内钻孔作业。钻机尺寸为 305cm（长）×80cm（宽）×119cm（高），质量为 1t。

②塌腔回填

塌腔预估范围为 TBM 刀盘顶部上方 9m、刀盘前方 7m，由于回填混凝土会导致水泥浆液由塌方松散体空隙流向刀盘使其固结，因此采用 CG-P106 化学材料和发泡混凝土对塌腔进行回填。化学材料回填施工一次回填厚度不宜超过 1m，第二次回填须待第一层回填材料强度达标，可以承重时进行。

采用 ZSY-90 管棚钻机从护盾尾部向前方塌腔施钻回填孔，并埋设管道。钻机钻头直径为 108mm，初始钻孔外倾角为 30°，二次钻孔外倾角为 45°，孔内埋设 ϕ108mm 回填管，回填管内埋设 ϕ42mm 排气管。图 6-47 为回填管、排气管布置图。

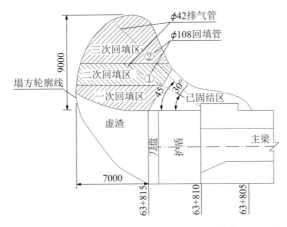

图 6-47 回填管、排气管布置图（尺寸单位：mm）

塌腔回填分三次分层回填施工，第一次回填高度距离护盾顶部1m，第二次回填高度距离护盾顶部2m，第三次回填至塌腔顶部填满。第一、二次回填采用CG-P106化学材料，第三次回填根据施工进展情况采用发泡混凝土。回填塌腔前，采用1.5mm厚钢板焊接封闭刀盘全部孔洞，防止浆液沿塌方松散体空隙进入刀盘。

一次回填时，从1号回填管回填，待1号管口与岩壁间有浆液流出时，一次回填完毕，采用风管把1号管内余料吹净。待一次回填浆液强度达标后，进行二次回填。二次回填时，从1号回填管回填，待1号管排气管有浆液流出时，二次回填完毕，封堵1号管口。三次回填时，从2号管口进行回填，待2号管排气管有浆液流出时，确定塌腔已全部填满。

③管棚施工

ZSY-90管棚钻机安装完成后进行管棚施工，管棚安装完成后进行注浆施工。具体施工过程如下：

护盾与刀盘上方化灌施工完成后安设管棚钻机，同时采用YT-28钻机钻进1m，通过钻头反复冲击岩体形成孔洞；安装ϕ127mm导向管，导向管长度为1m，外倾角10°，环向间距为40cm（30cm），安装完成后采用模具复核；复核无误后采用锚固剂对孔壁与岩体周围的间隙进行充填。导向管与岩壁间充填物终凝后，采用ZSY-90管棚钻机（钻头直径108mm）进行管棚施工，管棚布置范围为顶拱120°，管棚为ϕ108mm根管管棚，管棚材料为外径108mm无缝钢质管，单根长度为30m；顶拱60°环向间距为30cm，两侧30°环向间距为40cm。钻孔过程中如发现卡钻应降低推力提高转速。管棚施工示意图如图6-48、图6-49所示。

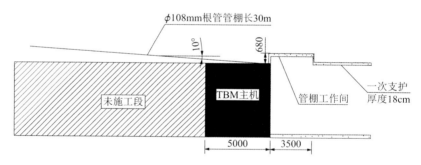

图6-48 管棚施工剖面示意图

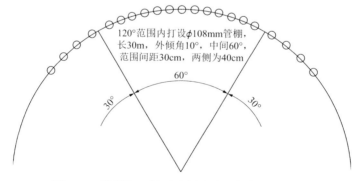

图6-49 管棚施工断面示意图（尺寸单位：mm）

管棚注浆孔布置、管棚钢筋束布置、管棚注浆管布置同 6.2.1 节整机后退止浆墙方案。

④管棚注浆施工

管棚注浆施工同 6.2.1 节侧导洞清渣脱困处理方案。

（5）刀盘前部掌子面纤维锚杆固结灌浆

采用自进式中空纤维注浆锚杆对刀盘前方松散岩体进行固结加固，使松散岩体固结成整体，有自稳能力，不再挤压刀盘，从而使刀盘脱困。纤维锚杆直径 32mm，打设深度 2～3m，由刀盘滚刀孔向刀盘前方打设，采用 CG-P108 化学材料浆液注浆。

（6）刀盘清理

上述工作全部完成后，采用人工对刀盘周边已固结围岩段进行清理。清理完成后，试转刀盘脱困，成功脱困后进行不良地质段施工，否则进行整机后退施工。

（7）整机后退

①后退要求

TBM 整机后退要求同 6.2.1 节侧导洞清渣脱困处理方案。

②导孔

由于围岩收敛变形值较大，刀盘前方及护盾周边的塌方渣土量过大，存在整机不能后退的可能。为保证施工进度、缩短直线工期，在护盾顶部检查孔施工后，进行 TBM 护盾两侧导孔施工。

导孔尺寸为宽 1.8m、高 2.15m 门形，纵向长度为护盾尾部至掌子面，导孔底部为隧洞开挖底部向上 1m 处；导孔采用人工风镐（电镐）从护盾尾部一、二榀拱架间沿侧护盾向掌子面开挖，边开挖边支护。

导孔支护拱架采用 HW150 型钢焊接制成，拱架间距 0.3m；拱架间采用 10 号槽钢连接，间距 0.3m；拱架横梁一端与侧护盾焊接，增加拱架整体受力；拱架横梁与支腿采用焊接连接，支腿底部焊接 15mm 厚、断面 250mm×250mm 钢板，防止拱架下沉变形。导孔布置如图 6-50 所示。

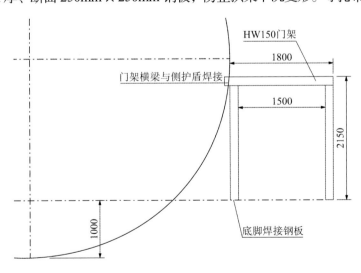

图 6-50　导孔布置断面图（尺寸单位：mm）

（8）不良地质段掘进

不良地质段后续施工需持续进行超前管棚及超前纤维锚杆系统固结灌浆，完成后进入

TBM 开挖阶段，施作距离结合超前地质预报及现场围岩揭露情况确定。

①TBM 掘进

由于地质条件不明，TBM 掘进时需采用低扭矩、低转速缓慢通过，刀盘转速不大于 1r/min，贯入度不大于 5mm/r，时刻关注刀盘扭矩的变化幅度，将其控制在 10% 以内，防止出现刀具偏磨和刀刃崩裂。待掌子面磨平后，逐步提高刀盘转速和推进力。

在掘进过程中，撑靴的撑紧力控制在 12000kN 以内，推进力控制在 8000kN 以内，撑靴通过密排钢拱架支护段之前，采用模筑混凝土对撑靴区域进行回填。

②一次支护

该段一次支护在Ⅴ类围岩设计支护参数的基础上进行补强，将钢拱架间距缩减至 0.45m，钢筋排采用 ϕ22mm 螺纹钢，环形加密，顶拱 124° 范围布置。2 榀拱架之间全环采用 10 号槽钢进行连接，槽钢间距 0.5m，顶拱 124° 范围采取 1.5mm 厚钢板封闭。

a. 钢拱架的安装：钢拱架安装器布置在主驱动后面，安装在主梁上，纵向可沿主梁上的导轨移动一定距离。钢拱架分片运输到位后，由旋转驱动机构逐节牵引旋转并用螺栓连接，再用顶部和侧部张紧液压缸将拱架从拼装梁中顶出，贴紧到洞壁上。然后在底部开口处用专用张紧工具将整个拱架张紧到洞壁上，并用连接板将开口连接固定，形成整环钢支撑。

b. 钢筋排的安装：在顶拱 120° 范围使用 ϕ22mm 的钢筋排进行支护。在顶护盾及搭接护盾内侧设有钢筋快速支护系统，将钢筋排在洞外加工车间按图纸要求制作好后，运至安装位置，将钢筋排插入顶护盾内侧预留的孔内，外露段搭接焊在安装好的钢拱架上。随着 TBM 向前掘进，钢筋排被慢慢抽出，到一定距离后再固定在钢拱架上，在一节钢筋排前段露出护盾之前，插入下一节钢筋排。

6.3 大瑞铁路高黎贡山隧道卡机案例

6.3.1 工程地质

图 6-51 是高黎贡山隧道的纵断面地质图，隧道最高埋深大约 1555m，总长度为 34538m，计划开挖里程为 D1K192 + 302～D1K226 + 840。

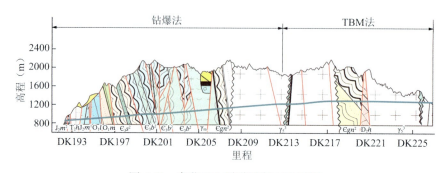

图 6-51 高黎贡山隧道纵断面地质图

第6章 TBM卡机防控与处治典型案例分析

因工区位于印度板块与欧亚板块相碰撞缝合带附近，穿越其相互碰撞汇聚的金沙江缝合带、澜沧江缝合带、保山地块与腾冲地块碰撞汇聚之怒江缝合带，褶皱、断裂构造相当发育。该区域还具有高低热、高地应力与高地震烈度的显著特征，新构造运动与外动力地质条件活跃。

高黎贡山隧道在出口段采用TBM方法施工(图6-51)，里程为D1K213+580~D1K225+950，开挖直径为9.03m。相较于TBM法开挖的出口段，进口段岩性变化更为频繁，地质构造更为复杂。TBM对于复杂的地质构造与频繁的岩性变化适应性较差，因此进口段全线采用了钻爆法进行施工。为减少正洞TBM施工风险，采用直径6.36m的小直径TBM用于平行导洞的施工。在TBM施工区间段，地表零星覆盖第四系全新统滑坡堆积、坡崩积、冲洪积、坡洪积、坡残积，上更新统冲洪积软土、粉质黏土、粗砂、砾砂、细砾土、粗砾土、碎石土、卵石土、漂石土、块石土等地层；下伏第三系燕山期花岗岩、时代不明混合花岗岩、辉绿岩脉及各期断裂、断层破碎带之断层角砾、压碎岩和蚀变岩等地层。由于多次通过断层破碎带等不良地质，TBM面临着严峻的卡机风险。

由于卡机与围岩的变形息息相关，仅有地层岩性无法对TBM隧道开挖的安全性与隧道围岩的变形量进行评估，为提前制定施工对策以保障TBM安全快速掘进，开展了围岩质量分类工作。对高黎贡山隧道全线围岩进行分类统计，围岩质量由较好到较差列为Ⅰ到Ⅴ级(图6-52)。高黎贡山隧道全线围岩以较差或十分差的等级(即Ⅳ级与Ⅴ级)为主，在隧道长度中占比49.2%。然而，由于整体的地质勘探有一定的局限性，实际开挖中可能会揭露前期勘探未能探明的断层、破碎带，高黎贡山隧道实际的围岩质量可能更差。

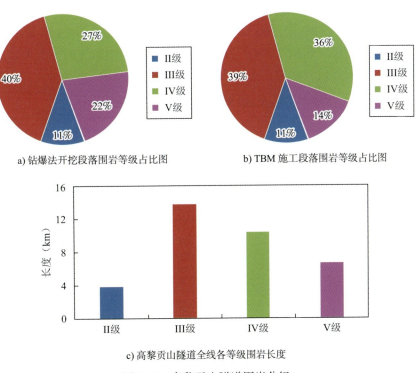

a) 钻爆法开挖段落围岩等级占比图　　b) TBM施工段落围岩等级占比图

c) 高黎贡山隧道全线各等级围岩长度

图6-52　高黎贡山隧道围岩分级

由图 6-52a)、b) 可见，钻爆法开挖的围岩类别占比与 TBM 法的占比总体相差不大，质量较差的Ⅳ级与Ⅴ级围岩均约占总开挖长度的 49.2%，但钻爆法开挖段的Ⅴ级围岩占比比 TBM 开挖段多 8%，Ⅴ级围岩自稳能力较差，容易产生掌子面失稳与较大的洞周收敛问题，导致 TBM 卡机；此外，因Ⅴ级围岩质地较软（较低的单轴抗压强度），且整体较为破碎，敞开式 TBM 在Ⅴ级围岩中掘进时，可能会发生撑靴深陷情况，无法为掘进提供相应的反力。考虑到敞开式 TBM 对Ⅴ级围岩的适应性极差，因此在Ⅴ级围岩占比相对较低的出口段落采用 TBM 法进行施工。

6.3.2 卡机案例

高黎贡山隧道 TBM 施工段主要地层岩性为燕山期花岗岩、中泥盆系回贤组白云岩、断层角砾、物探Ⅴ级异常带、志留系上统灰岩，白云岩夹石英砂岩。其中，TBM 穿越地层岩性占比最大的是燕山期花岗岩，总长约 8.8km。

高黎贡山隧道穿越的燕山期花岗岩的石英含量大多在 40%～42% 之间，单轴饱和抗压强度为 46MPa 左右，表示出的岩石物理、力学指标较为符合 TBM 的掘进条件，按照预期 TBM 应能在花岗岩地层中快速掘进。然而，岩石是赋存于一定的地质背景之中的，单一的矿物指标如石英含量，以及单纯的力学强度指标如岩块的单轴饱和抗压强度，不能完全反映 TBM 的施工条件，还需要考虑水文地质条件与构造地质条件，进行全局评估。

考虑到隧道设计阶段的地质工作是一个全局的勘探与评估工作，难以细致反映出每一个里程桩号的地质特征，因此，开展了随着隧道正洞与平行导洞开挖的细致的原位地质勘探工作，它可以对设计阶段的地质勘探进行补充与修正。TBM-1 与 TBM-2 分别被用来表示正洞 TBM 与平行导洞 TBM。在 19 个月的工作时间内（2018 年 2 月—2019 年 8 月），获取了高黎贡山隧道的 8 次卡机现象，包括 TBM-1 的 2 次卡机现象与 TBM-2 的 6 次卡机现象，卡机现象的里程、致灾模式与停机时间被汇总在表 6-4 与表 6-5 中。

高黎贡山隧道正洞 TBM（TBM-1）卡机情况统计 表 6-4

序号	卡机里程	卡机模式	围岩级别	地下水作用
1	D1K224+212.467	大变形导致刀盘被卡	Ⅴ	间接
2	D1K223+342.366	塌方导致刀盘盾被卡	Ⅴ	间接

高黎贡山隧道平行导洞 TBM（TBM-2）卡机情况统计 表 6-5

序号	卡机里程	卡机模式	围岩级别	地下水作用
1	PDZK225+287.461	塌方导致刀盘被卡	Ⅳ	未涉及
2	PDZK225+038.423	塌方导致刀盘被卡	Ⅴ	未涉及
3	PDZK224+313.804	塌方导致刀盘被卡	Ⅴ	未涉及
4	PDZK224+224.031	塌方导致刀盘被卡	Ⅴ	间接
5	PDZK221+917.957	塌方导致刀盘被卡	Ⅴ	间接
6	PDZK221+805	涌水	Ⅴ	直接

在围岩质量方面,所有的卡机现象所在区间均为质量十分差的围岩,即Ⅳ级与Ⅴ级,此外,87.5%的卡机发生段落的围岩为Ⅴ级围岩,可以看出敞开式 TBM 对 Ⅴ 级围岩的适应性极差。在卡机模式方面,87.5%的卡机都是由围岩失稳垮塌引起的,围岩的瞬时大变形是 TBM 面临的主要挑战。在地下水影响模式方面,有超过 62.5% 的 TBM 卡机与水相关,地下水主要起到了间接致灾作用。TBM-2 卡机现象的发生次数是 TBM-1 的 3 倍,这是因为 TBM-2 主要作用是保障 TBM-1 的施工安全,所以会先于 TBM-1 进行开挖,能够更细致地探明掘进线路中的地质情况。

TBM-1 的第一次卡机现象发生的里程为 D1K224 + 212.467,该里程显著的地质特征是 TBM-1 下穿河流,但这并非 TBM-1 的第一次停机。TBM-1 第一次停机发生在里程 D1K226 + 014.773,其原因是掌子面突发涌水,实测涌水量为 240~500m³/h,并冲刷形成一个 10m(高)× 6m(宽)× 5m(纵深)塌腔,TBM 被迫停机处理涌水与塌腔。

TBM-1 从 D1K224 + 270 开始掘进时,遭遇的围岩的岩性为似斑状二长花岗岩,整体破碎(图 6-53)。开挖至里程 D1K224 + 229 附近时,有大量掉块现象,其地质原因是存在一组走向 30°的近垂直密集节理及一组走向 60°的近垂直裂隙。此外,该地带有一条产状 350°∠60°小断层与两组裂隙相交,小断层宽 15cm,夹杂黄绿色断层泥,断层内部可见片理化蚀变,断层掉块处可见明显擦痕。在水的间接作用下,该区段围岩破碎,并且掌子面不能自稳,泥沙状渣体涌入刀盘,造成皮带机压力过大,TBM 推进缓慢,每日进尺最高只有 1.3m,直至停机处治。

a) 洞内围岩节理发育,产生掉块现象　　　　b) 断层擦痕特征

图 6-53　里程 D1K224 + 212.467 TBM-1 卡机处洞内围岩条件

2018 年 9 月 18 日 TBM 恢复正常掘进,而在 2018 年 11 月 2 日 D1K224 + 219 附近发生了涌水涌泥,导致塌方,间隔 46d 再次发生了 TBM 卡机现象。尽管 TBM 掘进造成的围岩扰动相较于钻爆法较小,但其在下穿河流、围岩破碎的不良地质条件下掘进,仍然表现出极大

的不适应性。这次卡机灾害虽然是破碎带与地下水的共同作用，但显然地下水对卡机起到了更大的影响。在卡机前，地下水在围岩的裂隙中流动，造成充填介质流失与强度弱化。在开挖过程中，由于TBM掘进扰动而使得围岩发生失稳，加剧了地下水渗流，掌子面不能自稳，产生塑性变形，进而造成TBM被卡。卡机后，被扰动后的围岩虽然被重新加固，但是无法承受隧道上方的水压力，进而发生了涌水、塌方二次灾害。

从工程地质与水文地质角度对卡机与次生塌方灾害进行分析：首先，隧道下穿河流是造成卡机的主要原因，近直立的节理发育，有利于地表水下渗；其次，围岩风化严重，整体破碎，且存在泥状充填介质，随着TBM快速的开挖扰动，节理裂隙充填介质流失，导水通道扩展，岩体强度进一步弱化，导致失稳；最后，D1K224+219附近为沟谷地质构造，成为地表水汇集区域，地下水与降雨均向沟谷排泄，在开挖扰动与持续下渗的共同作用下，隧道产生卡机与塌方灾害。

TBM-1的第二次卡机发生在里程D1K223+342.366处，隧道围岩岩性为似斑状二长花岗岩，围岩质量为V级，围岩破碎，洞壁潮湿，TBM-1掘进过程中围岩不能自稳，持续垮塌，围岩收敛导致刀盘护盾"抱死"。破碎的岩石块体持续掉落，最终在D1K223+343处形成一直径约2m、深度约4m的塌腔，塌腔可容纳3~4人进入（图6-54）。

a) 塌腔上方围岩破碎，产生掉块现象　　　　b) 塌腔与支护结构

图6-54　里程D1K223+342.366处刀盘后方掉块与形成的塌腔

图6-55是TBM-1开挖过程中发生卡机现象前后的平均掘进速率随时间的变化曲线。图中，平均掘进速率的计算方式是两次记录的开挖里程除以记录间隔时间。两次卡机现象的掘进曲线都可以分为5个阶段：第一阶段为正常掘进阶段，该阶段的特征为TBM保持较快的速度进行掘进，在V级围岩中能保持5m/d以上的掘进速率；第二阶段为速率骤降阶段，表现为相邻两日的掘进量相差达到5m左右，并且每日的掘进速率整体迅速下降，直至1m/d以下，这时TBM的掘进速率已经低于钻爆法，并且因围岩的变形挤压，导致掘进困难，直至掘进速率为0，进而发生卡机；第三阶段为停机阶段，在该阶段日掘进量为0，TBM正在进行脱困处治，值得注意的是，该阶段应该迅速完成，因为围岩变形存在一定的时间效应，若TBM停机时间过长，极易产生二次灾害，甚至会损坏机械；第四阶段为掘进速率恢复阶段，表现为TBM掘进速率开始大于0，并尝试进行恢复掘进，此时的掘进速率维持在一个较低的值，一般在3m/d以下，与钻爆法速率相当；第五阶段为加速掘进阶段，当围岩改良或者TBM检修改造完成时，TBM重新适应了卡机段落的地质条件，掘进速率增大至5m/d以上，已大于相同围岩条件下钻爆法的掘进速率，并且整体掘进速率有一个较快的增加，直至恢复至第一

阶段，即正常掘进阶段。由此可以看出，高黎贡山隧道两次卡机现象的 TBM 日掘进量变化规律与曲线形态基本一致，速率骤降阶段可以作为 TBM 卡机灾害的前兆特征，此时已经能够说明 TBM 无法适应围岩状态的改变，如在该阶段进行相应的施工处治，能够起到对卡机的预防作用。

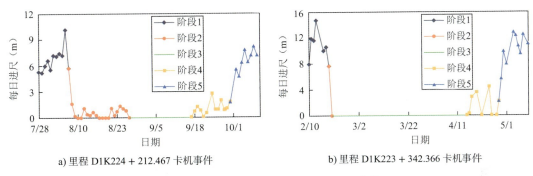

图 6-55　TBM-1 每日掘进量时间关系曲线

综上所述，高黎贡山隧道不利地质条件对 TBM 卡机的影响可以归纳为：

（1）地表岩石风化严重，在地表河流、沟谷构造与节理发育的共同作用下，地表水极易下渗，破坏围岩的稳定性，充填介质的流失存在一定的时间效应，可能造成二次灾害。地下水对围岩的劣化作用是高黎贡山隧道产生卡机灾害的重要原因。

（2）洞内围岩质量变化大，且其力学性质存在突变，造成 TBM 掘进的灵活性不能满足变化频繁的围岩质量。隧道整体埋深较大，已开挖段落的埋深一般在 200m 以上，造成了被开挖围岩的力学性质的不均匀性，在 TBM 全断面机械开挖扰动下极易产生围岩失稳。

（3）围岩虽然以花岗岩为主，甚至部分花岗岩含有丰富的石英，然而在地质构造的作用下，围岩极为破碎，而且富水，使得容易产生坍塌卡住 TBM 的刀盘与刀盘护盾，且撑靴容易无法撑紧岩壁而打滑。

（4）高黎贡山隧道 TBM-1 的每次卡机均有显著的不良地质特征，如下穿河流、风化严重、产状破碎与地下水丰富。因此，不利的地质环境是造成卡机的关键因素，并且是先决条件。

6.3.3　TBM 卡机防控措施

破碎带与地下水是造成 TBM 卡机的关键要素，若要规避 TBM 未来面临的卡机风险，应当在 TBM 到达恶劣地质条件里程之前做出超前处治。然而，设计阶段宏观地质勘探与 TBM 搭载的超前钻探并不能满足探明破碎带与地下水的需求。首先，钻探获取的地质信息范围有限，可能会遗漏某些地质信息。此外，TBM 对地质条件的变化特别敏感，而宏观的地质勘探无法给出细节性的地质条件变更信息。

针对上述情况，开展随 TBM-1 开挖的地表勘探工作与超前地质预报工作，从隧道内、外两方面联合揭示卡机发生的地质规律。根据探测介质的不同，选取地震波法和激发极化法两种地球物理探测方法进行超前预报。

地震波法被选取用来探测破碎带，其基本原理在于当地震波遇到波阻抗差异界面时，一部分信号被反射回来,一部分信号透射进入前方介质。波阻抗的变化通常发生在地质岩层界面或岩体内不连续界面。反射的地震信号被高灵敏地震信号传感器接收,地震波从一种低波阻抗物质传播到一个高波阻抗物质时,反射系数是正的;反之,反射系数是负的。当岩体内部有破裂带时,反射波的极性会反转。反射体的尺寸越大,波阻抗差别越大,反射波就越明显,越容易探测到。由于围岩和含水地质构造的电性参数存在差异,作为电法勘探分支之一的激发激化法被选取进行地下水的探测,采用激发极化方法可以得到探测区域围岩电阻率剖面,对含水构造表现为低阻,对完整围岩表现为高阻。TBM-1搭载的地震波超前探测装置的探测距离为100m,激发极化探测装置的探测距离为50m。图6-56a)是获取的D1K224+292~D1K224+192地震波法探测结果,此时,TBM距离卡机发生的桩号为80m。可以看出D1K224+248~D1K224+232与D1K224+210~D1K224+192均存在较强的正负反射,进而推断该段落围岩极破碎,易发生掉块和塌腔。图6-56b)是获取的D1K224+229~D1K224+199的激发极化三维成像结果,由图可以看出D1K224+229~D1K224+214段落的三维电阻率图像左侧、右侧均出现低阻区域,推断此段落开挖时易出现股状流水。

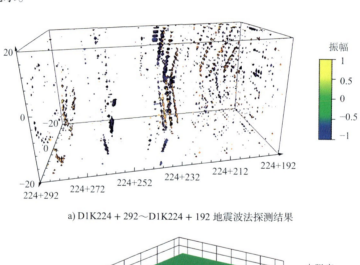

a) D1K224+292~D1K224+192 地震波法探测结果

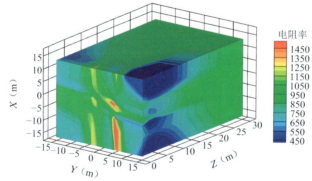

b) D1K224+229~D1K224+199 激发极化法探测结果

图 6-56 里程 D1K224+212.467 超前地质预报

综合地震波超前探测与激发极化探测的预报结果,认为D1K224+212.467附近围岩富水且极为破碎。基于地球物理探测的超前地质预报的多解性是它的最大局限,而且较难对掌子面前方围岩的产状与岩性做出十分精确的预测。但是，超前地质预报能够定性地给出 TBM 容易发生卡机的里程范围，缩小了钻探与地表踏勘的工作量。

在超前预报异常区进一步开展地表勘探。D1K224 + 212.467 附近地表处于沟谷中，使得地表水更易在此汇集，并且可以清晰地看出地表岩石风化严重，且节理产状近乎直立，使得地表水更容易向下方的隧道渗流，且附近围岩风化严重且极为破碎，地下水极易下渗，进一步弱化围岩导致围岩失稳（图 6-57）。根据第 2 章节中的案例调研与卡机地质特征分析，D1K224 + 212.467 附近极易发生 TBM 卡机现象。在 2018 年 8 月 TBM-1 在 D1K224 + 212.467 处发生的卡机现象（表 6-3），与洞内超前地质预报（图 6-56）及地表踏勘结果（图 6-57）表现出了较好的一致性。

a) 隧道下穿河流、地表岩层产状与水流状况　　　　b) 沟谷

图 6-57　里程 D1K224 + 212.467 地表地质踏勘结果

我们将从开挖阶段与停机阶段给出卡机应对方案。在 TBM 开挖阶段，应对卡机的关键是对不利地质条件进行改良，尤其是对破碎带与地下水的处理。但是，在地质调查阶段，有些不良地质构造可能被遗漏，TBM 实际掘进时面对的许多地质条件可能与地质调查阶段不同，并且没有反映在初步的地质报告中。然而，对不良地质的改良措施只有在探明地质条件的前提下才是有效的，尤其是对 TBM 隧道而言，需提前探明 TBM 将要面对的不良地质条件，包括围岩质量与涌水量。Bilgin 指出，在复杂的地质条件下，如果没有细致的现场与地质调查，不能开展机械掘进工程。因此，TBM 开挖阶段的卡机应对措施被分为细致的地质调研与地层条件改造。

在地质调研方面，不良地质构造与卡机灾害的发生具有较大的关联性，尤其是破碎与含水地质构造。因此，TBM 可以搭载超前预报系统，用于探测破碎区域与含水构造。例如，引松工程的 TBM 上搭载了地震勘探系统与电阻率超前勘探系统，分别被用于对破碎区与含水构造的勘探，细节性的原理与效果可以参照 Liu 等的研究（图 6-58）。地球物理探测可以为超前钻探与原位的地表地质调查缩小范围，但由于地球物理探测容易受到 TBM 的施工影响，如数据采集作业区存在锚杆、网片等金属物体对电的干扰，所以必须开展细致的地质调查，并与超前地质预报联合验证掌子面前方的地质信息。从对卡机的预防出发，原位地质调查的重点是岩性的变化、隧道与断层交线附近的地质构造与地表水发育情况。

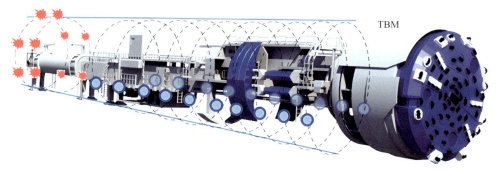

a) TBM 搭载地震超前勘探系统

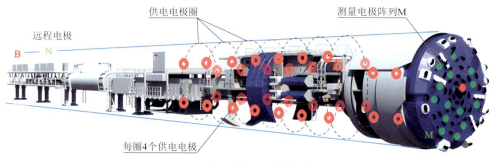

b) TBM 搭载电阻率超前勘探系统

图 6-58　TBM 上搭载地球物理探测系统

值得说明的是，除隧道内的地质勘察外，物探异常里程段还需开展更为细致的地表勘察。以高黎贡山隧道为例，其地表勘察情况如图 6-59 所示。图 6-59a）为高黎贡山隧道即将穿越的一处沟谷，图 6-59b）为高黎贡山隧道即将穿越的广林坡断层带的岩性与产状。进行地表踏勘时，隧道内部揭露岩性为似斑状二长花岗岩，但是断层带的地层出露岩性为志留系灰岩，且节理近直立发育。这些地质事件均与 TBM 卡机密切相关，联合超前地质预报信息与地表地质调研信息，可以对围岩改良的超前处治提供有效指导。

a) 高黎贡山隧道即将穿越的一处大型沟谷

b) 隧道即将穿越的广林坡断层，出露志留系灰岩，节理产状为 225°∠78°

图 6-59　高黎贡山隧道即将通过广林坡断层影响区地表情况

地层的改良措施方面，关键点在于对破碎围岩的加固与对水的处理。注浆加固是一个有效的地层改良措施，选取合适的注浆参数能够提高岩体强度，并降低岩体的渗透性与变形能力。对掌子面前方进行超前灌浆，使得大变形、塌方与突水突泥得到有效控制后，TBM 被卡的可能性将大大降低。

如果 TBM 已经被卡而停机，则应采取快速的脱困措施。岩石变形具有时间效应，长时间的停机可能造成 TBM 受到进一步挤压而导致机械损坏。同时，如果对围岩没有进行有效的改良，即使 TBM 已经通过被卡区域，该处也有可能发生二次灾害，导致 TBM 继续停机，典型案例见高黎贡山隧道 D1K224+212.467 的卡机现象。对于停机阶段的处治要保证快速有效，这往往是十分困难的。常用的脱困手段是掏挖小导洞，剥离压死护盾、刀盘的岩石，进行灌浆填充空腔，并固结破碎的围岩。如果掌子面难以自稳，也应对掌子面进行超前灌浆。应该注意的是，即使在停机阶段，也应按需采取临时支护措施以保障处治作业的施工安全。

6.4 本章小结

不同地质条件下 TBM 卡机孕灾模式、致灾机理和脱困措施不同，防控与处置方法也应因地制宜，依据现场实际情况提出针对性措施。本章依托典型 TBM 隧道（洞）卡机案例，针对突水突泥、塌方、围岩大变形等不同卡机诱因，详细分析了卡机里程的地质特征、卡机孕灾模式和致灾机理等，介绍了扩挖作业、锚杆作业、钻孔注浆作业、管棚作业和清渣作业等 TBM 卡机脱困作业，提出了具体的卡机脱困措施，并在实际工程中取得了较为成功的应用。此外，总结了卡机防控措施，深化了对隧道卡机致灾系统的认识，为类似工程地质与施工条件的 TBM 卡机灾害分析与控制提供有指导和参考。

附录

TBM卡机典型案例表

序号	工程名称	地下水	断层破碎带	膨胀性围岩	岩体完整性	围岩级别	围岩强度	软硬互层围岩	地应力	层间剪切薄弱带	灾害类型	卡机情况
1	DXL隧道	干燥	—	—	较差，次块状~镶嵌结构，节理裂隙发育	90%Ⅲ级，10%Ⅳ级	40~80MPa	—	水平应力30~42MPa，垂直应力15~21MPa	—	围岩大变形	前盾、伸缩盾被卡
2	上公山隧道	线流状	带宽5~20cm和20~30cm，穿越断层	弱膨胀性，含有蒙脱石、伊利石、绿泥石、高岭石	差，岩石极破碎	Ⅳ级、Ⅴ级为主	25.3~94.8MPa	硬岩94.8MPa，软岩25.3MPa，界面倾角60~70°	水平地应力较高	—	围岩大变形，5~11cm	后盾被拉开，顶部严重挤压变形
3	ABH工程	干燥	大型断层，带长1~5km，带宽5~12m，影响带宽80m，穿越断层	—	差，岩石破碎	Ⅳ级、Ⅴ级	30~180MPa	硬岩119.7~187.4MPa，软岩39.5~68.9MPa，界面倾角90°	水平应力30MPa，垂直应力20MPa	—	围岩大变形	护盾被卡
4	兰州市水源地工程	线流状	带宽30m，远离断层	—	差，碎裂结构，节理密集发育	Ⅴ级	—	—	—	—	塌方，突水80m³/h	刀盘、前盾被卡
5	兰州市水源地工程	滴水	—	中膨胀性，岩石碎胀系数1.1	—	Ⅳ级	10~70MPa	硬岩40~70MPa，软岩10~30MPa	高地应力	—	围岩大变形	前盾被卡
6	东山供水9号隧洞	—	砂卵石层	—	—	—	—	—	—	—	突水突泥250m³/h	主推油缸被泥沙覆盖
7	引汉济渭工程	涌流状	带宽超过30m，穿过断层	—	—	—	—	—	—	—	塌方，围岩大变形	刀盘被塌体卡住，护盾被收缩围岩卡住
8	引汉济渭工程	涌流状	—	—	好，围岩完整	—	148~306MPa	—	水平应力65.01MPa	—	突水1900m³/h	TBM被淹，停机75天

序号	工程名称	地下水	断层破碎带	膨胀性围岩	岩体完整性	围岩级别	围岩强度	软硬互层围岩	地应力	层间剪切薄弱带	灾害类型	卡机情况
9	科卡科多水电站	干燥	小型断层，带宽10cm和20cm，穿越断层	—	差，岩石破碎	Ⅳ级、Ⅴ级为主	—	—	—	—	塌方、突水突泥	前盾被卡
10	引大济湟工程	涌流状	大型断层，长约20km，穿越断层	强膨胀性围岩，砾石高岭土化严重	差，岩石极破碎	Ⅳ级	—	—	水平应力21.1~22.1MPa	—	塌方、围岩大变形	前盾被卡
11	引大济湟工程	涌流状	大型断层，长约500km，穿越断层	强膨胀性围岩，穿利石、绿泥石	好，围岩完整	Ⅴ级	—	—	水平应力21.1~22.1MPa	—	围岩大变形，最大值55mm/d	护盾被卡
12	引大济湟工程	涌流状	大型断层，长约20km，穿越断层	强膨胀性围岩，蒙脱石、伊利石等膨胀性矿物含量43%~56%	好，围岩完整	Ⅳ级、Ⅴ级为主	非常低，手捏可碎	—	水平应力21.1~22.1MPa，垂直应力18.2~21.9MPa	—	围岩、塌方大变形	护盾被卡
13	引红济石工程	涌流状	破碎带超过30m，远离断层	—	差，岩石破碎	Ⅳ级、Ⅴ级为主	—	存在软硬互层围岩	—	—	塌方、围岩大变形	刀盘、护盾被卡
14	引红济石工程	涌流状	带宽5~10cm，穿越断层	—	差，岩石破碎	—	—	—	—	—	塌方、突水突泥	泥水石渣涌入刀盘，刀盘无法转动
15	引红济石工程	涌流状	破碎带较宽，穿越断层	—	差，岩石破碎	Ⅴ级	—	—	—	—	塌方	掌子面塌方，刀盘被卡
16	新疆某引水工程	线流状	带宽超过100m，穿越断层	—	—	—	—	—	—	—	塌方	刀盘、护盾、塌方体压死
17	引洮供水工程	干燥	—	弱膨胀性围岩，自由膨胀率8%	—	Ⅴ级	<10MPa	—	—	—	围岩大变形	护盾被收敛围岩卡死
18	引洮供水工程	干燥	—	弱膨胀性围岩，自由膨胀率8%	—	Ⅴ级	2~3.5MPa	—	—	—	围岩大变形	后护盾被收敛围岩卡死

序号	工程名称	地下水	断层破碎带	膨胀性围岩	岩体完整性	围岩级别	围岩强度	软硬互层围岩	地应力	层间剪切薄弱带	灾害类型	卡机情况
19	引洮供水工程	干燥	—	弱膨胀性围岩,自由膨胀率8%	—	V级	—	—	—	—	围岩大变形	护盾被收敛围岩卡死
20	引洮供水工程	干燥	—	弱膨胀性围岩,自由膨胀率8%	—	V级	—	—	—	—	塌方	刀盘被破碎岩方体卡死
21	引黄北干线工程	干燥	—	—	—	—	—	泥岩砂岩互层	—	—	—	机头发生倾斜
22	山西中部引黄工程	干燥	—	强膨胀性围岩	—	—	—	—	—	—	围岩大变形	护盾被收敛围岩和剥落岩石卡死
23	山西中部引黄工程	干燥	带宽1~10m,远离断层	强膨胀性围岩,突入护盾	差,岩石破碎	V级	—	—	—	—	塌方,围岩大变形	前、后护盾被塌方体压死
24	辽宁桓清输水工程	滴水	带宽40m,穿越断层	—	差,岩石破碎	—	非常低,手捏可碎	—	—	—	塌方	刀盘、护盾被塌方体压死
25	N-J水电站工程	线流状	断层破碎带超过300m,穿越断层	强膨胀性围岩,自由膨胀率20%~35%	差,岩石破碎	V级	—	泥岩砂岩互层	—	层间剪切薄弱带	塌方	刀盘、护盾被塌方体压死
26	大伙房水库输水工程	线流状	带宽10m,影响带宽30m,穿越断层	—	差,散体结构	V级	70~114MPa	—	—	—	塌方	刀盘、护盾被塌方体压死
27	大伙房水库输水工程	线流状	带宽20m	—	差,岩石破碎	V级	—	—	—	—	塌方,突水12m³/h	刀盘、护盾被塌方体压死
28	引黄入晋工程	干燥	—	—	—	—	—	—	水平应力10MPa	层间剪切薄弱带,宽12~13cm,倾角20°	塌方	刀盘、护盾被塌方体压死
29	新疆达坂隧洞	—	—	—	—	IV级、V级为主	—	—	水平应力8MPa	层间剪切薄弱带	塌方	刀盘、护盾被塌方体压死

序号	工程名称	地下水	断层破碎带	膨胀性围岩	岩体完整性	围岩级别	围岩强度	软硬互层围岩	地应力	层间剪切薄弱带	灾害类型	卡机情况
30	新疆达坂隧洞	—	—	强膨胀性围岩	—	Ⅳ级、Ⅴ级为主	—	—	水平应力8MPa	—	围岩大变形	护盾被收敛围岩卡死
31	新疆达坂隧洞	—	带宽1~10m	强膨胀性围岩	差，岩石破碎	Ⅳ级、Ⅴ级为主	—	—	水平应力8MPa	—	塌方，围岩大变形	刀盘被压死，护盾体被收敛围岩卡死
32	新疆达坂隧洞	—	—	膨胀性围岩，弱~中等膨胀性	差，岩石破碎	Ⅴ级	—	—	—	层间剪切薄弱带	塌方，围岩大变形	刀盘被压死，护盾体压死
33	高黎贡山隧道工程	线流状	带宽超过10m，穿越断层	—	差，岩石破碎	Ⅳ级、Ⅴ级	4.6~65.2MPa	—	—	—	塌方，突水最大值50m³/h	塌方体卡住刀盘护盾间的缝隙
34	高黎贡山隧道工程	—	带宽超过10m，穿越断层	—	差，岩石破碎	Ⅳ级、Ⅴ级	4.6~65.2MPa	—	—	—	塌方	小碎石带入，压死式输送机
35	高黎贡山隧道工程	滴水	带宽超过10m，穿越断层	—	差，岩石破碎	Ⅳ级、Ⅴ级	4.6~65.2MPa	—	—	—	塌方	塌方体卡住刀盘护盾间的缝隙
36	西藏某隧道	—	带宽超过10m，穿越断层	—	差，岩石破碎	—	—	—	水平应力30MPa	—	塌方，围岩大变形，最大值1.5cm/h	护盾被收敛围岩卡死
37	万家寨引黄工程	干燥	—	弱膨胀性围岩	好，围岩完整	Ⅱ级、Ⅲ级	—	—	高地应力	—	塌方，围岩大变形40~60mm/h	前盾、伸缩盾被收敛围岩卡死
38	某输水隧洞	涌流状	—	—	—	Ⅳ级	0.36MPa	—	—	—	突水突泥	刀盘被卡
39	某输水隧洞	线流状	—	—	差，岩石破碎	Ⅴ级	0.36MPa	—	—	层间剪切薄弱带	塌方	护盾被塌方体压死
40	某输水隧洞	线流状	带宽超过30m，穿越断层	中膨胀性围岩，干燥饱和吸水率16%~34%	—	Ⅳ级、Ⅴ级为主	0.36MPa	—	—	—	围岩大变形	护盾被收敛围岩卡死

序号	工程名称	地下水	断层破碎带	膨胀性围岩	岩体完整性	围岩级别	围岩强度	软硬互层围岩	地应力	层间剪切薄弱带	灾害类型	卡机情况
41	引红济石工程	涌流状	带宽10m，穿越断层	—	差，岩石破碎	V级	<45MPa	—	—	—	塌方、突水突泥	刀盘、带式输送机被卡
42	引红济石工程	滴水	—	—	—	III级	<45MPa	硬岩45MPa，软岩小于15MPa，界面倾角小于20°	—	—	围岩大变形	护盾被收敛围岩卡死
43	引红济石工程	线流状	—	—	—	IV级	<45MPa	硬岩45MPa，软岩小于15MPa，界面倾角小于20°	—	—	围岩大变形	护盾被收敛围岩卡死
44	引红济石工程	涌流状	—	—	—	V级	<45MPa	硬岩45MPa，软岩小于15MPa，界面倾角小于20°	—	—	围岩大变形	护盾被收敛围岩卡死
45	引红济石工程	线流状	—	—	—	IV级	<45MPa	硬岩45MPa，软岩小于15MPa，界面倾角小于20°	—	—	围岩大变形	护盾被收敛围岩卡死
46	东山供水工程	线流状	卵石地层带宽56m	—	差，岩石破碎	—	—	砂岩泥岩互层	—	—	突水突泥250m³/h	刀盘皮带被堵死
47	兰州市水源地工程	—	带宽超过30m，穿越断层	中膨胀性，围岩自由膨胀系数大于1.1	差，岩石破碎	IV级	—	—	水平应力14.5MPa，垂直应力10.7MPa	—	围岩大变形	护盾被收敛围岩卡死
48	北疆供水二期工程	涌流状	带宽1m，穿越断层	—	差，岩石破碎	II级为主	120.5MPa	—	—	—	突水400m³/h	被迫停机
49	北疆供水二期工程	涌流状	带宽1m，穿越断层	—	差，岩石破碎	II级为主	120.5MPa	—	—	—	突水650m³/h	被迫停机
50	北疆供水二期工程	涌流状	带宽1m，穿越断层	—	差，岩石破碎	II级为主	120.5MPa	—	—	—	突水560m³/h	被迫停机

注：受项目保密约束，部分工程名未列出全称。

参 考 文 献

[1] 王梦恕. 开敞式 TBM 在铁路长隧道特硬岩、软岩地层的施工技术[J]. 土木工程学报, 2005, (5): 54-58.

[2] 袁亮, 张平松. TBM 施工岩巷掘探一体化技术研究进展与思考[J]. 煤田地质与勘探, 2023, 51(1): 21-32.

[3] 何川, 黄兴, 陈凡, 等. EPB/TBM 双模盾构复合地层掘进参数及适应性研究[J]. 铁道工程学报, 2023, 40(3): 96-103.

[4] 刘泉声, 刘鹤, 张鹏林, 等. TBM 卡机实时监测预警方法及其应用[J]. 岩石力学与工程学报, 2019, 38(S2): 3354-3361.

[5] 刘泉声, 黄兴, 潘玉丛, 等. TBM 在煤矿巷道掘进中的技术应用和研究进展[J]. 煤炭科学技术, 2023, 51(1): 242-259.

[6] 龚秋明, 王瑜, 卢建炜, 等. 基于对 TBM 隧道施工影响的断层带初步分级[J]. 铁道学报, 2021, 43(9): 153-159.

[7] 龚秋明, 佘祺锐, 侯哲生, 等. 高地应力作用下大理岩岩体的 TBM 掘进试验研究[J]. 岩石力学与工程学报, 2010, 29(12): 2522-2532.

[8] 洪开荣, 杜彦良, 陈馈, 等. 中国全断面隧道掘进机发展历程、成就及展望[J]. 隧道建设(中英文), 2022, 42(5): 739-756.

[9] 黄兴, 潘玉丛, 刘建平, 等. TBM 掘进围岩挤压大变形机理与本构模型[J]. 煤炭学报, 2015, 40(6): 1245-1256.

[10] 薛亚东, 李兴, 刁振兴, 等. 基于掘进性能的 TBM 施工围岩综合分级方法[J]. 岩石力学与工程学报, 2018, 37(S1): 3382-3391.

[11] 杜立杰. 中国 TBM 施工技术进展、挑战及对策[J]. 隧道建设, 2017, 37(9): 1063-1075.

[12] 陈发达, 吴贤国, 王彦玉, 等. 基于贝叶斯网络的土压盾构刀盘失效故障诊断[J]. 土木工程与管理学报, 2017, 34(6): 57-62.

[13] 程建龙, 杨圣奇, 杜立坤, 等. 复合地层中双护盾 TBM 与围岩相互作用机制三维数值模拟研究[J]. 岩石力学与工程学报, 2016, 35(3): 511-523.

[14] 程建龙, 杨圣奇, 李学华, 等. 挤压地层双护盾 TBM 与围岩相互作用影响因素分析[J]. 采矿与安全工程学报, 2016, 33(4): 713-720.

[15] 崔光耀, 麻建飞, 王明胜. 双护盾 TBM 不良地质段卡机脱困技术研究[J]. 中国安全生产科学技术, 2021, 17(11), 152-157.

[16] 邓铭江. 深埋超特长输水隧洞 TBM 集群施工关键技术探析[J]. 岩土工程学报, 2016, 38(4), 577-587.

[17] 冯欢欢, 洪开荣, 杨延栋, 等. 极端复杂地质条件下 TBM 隧道施工关键技术研究及应用[J]. 现代隧道技术, 2022, 59(1), 42-54.

[18] 洪开荣. 超长深埋高地应力 TBM 隧道修建关键技术[J]. 铁道学报, 2022, 44(3): 1-23.

[19] 侯少康, 刘耀儒. 双护盾 TBM 掘进数值仿真及护盾卡机控制因素影响分析[J]. 清华大学

学报 (自然科学版), 2021, 61(8), 809-817.

[20] 侯学渊, 范文田. 隧道与地下工程/中国土木建筑百科辞典[M]. 北京: 中国建筑工业出版社. 2008.

[21] 黄兴, 刘泉声, 彭星新, 等. 引大济湟工程TBM挤压大变形卡机计算分析与综合防控[J]. 岩土力学, 2017, 38(10): 2962-2972.

[22] 颉芳弟, 翟强, 顾伟红. 基于动态贝叶斯网络的TBM卡机风险预测[J]. 浙江大学学报: 工学版, 2021, 55(7): 1339-1350.

[23] 冷先伦, 盛谦, 朱泽奇, 等. 不同TBM掘进速率下洞室围岩开挖扰动区研究[J]. 岩石力学与工程学报, 2009, 28(S2): 3692-3698.

[24] 李术才, 刘斌, 孙怀凤, 等. 隧道施工超前地质预报研究现状及发展趋势[J]. 岩石力学与工程学报, 2014, 33(6): 1090-1113.

[25] 刘泉声, 彭星新, 黄兴, 等. 全断面隧道掘进机护盾受力监测及卡机预警[J]. 岩土力学, 2018, 39(9): 3406-3414.

[26] 尚彦军, 杨洁, 曹小红, 等. 上公山隧洞4+439部位TMB卡机地质条件及后护盾顶部塑性变形分析[J]. 新疆地质, 2020, 38(3): 399-404.

[27] 石欣, 赵大军, 宋盛渊, 等. 基于非线性Hoek-Brown破坏准则的裂隙岩体圆形隧道开挖面稳定性分析[J]. 岩石力学与工程学报, 2020,39(S2), 3359-3366.

[28] 司景钊, 曾云川, 刘建兵. 复杂地质铁路隧道敞开式TBM施工挑战及思考[J]. 隧道建设 (中英文), 2021, 41(3): 433-440.

[29] 苏华友. 双护盾TBM开挖深埋隧洞围岩稳定性研究[D]. 成都: 西南交通大学, 2009.

[30] 王江. 引水隧洞双护盾TBM卡机分析及脱困技术[J]. 隧道建设, 2011, 31(3): 364-368.

[31] 王亚锋. 高黎贡山隧道TBM不良地质条件下卡机脱困施工关键技术[J]. 隧道建设 (中英文), 2021, 41(3): 441-448.

[32] 王亚锋, 曾劲, 蒋佳运. 高黎贡山隧道敞开式TBM穿越高压富水软弱破碎蚀变构造带施工技术[J]. 隧道建设 (中英文), 2021, 41(3): 449-457.

[33] 温森, 贾书耀, 高星璞. 侧压系数及回填材料对双护盾TBM卡机控制的影响分析[J]. 郑州大学学报 (工学版), 2020, 41 (2): 91-96 .

[34] 温森, 孔庆梅. 隧洞塌方引起的TBM刀盘被卡事故风险评估[J]. 长江科学院院报, 2014, 31(4): 59-62.

[35] 温森, 徐卫亚. 洞室变形引起的双护盾TBM施工事故风险分析[J]. 岩石力学与工程学报, 2011, 30(S1): 3060-3065.

[36] 温森, 杨圣奇, 董正方, 等. 深埋隧道TBM卡机机理及控制措施研究[J]. 岩土工程学报, 2015, 37(7): 1271-1277.

[37] 徐鹏. 深部复合岩层流变力学行为及其对TBM卡机灾害影响机理研究[D]. 徐州: 中国矿业大学, 2018.

[38] 杨腾添, 李恒, 周冠南, 等. 软弱地层敞开式TBM超前注浆加固技术研究[J]. 隧道建设 (中英文), 2021, 41(5): 858-864.

[39] 张镇, 康红普, 王金华. 煤巷锚杆-锚索支护的预应力协调作用分析[J]. 煤炭学报, 2010,

35(6): 881-886.

[40] 朱光轩. TBM 穿越破碎带刀盘卡机机理与工程应用[D]. 济南: 山东大学, 2021.

[41] ABBAS S M, KONIETZKY H. Rock mass classification systems [J]. Introduction to Geomechanics, 2017, 9: 1-48.

[42] ADMINISTRATION C N E. Technical code for underground project geological investigation of hydropower and water resources [M]. Beijing: China Electric Power Press, 2009.

[43] AFRASIABI N, RAFIEE R, NOROOZI M. Investigating the effect of discontinuity geometrical parameters on the TBM performance in hard rock [J]. Tunnelling and Underground Space Technology, 2019, 84: 326-333.

[44] ALBER M. Advance rates of hard rock TBMs and their effects on project economics [J]. Tunnelling and Underground Space Technology, 2000, 15(1): 55-64.

[45] AYDAN Ö, Hasanpour R. Estimation of ground pressures on a shielded TBM in tunneling through squeezing ground and its possibility of jamming [J]. Bulletin of Engineering Geology and the Environment, 2019, 78: 5237-5251.

[46] BARTON N. TBM performance estimation in rock using QTBM [J]. Tunnels and Tunnelling International, 1999, 31(9): 30-34.

[47] BAYATI M, HAMIDI J K. A case study on TBM tunnelling in fault zones and lessons learned from ground improvement [J]. Tunnelling and Underground Space Technology, 2017, 63: 162-170.

[48] BIENIAWSKI Z T. Engineering rock mass classifications: A complete manual for engineers and geologists in mining, civil, and petroleum engineering. John Wiley & Sons, 1989.

[49] BIENIAWSKI Z T, Celada B. Rock mass excavability indicator: New way to selecting the optimum tunnel construction method [J]. Tunnelling and Underground Space Technology, 2006, 21(3), 237-237.

[50] BILGIN N. An appraisal of TBM performances in Turkey in difficult ground conditions and some recommendations [J]. Tunnelling and Underground Space Technology, 2016, 57: 265-276.

[51] CAO S Y, NEUBAUEr F. Graphitic material in fault zones: Implications for fault strength and carbon cycle [J]. Earth-Science Reviews, 2019, 194: 109-124.

[52] CHEN W, XIAO Z, TIAN H. Research on squeezing large displacement and its disposing method of weak rock tunnel under high in-situ stress[J]. Chinese Journal of Rock Mechanics and Engineering, 2015, 11: 2215-2226.

[53] CHEN Y L, MENG Q B, XU G, et al. Bolt-grouting combined support technology in deep soft rock roadway [J]. International Journal of Mining Science and Technology, 2016, 26(5): 777-785.

[54] CHEN B, FENG X, XIAo Y, et al. (2010). Acoustic emission test on damage evolution of surrounding rock in deep-buried tunnel during TBM excavation [J]. Chinese Journal of Rock Mechanics and Engineering, 2010, 29(8): 1562-1569.

[55] CHEN J, YANG X, MA S, et al. Mass removal and clay mineral dehydration/rehydration in carbonate-rich surface exposures of the 2008 Wenchuan earthquake fault: Geochemical evidence and implications for fault zone evolution and coseismic slip [J]. Journal of Geophysical Research: Solid Earth, 2013, 118(2): 474-496.

[56] CHEN L, WANG J, ZONG Z H, et al. A new rock mass classification system QHLW for high-level radioactive waste disposal [J]. Engineering Geology, 2015, 190: 33-51.

[57] CHEN M Y, JIN W, ZHENG C Q. Manual of metamorphic rock identification [M]. Beijing: Geological Publishing House, 2009.

[58] CHEN W D, TANAKA H, HUANG H, et al. Fluid infiltration associated with seismic faulting: Examining chemical and mineralogical compositions of fault rocks from the active Chelungpu fault [J]. Tectonophysics, 2007, 443(3-4): 243-254.

[59] CRAW D, UPTON P. Graphite reaction weakening of fault rocks, and uplift of the Annapurna Himal, central Nepal [J]. Geosphere, 2014, 10(4): 720-731.

[60] CRESPO E, LUQUE J, BARRENECHEA J F, et al. Mechanical graphite transport in fault zones and the formation of graphite veins [J]. Mineralogical Magazine, 2005, 69(4): 463-470.

[61] SÜLEYMAN D. Tunneling in fault zones, Tuzla tunnel, Turkey [J]. Tunnelling and Underground Space Technology, 2003, 18(5): 453-465.

[62] DU L J. Progresses, challenges and countermeasures for TBM construction technology in China [J]. Tunnel Construction, 2017, 37(9): 1063-1075.

[63] DUAN Q, YANG X, MA S, et al. Fluid-rock interactions in seismic faults: Implications from the structures and mineralogical and geochemical compositions of drilling cores from the rupture of the 2008 Wenchuan earthquake, China [J]. Tectonophysics, 2016, 666: 260-280.

[64] FARAMARZI L, KHERADMANDIAN A, AZHARI A. Evaluation and optimization of the effective parameters on the shield TBM performance: torque and thrust: Using discrete element method (DEM) [J]. Geotechnical and Geological Engineering, 2020, 38: 2745-2759.

[65] FARROKH E, ROSTAMI J. Effect of adverse geological condition on TBM operation in Ghomroud tunnel conveyance project [J]. Tunnelling and Underground Space Technology, 2009, 24(4): 436-446.

[66] GAO X C, LUAN Y C, HU C, et al. Study on bearing mechanism and coupling mechanism of steel arch-concrete composite structure of initial support system of large section tunnel [J]. Geotechnical and Geological Engineering, 2019, 37(6): 4877-4887.

[67] GODDARD J V, EVANS J P. Chemical changes and fluid-rock interaction in faults of crystalline thrust sheets, northwestern Wyoming, USA [J]. Journal of Structural Geology, 1995, 17(4): 533-547.

[68] GONG Q M, SHE Q R, HOU Z S, et al. Experimental study of TBM penetration in marble rock mass under high geostress [J]. Chinese Journal of Rock Mechanics and Engineering, 2010, 29(12): 2522-2532.

[69] GONG Q, YIN L, MA H, et al. TBM tunnelling under adverse geological conditions: an

overview [J]. Tunnelling and Underground Space Technology, 2016, 57: 4-17.

[70] HADJIGEORGIOU J, KARAMPINOS E. Use of predictive numerical models in exploring new reinforcement options for mining drives [J]. Tunnelling and Underground Space Technology, 2017, 67: 27-38.

[71] HAERTEL M, HERWEGH M, PETTKE T. Titanium-in-quartz thermometry on synkinematic quartz veins in a retrograde crustal-scale normal fault zone [J]. Tectonophysics, 2013, 608: 468-481.

[72] YU H, LI Y, LI L. Evaluating some dynamic aspects of TBMs performance in uncertain complex geological structures [J]. Tunnelling and Underground Space Technology, 2020, 96: 103216.

[73] HAINES S H, VAN DER PLUIJM B A. Patterns of mineral transformations in clay gouge, with examples from low-angle normal fault rocks in the western USA [J]. Journal of Structural Geology, 2012, 43: 2-32.

[74] HASANPOUR R, SCHMITT J, OZCELIK Y, et al. Examining the effect of adverse geological conditions on jamming of a single shielded TBM in Uluabat tunnel using numerical modeling [J]. Journal of Rock Mechanics and Geotechnical Engineering, 2017, 9(6): 1112-1122.

[75] HASANPOUR R, ROSTAMI J, BARLA G. Impact of advance rate on entrapment risk of a double-shielded TBM in squeezing ground [J]. Rock Mechanics and Rock Engineering, 2015, 48: 1115-1130.

[76] HASANPOUR R, ROSTAMI J, THEWES M, et al. Parametric study of the impacts of various geological and machine parameters on thrust force requirements for operating a single shield TBM in squeezing ground [J]. Tunnelling and Underground Space Technology, 2018, 73: 252-260.

[77] HASANPOUR R, ROSTAMI J, ÜNVER B. 3D finite difference model for simulation of double shield TBM tunneling in squeezing grounds [J]. Tunnelling and Underground Space Technology, 2014, 40: 109-126.

[78] HASSANPOUR J, ROSTAMI J, ZHAO J. A new hard rock TBM performance prediction model for project planning [J]. Tunnelling and Underground Space Technology, 2011, 26(5): 595-603.

[79] 何发亮, 谷明成, 王石春. TBM 施工隧道围岩分级方法研究[J]. 岩石力学与工程学报, 2002, (9): 1350-1354.

[80] HE M, JING H, SUN X. Engineering mechanics of soft rock [M]. Beijing: Science Press, 2002.

[81] HU J L, TANG X W, QIU J N. A Bayesian network approach for predicting seismic liquefaction based on interpretive structural modeling [J]. Georisk: Assessment and Management of Risk for Engineered Systems and Geohazards, 2015, 9(3): 200-217.

[82] HU L, LIU J L, JI M, et al. Deformation microstructure identification manual [M]. Beijing: Geological Publishing House, 2009.

[83] HUANG F, ZHOU Y, LI T, et al. Laboratory experimental study on mechanical properties and failure modes of soft and hard interbedded rock mass [J]. Journal of China Coal Society, 2020, 45(S1): 230-238.

[84] HUANG X, LIU Q, Peng X, et al. Mechanism and forecasting model for shield jamming during TBM tunnelling through deep soft ground [J]. European Journal of Environmental and Civil Engineering, 2019, 23(9): 1035-1068.

[85] HUANG X, LIU Q, SHI K, et al. Application and prospect of hard rock TBM for deep roadway construction in coal mines [J]. Tunnelling and Underground Space Technology, 2018, 73: 105-126.

[86] HUI S, JIN C. TBM driving technology of double shield for large section long tunnel of CCS hydropower station [J]. Yunan Water Power, 2014, 20, 78-81.

[87] HYUN K C, MIN S, Choi H, et al. Risk analysis using fault-tree analysis (FTA) and analytic hierarchy process (AHP) applicable to shield TBM tunnels [J]. Tunnelling and Underground Space Technology, 2015, 49: 121-129.

[88] ISAACS A J, EVANS J P, SHENG-RONG S, et al. Structural, mineralogical, and geochemical characterization of the Chelungpu thrust fault, Taiwan [J]. TAO: Terrestrial, Atmospheric and Oceanic Sciences, 2007, 18(2): 183.

[89] KANITPANYACHAROEN W, CHORNKRATHOK S, MORLEY C K, et al. Microstructural evolution and deformation mechanisms of Khao Kho Fault, Thailand [J]. Journal of Structural Geology, 2020, 136: 104055.

[90] KHETWAL A, ROSTAMI J, NELSON P P. Investigating the impact of TBM downtimes on utilization factor based on sensitivity analysis [J]. Tunnelling and underground space technology, 2020, 106: 103586.

[91] KUO L W, LI H, SMITH S A F, et al. Gouge graphitization and dynamic fault weakening during the 2008 Mw 7.9 Wenchuan earthquake [J]. Geology, 2014, 42(1): 47-50.

[92] KUO L W, SONG S R, YEH E C, et al. Clay mineral anomalies in the fault zone of the Chelungpu Fault, Taiwan, and their implications [J]. Geophysical Research Letters, 2009, 36(18).

[93] LI T, PAN Q, SHEN Z, et al. Probabilistic stability analysis of a tunnel face in spatially random Hoek-Brown rock masses with a multi-tangent method [J]. Rock Mechanics and Rock Engineering, 2022, 55(6): 3545-3561.

[94] LI T, ZHAN J, LI C, et al. Evaluation of the adaptability of an EPB TBM to tunnelling through highly variable composite strata [J]. Mathematical Problems in Engineering, 2021, 2021(1): 5558833.

[95] ZENG L I, FALIANG S, HAILEI Z. Shield extension technology of TBM used in parallel adit of Gaoligongshan tunnel [J]. Tunnel Construction, 2019, 39(5): 876.

[96] LIAO C Z, ZHANG Y Q, WEN C S. Structural styles of the eastern boundary zone of the Ordos Basin and its regional tectonic significance [J]. Acta Geologica Sinica, 2007, 81(4):

466-474.

[97] LIN P, CHEN Y. Risk analysis of dam overtopping for cascade reservoirs based on Bayesian network [J]. Advanced Engineering Sciences, 2018, 3: 46-53.

[98] LIN L, XIA Y, WU D. A hybrid fuzzy multiple criteria decision-making approach for comprehensive performance evaluation of tunnel boring machine disccutter [J]. Computers & Industrial Engineering, 2020, 149: 106793.

[99] LIN P, LI S C, XU Z H, et al. Water inflow prediction during heavy rain while tunneling through karst fissured zones [J]. International Journal of Geomechanics, 2019, 19(8): 04019093.

[100] LIU Q S, HUANG X, SHI K, et al. The mechanism of TBM shield jamming disaster tunnelling through deep squeezing ground [J]. Journal of China Coal Society, 2014, 39(1): 75-82.

[101] LIU B, GUO Q, LIU Z, et al. Comprehensive ahead prospecting for hard rock TBM tunneling in complex limestone geology: a case study in Jilin, China [J]. Tunnelling and Underground Space Technology, 2019, 93: 103045.

[102] LIU L, WANG X, LI C, et al. Jamming of the double-shield tunnel boring machine in a deep tunnel in Nyingchi, Tibet Autonomous Region, China [J]. Tunnelling and Underground Space Technology, 2023, 131: 104819.

[103] LIU Q, HUANG X, GONG Q, et al. Application and development of hard rock TBM and its prospect in China [J]. Tunnelling and Underground Space Technology, 2016, 57: 33-46.

[104] LIU Q, LIU J, PAN Y, et al. A case study of TBM performance prediction using a Chinese rock mass classification system-Hydropower Classification (HC) method [J]. Tunnelling and Underground Space Technology, 2017, 65: 140-154.

[105] LYU M, CAO S, NEUBAUER F, et al. Deformation fabrics and strain localization mechanisms in graphitic carbon-bearing rocks from the Ailaoshan-Red River strike-slip fault zone [J]. Journal of Structural Geology, 2020, 140: 104150.

[106] MATSUDA T, OMURA K, IKEDA R, et al. Fracture-zone conditions on a recently active fault: insights from mineralogical and geochemical analyses of the Hirabayashi NIED drill core on the Nojima fault, southwest Japan, which ruptured in the 1995 Kobe earthquake [J]. Tectonophysics, 2004, 378(3-4): 143-163.

[107] MENG Z P, PAN J N, LIU L L, et al. Influence of moisture contents on mechanical properties of sedimentary rock and its bursting potential [J]. Chinese Journal of Rock Mechanics and Engineering, 2009, 28(S1): 2637-2643.

[108] MESCHKE G, KROPIK C, MANG H A. Numerical analysis of tunnel linings by means of viscoplastic material model for shotcrete [J]. International Journal for Numerical Methods in Engineering, 2015, 39(18): 3145-3162.

[109] NAGATOMO A, YOSHIDA H. Analysis of the geological history of the active Atera fault, central Japan, based on fault and fracture systems and infilling minerals [J]. The Journal of

the Geological Society of Japan, 2009, 115(10): 512-527.

［110］NAKAMURA Y, OOHASHI K, TOYOSHIMA T, et al. Strain-induced amorphization of graphite in fault zones of the Hidaka metamorphic belt, Hokkaido, Japan [J]. Journal of Structural Geology, 2015, 72: 142-161.

［111］NIWA M, SHIMADA K, ISHIMARU T, et al. Identification of capable faults using fault rock geochemical signatures: A case study from offset granitic bedrock on the Tsuruga Peninsula, central Japan [J]. Engineering Geology, 2019, 260: 105235.

［112］OOHASHI K, HIROSE T, Kobayashi K, et al. The occurrence of graphite-bearing fault rocks in the Atotsugawa fault system, Japan: Origins and implications for fault creep [J]. Journal of Structural Geology, 2012, 38: 39-50.

［113］OOHASHI K, HIROSE T, SHIMAMOTO T. Shear-induced graphitization of carbonaceous materials during seismic fault motion: Experiments and possible implications for fault mechanics [J]. Journal of Structural Geology, 2011, 33(6): 1122-1134.

［114］PRADHAN S M, KATTI K S, KATTI D R. Evolution of molecular interactions in the interlayer of Na-montmorillonite swelling clay with increasing hydration [J]. International Journal of Geomechanics, 2015, 15(5): 04014073.

［115］RASOULI M M, NARIMANI D R. Influence of discontinuities on the squeezing intensity in high in situ stresses (a tunnelling case study; actual evidences and TBM release techniques) [J]. Rock Mechanics and Rock Engineering, 2018, 51(9): 2911-2933.

［116］REN M Y, ZHANG Q Y, ZHANG Z J, et al. Study on mechanism of segmental lining-bolt combined support for deep-buried tunnel [J]. Geotechnical and Geological Engineering, 2019, 37(5): 3649-3671.

［117］SAATY T L. The analytical hierarchy process[M]. McGraw-Hill.1980.

［118］SAKCALI A, YAVUZ H. Prediction of the longitudinal ground pressure-acting roof of the shield during single-shield TBM excavation in weak rock masses [J]. Bulletin of Engineering Geology and the Environment, 2022, 81(11): 477.

［119］SARKAR G, BANERJEE S, MAITY S, et al. Fluid assisted rejuvenation of precursor brittle fractures as the habitats of ductile shear zones: An example from the ~2.6Ga Bundelkhand Granitoid of north-central India [J]. Journal of Structural Geology, 2020, 141: 104198.

［120］SCHLEICHER A M, TOURSCHER S N, van der Pluijm B A, et al. Constraints on mineralization, fluid-rock interaction, and mass transfer during faulting at 2~3 km depth from the SAFOD drill hole [J]. Journal of Geophysical Research: Solid Earth, 2009, 114(B4).

［121］SENENT S, MOLLON G, Jimenez R. Tunnel face stability in heavily fractured rock masses that follow the Hoek-Brown failure criterion [J]. International Journal of Rock Mechanics and Mining Sciences, 2013, 60: 440-451.

［122］SHANG Y J, SHI Y Y, ZENG Q L, et al. TBM jamming and deformation in complicated geological conditions and engineering measures [J]. Chinese Journal of Rock Mechanics and Engineering, 2005, 24(21): 3858-3863.

[123] SHANG Y, XUE J, WANG S, et al. A case history of Tunnel Boring Machine jamming in an inter-layer shear zone at the Yellow River Diversion Project in China [J]. Engineering geology, 2004, 71(3-4): 199-211.

[124] SHATERPOUR-MAMAGHANI A, TUMAC D, AVUNDUK E. Double shield TBM performance analysis in difficult ground conditions: a case study in the Gerede water tunnel, Turkey [J]. Bulletin of Engineering Geology and the Environment, 2016, 75: 251-262.

[125] SISSINS S, PARASKEVOPOULOU C. Assessing TBM performance in heterogeneous rock masses [J]. Bulletin of Engineering Geology and the Environment, 2021, 80(8): 6177-6203.

[126] SOLUM J G, vAN DER PLUIJM B A, PEACOR D R, et al. Influence of phyllosilicate mineral assemblages, fabrics, and fluids on the behavior of the Punchbowl fault, southern California [J]. Journal of Geophysical Research: Solid Earth, 2003, 108(B5).

[127] SOLUM J G, VAN DER PLUIJM B A, PEACOR D R. Neocrystallization, fabrics and age of clay minerals from an exposure of the Moab Fault, Utah [J]. Journal of Structural Geology, 2005, 27(9): 1563-1576.

[128] SONG K, Ji L, YUAN D J, et al. Research on distribution regularities of grain size of rock detritus from discoid cutters [J]. Chinese Journal of Rock Mechanics and Engineering, 2008, 27(supplement 1): 3016-3022.

[129] SUN B. a combined discrete element-finite difference model for simulation of double shield TBM excavation in jointed rocks [J]. Rock Mechanics and Rock Engineering, 2021, 54(11): 5867-5883.

[130] SUN J S, CHEN M, CHEN B G, et al. Numerical simulation of influence factors for rock fragmentation by TBM cutters [J]. Rock and Soil Mechanics, 2011, 32(6): 1891-1897.

[131] SUN Y, XU S J, LIU D L, et al. An Introduction of Tectono-geochemistry in Fault Zones [M]. Beijing: Science Press, 1998.

[132] SUN Z, ZHAO H, HONG K, et al. A practical TBM cutter wear prediction model for disc cutter life and rock wear ability [J]. Tunnelling and Underground Space Technology, 2019, 85: 92-99.

[133] TANAKA H, FUJIMOTO K, OHTANI T, et al. Structural and chemical characterization of shear zones in the freshly activated Nojima fault, Awaji Island, southwest Japan [J]. Journal of Geophysical Research: Solid Earth, 2001, 106(B5): 8789-8810.

[134] TRINCAL V, CHARPENTIER D, BUATIER M D, et al. Quantification of mass transfers and mineralogical transformations in a thrust fault (Monte Perdido thrust unit, southern Pyrenees, Spain) [J]. Marine and Petroleum Geology, 2014, 55: 160-175.

[135] VAN DEr GAAG L C, COUPÉ V M H. Sensitivity analysis for threshold decision making with Bayesian belief networks[C]//Congress of the Italian Association for Artificial Intelligence. Berlin, Heidelberg: Springer Berlin Heidelberg, 1999: 37-48.

[136] WaNG Q, QiN Q, JiANG B, et al. Mechanized construction of fabricated arches for large-diameter tunnels [J]. Automation in Construction, 2021, 124: 103583.

[137] WANG B W, LI Y P, YANG C H, et al. Influences of interface inclination on mechanical properties of composite bedded physical model material [J]. Rock and Soil Mechanics, 2015, 36(Supplement 2): 139-147.

[138] WANG H, CHEN Z, Liu S, et al. Study on technology of surface pre-grouting for vertical shaft in broken and water-rich granite strata of Gaoligong mountain tunnel of Dali-Ruili railway[C]//IOP Conference Series: Earth and Environmental Science. IOP Publishing, 2019, 218(1): 012125.

[139] MENG-SHU W. Type selection of shield TBMs and hard rock TBMs for different geological conditions [J]. Tunnel Construction, 2006, 2.

[140] WEI M, SONG Y, Wang X, et al. Safety diagnosis of TBM for tunnel excavation and its effect on engineering [J]. Neural Computing and Applications, 2021, 33: 997-1005.

[141] WINTSCH R P, CHRISTOFFERSEN R, KRONENBERG A K. Fluid-rock reaction weakening of fault zones [J]. Journal of Geophysical Research: Solid Earth, 1995, 100(B7): 13021-13032.

[142] XIA Y, LIN L, WU D, et al. Geological adaptability matching design of disc cutter using multicriteria decision making approaches [J]. Journal of Central South University, 2018, 25(4): 843-854.

[143] XIONG F. Research of the TBM excavation efficiency prediction and rock classification based on the PSO-SVR algorithm [J]. Chang'an University, Master, 2016.

[144] XU Z H, WANG W Y, LIN P, et al. Hard-rock TBM jamming subject to adverse geological conditions: Influencing factor, hazard mode and a case study of Gaoligongshan Tunnel [J]. Tunnelling and Underground Space Technology, 2021, 108: 103683.

[145] XU Z, LIU F, LIN P, et al. Non-destructive, in-situ, fast identification of adverse geology in tunnels based on anomalies analysis of element content [J]. Tunnelling and Underground Space Technology, 2021, 118: 104146.

[146] XU Z H, LI S C, LI L P, et al. Risk assessment of water or mud inrush of karst tunnels based on analytic hierarchy process [J]. Rock and Soil Mechanics, 2011, 32(6): 1757-1766.

[147] XU Z, SHI H, LIN P, et al. Integrated lithology identification based on images and elemental data from rocks [J]. Journal of Petroleum Science and Engineering, 2021, 205: 108853.

[148] XUE Y D, LI X, DIAO Z, et al. A novel classification method of rock mass for TBM tunnel based on penetration performance [J]. Chinese Journal of Rock Mechanics and Engineering, 2018, 37(Suppl 1): 3382-3391.

[149] CHANG-BIN Y A N, XIAO-DI J, Zhang-heng L I U, et al. Rock-breaking efficiency of TBM based on particle-size distribution of rock detritus [J]. Chinese Journal of Geotechnical Engineering, 2019, 41(3): 466-474.

[150] YANG J, CHEN W, Zhao W, et al. Geohazards of tunnel excavation in interbedded layers under high in situ stress [J]. Engineering Geology, 2017, 230: 11-22.

[151] YE X, WANG S, YANG J, et al. Soil conditioning for EPB shield tunneling in argillaceous

siltstone with high content of clay minerals: Case study [J]. International Journal of Geomechanics, 2017, 17(4): 05016002.

[152] YIN J. Study on main engineering geological problems related to TBM [D]. Changsha: Central South University, 2005.

[153] YU J, LIU G, CAI Y, et al. Time-dependent deformation mechanism for swelling soft-rock tunnels in coal mines and its mathematical deduction [J]. International Journal of Geomechanics, 2020, 20(3): 04019186.

[154] ZENG W, LIN G. Design of rock point load test methods for research of saturated uniaxial compressive rock strength [J]. Chinese Journal of Rock Mechanics and Engineering, 2003, 22(4): 566-568.

[155] ZHANG J Z, ZHOU X P. Time-dependent jamming mechanism for Single-Shield TBM tunneling in squeezing rock [J]. Tunnelling and Underground Space Technology, 2017, 69: 209-222.

[156] ZHANG Z X, WANG S F, HUANG X, et al. TBM-block interaction during TBM tunneling in rock masses: block classification and identification [J]. International Journal of Geomechanics, 2017, 17(5): E4016001.

[157] ZHOU J, YANG Z. Discussion on key issues of TBM construction for long and deep tunnels [J]. Rock and Soil Mechanics, 2014, 35: 299-305.

[158] ZHOU X P, ZHAI S F. Estimation of the cutterhead torque for earth pressure balance TBM under mixed-face conditions [J]. Tunnelling and Underground Space Technology, 2018, 74: 217-229.